BIBLIOTHÈQUE MORALE

DE

LA JEUNESSE

PUBLIÉE

AVEC APPROBATION.

Entre le moine enfant et le jeune prince se forma l'étroite amitié qui
devait faire de Suger le père de la patrie.

LES JEUNES

ENFANTS ILLUSTRES

PAR

VICTOR DELCROIX

ROUEN

MÉGARD ET Cⁱᵉ, LIBRAIRES-ÉDITEURS

1862

Les Ouvrages composant la **Bibliothèque morale de la Jeunesse** ont été revus et **ADMIS** par un Comité d'Ecclésiastiques nommé par Monseigneur l'Archevêque de Rouen.

—

L'Ouvrage ayant pour titre : **Les Jeunes Enfants illustres,** a été lu et admis.

Le Président du Comité,

Picard

Archip. de la Métrop.

AVIS DES ÉDITEURS.

Les Éditeurs de la **Bibliothèque morale de la Jeunesse** ont pris tout à fait au sérieux le titre qu'ils ont choisi pour le donner à cette collection de bons livres. Ils regardent comme une obligation rigoureuse de ne rien négliger pour le justifier dans toute sa signification et toute son étendue.

Aucun livre ne sortira de leurs presses, pour entrer dans cette collection, qu'il n'ait été au préalable lu et examiné attentivement, non-seulement par les Éditeurs, mais encore par les personnes les plus compétentes et les plus éclairées. Pour cet examen, ils auront recours particulièrement à des Ecclésiastiques. C'est à eux, avant tout, qu'est confié le salut de l'Enfance, et, plus que qui que ce soit, ils sont capables de découvrir ce qui, le moins du monde, pourrait offrir quelque danger dans les publications destinées spécialement à la Jeunesse chrétienne.

Aussi tous les Ouvrages composant la **Bibliothèque morale de la Jeunesse** sont-ils revus et approuvés par un Comité d'Ecclésiastiques nommé à cet effet par Monseigneur l'Archevêque de Rouen. C'est assez dire que les écoles et les familles chrétiennes trouveront dans notre collection toutes les garanties désirables et que nous ferons tout pour justifier et accroître la confiance dont elle est déjà l'objet.

LES
JEUNES ENFANTS
ILLUSTRES.

SUGER.

Les moines de Saint-Denis sortaient en grand silence du réfectoire, tout occupés de la pieuse lecture qu'ils venaient d'entendre, lorsqu'on vint prévenir l'abbé qu'une nombreuse et brillante compagnie venait de s'arrêter à la porte du monastère.

— Mes frères, dit-il, le roi Philippe, notre sire, nous envoie le prince Loys, son fils aîné, pour qu'il apprenne, au milieu de vous, à craindre et à servir le Seigneur Dieu, à honorer monsieur saint Denis, à aimer la justice, à rechercher le savoir, et qu'il soit un jour aussi sage que vaillant.

Le digne abbé se rendit alors, suivi de ses religieux, au-devant du jeune prince, qu'il reçut des mains des seigneurs, et qu'il conduisit aussitôt à la chapelle. Louis s'agenouilla avec grande dévotion devant l'autel du bienheureux martyr, patron de l'abbaye, dont les rois de France étaient les défenseurs, et lui demanda humblement sa protection.

Quoiqu'il eût à peine atteint l'âge où l'on commence à réfléchir, le prince sentait déjà combien cette protection lui était nécessaire. La reine Berthe de Hollande, sa mère, venait de finir tristement ses jours au château de Montreuil, où le roi l'avait reléguée, pour épouser Bertrade de Montfort, comtesse d'Anjou. Les évêques avaient protesté contre cette union, même après la mort de la reine; car Foulques le Rechin, comte d'Anjou, vivait encore. Philippe ne s'était pas montré docile à leurs remontrances; le pape Urbain II avait prononcé contre lui la sentence d'excommunication; mais Bertrade avait pris tant d'empire sur le roi, que, malgré l'anathème, elle occupait toujours dans son palais la place de la reine Berthe.

Bertrade, qui n'avait, disent les chroniqueurs, d'autre mérite que sa beauté, traitait en marâtre le jeune Louis, et c'était peut-être pour épargner à la comtesse d'Anjou la vue de ce fils destiné à lui succéder que le roi Philippe s'était décidé à l'envoyer à Saint-Denis. Ces circonstances expliquaient la tristesse répandue sur le front de Louis; aussi le révérend prieur ne lui en demanda pas la cause. Il chercha seulement à l'en distraire; et comme le silence du cloître ne lui paraissait pas un remède bien efficace, il était assez embarrassé de savoir comment il s'y prendrait, lorsqu'il aperçut, au milieu des moines à tête blanchie, une douce et gracieuse figure dont les yeux vifs et intelligents s'arrêtaient avec une affectueuse curiosité sur le prince, qui sortait de l'église, après avoir achevé sa prière.

Cet aimable visage, encore paré des grâces de l'enfance, contrastait avec la sévérité du costume religieux et paraissait plus souriant encore sous le capuchon, dont il était à demi couvert, que s'il eût été entouré de boucles soyeuses comme celles qui s'échappaient de la toque de Louis. Sur un signe du prieur, le jeune moine s'approcha en rougissant et s'inclina devant l'abbé, dont il attendit respectueusement les ordres.

— Monseigneur Loys prendrait-il volontiers pour compagnon d'études le frère que voici? demanda le supérieur.

Louis regarda le religieux, et parut charmé de trouver un si gentil moine sous les sombres voûtes de Saint-Denis; il lui tendit joyeusement la main, en remerciant l'abbé. Le royal damoiseau était naturellement gai, vif, aimable, et si bon, disent les chroniqueurs, que plusieurs le croyaient un peu *simple,* mais qu'il se faisait chérir de tous ceux qui l'approchaient. Il savait déjà manier habilement l'épée et la lance, il aimait le bruit des combats, et il annonçait un courage, une activité qui manquaient complétement au roi son père.

— Comment vous nommez-vous? demanda-t-il au jeune frère, dès que le prieur se fut éloigné pour les laisser causer librement.

— Suger, Monseigneur, pour vous servir, répondit le moine; mais je ne vois pas en quoi un pauvre enfant comme moi pourrait être utile à un puissant prince comme vous.

— Je serai peut-être quelque jour un puissant prince, dit Louis en souriant; mais je ne suis encore qu'un enfant; et vous le voyez bien, puisqu'on m'envoie ici pour étudier, au lieu de me permettre d'aller guerroyer en Orient avec les chevaliers, les barons et mon bel oncle de Vermandois, qui se sont engagés à partir, en écoutant l'ermite Pierre raconter les outrages faits par les Sarrasins au sépulcre du Sauveur.

— Si je portais une épée, dit Suger, j'aimerais aussi à la tirer pour une si sainte cause. Mais plus tard, seigneur, quand vous serez devenu roi, vous pourrez faire ce qu'il vous plaira.

— Même avant d'être roi, répliqua Louis; mais qui sait si pareille occasion se représentera? Toutefois, il me reste encore un espoir : le seigneur pape doit venir en France prêcher cette guerre, et si le roi, mon père, se laissait toucher par sa parole, il consentirait peut-être à m'emmener. En attendant, je profiterai de mon séjour dans la maison de Saint-Denis pour essayer de devenir savant. Vous l'êtes déjà sans doute, quoique vous paraissiez plus jeune que moi?

— Je sais bien peu de chose. Je suis le fils de pauvres gens qui travaillent à la terre, et qui n'auraient pas songé à me faire apprendre à lire; mais le vénérable abbé Adam m'a ouvert les portes de son abbaye, et j'y ai trouvé la nourriture de l'esprit et du cœur aussi bien que le pain quotidien.

— On ne s'est pas non plus beaucoup occupé de mon instruction, dit le prince, surtout depuis que ma mère est retournée auprès de Dieu. Je crois donc, mon ami Suger, que vous me pourriez faire la leçon.

— Non, Monseigneur, mais nous pourrons, si vous le voulez, étudier de compagnie, puisque c'est le désir du révérend abbé.

Le jour même, le prince, qui devait régner sous le nom de Louis VI, et Suger, dont il devait faire son conseil et son ami, prirent ensemble leurs premières leçons. Louis avait l'esprit juste et l'intelligence assez développée; mais on avait plus travaillé à en faire un adroit chasseur et un bon cavalier qu'un lettré; aussi le jeune moine, déjà habitué à l'étude, comprenait beaucoup plus vite et retenait mieux les explications du religieux devenu le professeur du prince. Mais par modestie et par bonté, plutôt que par calcul, il ne laissa pas voir sa supériorité et il eut le talent de rendre ce travail à deux très-agréable à Louis.

L'abbé de Saint-Denis se réjouit de voir le prince prendre goût à l'étude et il vit croître avec bonheur l'amitié des deux jeunes élèves. Louis ne se plaisait qu'avec Suger; il lui confiait ses ennuis, ses craintes, ses espérances; et quoique l'expérience du monde et de la cour manquât au moine, dont l'enfance s'était écoulée sous un humble toit, son cœur lui dictait des paroles propres à consoler son noble compagnon.

Souvent ils s'asseyaient ensemble sous les grands arbres qui entouraient l'abbaye; ils ouvraient le précieux manuscrit mis à la disposition du prince, ils en lisaient les curieuses pages et s'efforçaient de les graver dans leur mémoire. Suger suivait les lignes du doigt, pour mieux fixer l'attention de Louis, et il répétait la leçon autant de fois qu'il le fallait, pour que son ami la sût comme lui. Puis, quand ils avaient longtemps étudié, le livre se fermait, et de longues causeries s'engageaient entre ces deux beaux enfants, dont la naissance était si différente, mais dont les sentiments étaient également purs et généreux.

— Quand je serai roi, disait Louis, je me souviendrai du temps que j'aurai passé ici; je serai le protecteur des églises et des monastères, et je tâcherai d'être aussi bon, aussi secourable aux petits et aux faibles que terrible pour les grands barons. Ceux qui inquiéteront mes terres ou menaceront mon autorité me trouveront prêt à leur courir sus; mais le pauvre peuple, le laboureur et l'artisan auront en moi un protecteur et un père.

— Comme ils vous béniront, mon cher seigneur, ces pauvres gens, dont on ne s'occupe que pour les fouler et les rançonner! Vous avez une belle carrière à fournir; et si le pouvoir est un fardeau, le bien qu'il permet de faire aide à le supporter.

— Oui, mais vous serez plus heureux que moi, Suger, et j'envie votre lot.

— Pourquoi donc, seigneur? Si Dieu vous a placé près du trône et moi dans le cloître, c'est qu'il nous a donné à chacun ce qu'il nous faut, à vous pour être un grand et bon roi, à moi pour être un moine humble et pieux. Pendant que vous rendrez la justice au peuple et que vous réduirez les barons à l'obéissance, je prierai pour vous; car, lorsque vous me quitterez, votre souvenir me restera.

— Je ne vous oublierai pas non plus, et quand j'aurai besoin que quelqu'un me dise la vérité, je vous appellerai, mon cher Suger. L'abbé Adam me répète souvent que les princes n'ont que des flatteurs; moi du moins j'ai un ami.

— Un ami qui vous sera fidèle, Monseigneur, mais qui ne pourra jamais vous prouver tout son attachement; car il y a trop de distance entre vous et lui.

— Qui sait? L'abbé de Saint-Denis est un personnage important, pourquoi ne remplaceriez-vous pas un jour le vénérable père Adam? Vous serez un savant homme et un saint religieux, et l'autorité qu'on vous donnera sera bien placée. Quand je serai roi, Suger, vous serez abbé.

Le jeune moine se mit à rire de si bon cœur, que le prieur, attiré par ces bruyants éclats, se montra aux regards des deux écoliers. Ils se levèrent avec un empressement respectueux et firent quelques pas au-devant de lui.

— Qu'y a-t-il donc, mes enfants? Il me semble que vous voilà bien joyeux.

— Nous parlions de l'avenir, mon père, répondit le royal damoiseau.

— Et monseigneur Loys se promettait d'être redoutable aux grands, doux et miséricordieux aux petits.

— Bien! mon fils, dit le religieux. Que Dieu vous bénisse et fortifie en vous ces sages résolutions! Mais est-ce là ce qui vous faisait rire?

— Non, mon père, répondit Suger; mais monseigneur Loys m'aime tant, qu'il fait pour moi des rêves impossibles.

— Est-il donc impossible que Suger devienne abbé? ajouta Louis.

— L'avenir est à Dieu, dit le vieillard, en attachant sur son jeune protégé un regard de complaisance.

Suger était devenu rouge comme un enfant pris en faute; le sourire de l'abbé le rassura.

— Si je dois arriver à cette haute position, dit-il gaîment, il faut que j'étudie beaucoup et que je devienne aussi vertueux que savant, pour n'être pas tout à fait indigne de mes devanciers.

— Faites ce que vous dites, mon fils, reprit l'abbé; on n'a jamais trop de vertu ni de savoir.

Quelque temps après, Louis eut besoin des consolations de Suger. Le pape Urbain II vint en France, il prêcha à Clermont la croisade à laquelle Pierre l'Ermite avait préparé les esprits; une multitude de princes, de barons, de chevaliers, même de manants et de vilains, prirent la croix; mais le roi Philippe résista à l'entraînement général. Ce fut un gros crève-cœur pour le prince Louis; et s'il n'eût été enfermé à Saint-Denis, peut-être n'eût-il pas su vaincre le désir qu'il éprouvait de faire ses premières armes au milieu de ces vaillants hommes, auxquels le pape avait promis les bénédictions du ciel.

Le roi d'Angleterre et le roi de Germanie demeurèrent sourds, comme le roi de France, à la voix du pontife de Dieu; mais les croisés trouvèrent un digne chef dans Godefroy de Bouillon.

— C'est à vous, mon cher seigneur, disait Suger, que ce commandement appartiendrait, si vous étiez d'âge à combattre; mais patience! dans quelques années vous prendrez bien votre revanche du repos qu'on vous force à prendre aujourd'hui.

— Vous me connaissez mal, mon ami, répondait Louis; je voudrais faire partie de l'expédition, quand je devrais n'en être que le dernier soldat. N'avez-vous pas ouï dire d'ailleurs que le sire de Bouillon a toutes les qualités d'un chef de guerre, toutes les lumières d'un clerc et toute la piété d'un saint? Il sait commander aussi bien que combattre, et il a plus d'appât pour les richesses éternelles que pour les biens de ce monde; car il vient d'engager sa seigneurie de Bouillon à l'évêque de Liége et de vendre sa ville de Metz aux gens de la cité, pour se procurer l'argent nécessaire à l'équipement de ses hommes d'armes et aux frais de ce lointain voyage. Ah ! si Dieu me garde, je ferai plus tard ce qu'il fait.

— Mais vous ne le ferez pas avant d'avoir assuré votre pouvoir et donné à vos peuples le règne de la justice et de la paix.

Les préparatifs de la croisade, le départ des guerriers, les aventures de ceux dont on recevait des nouvelles occupaient trop les esprits pour ne pas devenir le sujet presque exclusif de la conversation de Louis et de Suger. Mais peu à peu l'exaltation du jeune prince se calma, et les études n'en allèrent que mieux.

Deux ou trois années se passèrent, et chaque jour resserrait les liens formés entre le fils du roi et l'enfant du peuple, lorsque Guillaume le Roux, roi d'Angleterre, réclama le Vexin, comme faisant partie du duché de Normandie, qu'il avait reçu en gage de son frère Robert Courte-Heuse, lequel était en Orient. Il demandait entre autres les villes de Pontoise, de Chaumont et de Mantes. Philippe refusa de les céder, et la guerre éclata. Le roi Philippe était affligé d'un tel embonpoint, qu'il ne pouvait guère se tenir en armes ; et d'ailleurs il aimait trop ses aises pour être grand batailleur ; aussi ne donna-t-il que des promesses au châtelain du Vexin, qui lui demandait protection comme à son suzerain. Mais quand Louis apprit qu'on se battait en France, il devint impossible de le retenir à l'ombre du cloître.

Il supplia son père de lui permettre de marcher contre l'Anglais, et il se conduisit si vaillamment, qu'on vit bien qu'il ne ressemblerait en rien à Philippe. Cependant, comme le roi d'Angleterre avait pour lui l'expérience et la force, le jeune prince ne put l'empêcher de s'emparer d'une partie du Vexin.

Philippe, voyant dans son fils une grande ardeur guerrière, et se sentant désormais incapable de lutter contre ses ennemis, résolut de l'associer au trône. Bertrade s'y opposa long-temps; mais enfin la volonté du roi l'emporta sur cette femme jalouse et vindicative.

Les trois derniers rois de France avaient si peu su se faire respecter de leurs vassaux, qu'ils ne jouissaient plus que d'un semblant d'autorité. Les seigneurs, enfermés dans leurs donjons, n'en sortaient que pour porter aux alentours le pillage et l'incendie; ils arrêtaient et rançonnaient les marchands, tombaient à main armée sur les biens des églises ou des couvents, et les opprimés demandaient en vain jus-tice au roi, devenu trop faible pour les défendre. Cet état de choses avait depuis longtemps frappé le jeune Louis; aussi s'efforça-t-il énergiquement d'y apporter remède.

A peine était-il associé au pouvoir, que l'abbé de Saint-Denis députa vers lui son ancien compagnon d'études, pour se plaindre des violences exercées sur les terres de l'abbaye par Bouchard, seigneur de Montmorency. Le royal damoi-seau accueillit bien l'envoyé du digne abbé, il écouta ses doléances et promit de faire droit à sa requête. Il somma Bouchard de comparaître devant le roi, pour s'entendre condamner à réparer le tort fait à l'abbaye; et ce seigneur ayant refusé d'obéir, Louis l'y força en l'assiégeant dans son manoir.

L'Église de Reims et celle d'Orléans éprouvèrent aussi les effets de la protection du jeune prince, qui reçut le nom d'Éveillé ou de Batailleur, parce qu'il était toujours prêt à marcher où l'appelait son devoir. La haine que lui portait Bertrade grandit avec la gloire qu'il acquérait; et comme elle voulait que la couronne revînt à son propre fils, elle essaya de le faire emprisonner par le roi d'Angleterre; n'y ayant pas réussi, elle eut recours à la magie, puis au poison. Louis tomba dangereusement malade, et aucun médecin de France ne put répondre de sa guérison. Mais un musulman qui connaissait à fond la vertu des plantes parvint à le rétablir.

Il ne resta de ce mal qu'une grande pâleur sur le visage du prince et une vive indignation dans son cœur. Il se plaignit au roi son père de l'odieuse malice de Bertrade et témoigna l'intention de la châtier comme elle le méritait. Philippe blâma Bertrade; mais il supplia Louis de lui pardonner et promit qu'à l'avenir elle agirait tout autrement. Elle fit la même promesse, s'humilia comme une servante devant celui qu'elle avait voulu tuer, et finit par obtenir grâce.

Louis reprit les armes contre les barons insoumis; il s'empara de la forteresse de Montlhéry, dont les châtelains attiraient à eux toutes les mauvaises gens du royaume et se livraient à de continuelles vexations envers leur suzerain. Grâce à son courage et à son activité, Philippe commençait à être craint et obéi, lorsqu'il mourut, après quarante-six ans de règne.

Guy de Rochefort et plusieurs autres seigneurs donnaient alors bien des soucis à Louis; Bertrade en profita pour essayer de le détrôner au profit de son propre fils. Cette entreprise échoua; mais le nouveau roi fut obligé de guerroyer longtemps contre les rebelles, que le roi d'Angleterre Henri 1er était toujours prêt à soutenir. Henri s'était emparé de la Normandie, qui appartenait à Robert Courte-Heuse, son frère; Louis voulut l'obliger à restituer ce duché; mais Henri était devenu puissant, et le roi de France fut battu à Brenneville, en 1119. Un Anglais saisit la bride de son cheval, en s'écriant :

— Le roi est pris.

— Ne sais-tu pas, dit Louis, qu'on ne prend jamais le roi aux échecs ?

Saisissant alors sa masse d'armes, il en frappa le soldat et l'étendit mort à ses pieds. La valeur de ce prince le rendait infatigable; il avait coutume de dire qu'il vaut mieux mourir avec gloire que de vivre sans honneur. Son règne fut une suite continuelle de petites guerres, dans lesquelles l'autorité royale s'accrut, mais dont le récit serait monotone. Un événement bien plus important signala cette époque à l'attention des historiens, la création des communes.

« Voici en quoi consiste la commune, nom nouveau et détestable, dit le chroniqueur Guibert, abbé de Nogent-sous-Coucy : c'est que les gens taillables ne paient plus qu'une fois l'an à leur seigneur la rente de leur servage ; et, s'ils commettent quelque chose contre le droit, ils en sont quittes pour une amende légalement fixée ; quant aux autres levées d'argent qu'on a coutume d'imposer aux serfs, ils s'en exemptent totalement (1). »

Les seigneurs virent avec regret l'établissement des communes ; mais le roi le favorisa, comme le plus sûr moyen d'abaisser la puissance de ces barons ambitieux et remuants. Les villes obtinrent, moyennant finance, des chartes qui assuraient leurs libertés ; elles se choisirent un maire et des échevins ; les citoyens prirent le nom de bourgeois, et un troisième ordre, qui devait un jour tenir sa place auprès du clergé et de la noblesse, fut créé.

L'amitié née entre le royal damoiseau et le jeune Suger, à l'ombre du cloître de Saint-Denis, n'avait fait que grandir et se fortifier. Le génie du moine s'était développé par l'étude et la réflexion ; il montrait une grande capacité pour les affaires, et l'abbé Adam, devenu vieux, se reposait sur lui d'une partie des intérêts de l'abbaye, dont le roi était le protecteur. Chaque fois que ces intérêts rapprochaient les deux anciens compagnons d'études, ils se revoyaient avec un grand plaisir ; Louis confiait à Suger ses ennuis, ses espérances, ses projets, et le moine lui donnait avec liberté des conseils pleins de sagesse.

L'abbé Adam mourut en 1121, et les religieux de Saint-Denis choisirent Suger pour le remplacer. Aucun choix ne pouvait être plus agréable au roi ; il protesta cependant

---

(1) Henri MARTIN, *Histoire de France.*

contre cette élection faite sans son consentement; car il regardait comme un devoir de soutenir les droits de sa couronne. Suger était alors à Rome, où l'avaient appelé les
affaires de l'abbaye; il écrivit au roi, et son élection fut
ratifiée.

A son retour en France, il prit les manières, les équipages,
le luxe d'un grand seigneur; car sa nouvelle dignité le rendait l'égal des princes; mais il n'attacha point son cœur à
toutes ces vanités. Saint Bernard ayant entrepris la réforme
du clergé, Suger fut le premier à renoncer au faste dont il
s'était entouré, et ne se distingua plus que par une extrême
simplicité.

Chargé par le roi d'administrer la justice, il fit preuve de
tant de droiture et de capacité, que Louis se reposa sur lui
de toutes les affaires de l'État. Personne n'était plus digne de
cette confiance : une grande sagacité d'esprit, une mémoire
prodigieuse, une élocution facile, un rare savoir, une sagesse plus rare encore, et par-dessus tout cela un désir ardent
de faire le bien, tel était Suger.

Louis, d'après le conseil de cet habile ministre, associa
son fils au trône, comme lui-même y avait été associé par
son père. Il n'avait pas cinquante ans, mais il était si gros,
qu'il craignait de mourir subitement. Le prince Philippe,
son fils aîné, fut donc sacré à Reims; mais deux ans après,
comme il se promenait dans les rues de Paris, un pourceau
se jeta dans les jambes de son cheval, qui s'abattit et roula
sur le jeune homme, après l'avoir jeté contre une borne. On
le releva demi-mort et on le transporta au palais, où il
expira.

La douleur du roi fut terrible, et il se passa bien des jours
avant qu'il prêtât l'oreille aux consolations de Suger. Enfin,
quand cette voix amie put se faire entendre, l'abbé de Saint-
Denis engagea Louis à faire oindre de l'huile sainte son second fils Louis, surnommé le Jeune.

Quelques années après, Guillaume X, duc d'Aquitaine, légua au roi de France tous ses États, à la condition que sa fille Éléonore épouserait Louis le Jeune. Louis le Gros, se sentant près de sa fin, réunit aussitôt cinq cents chevaliers, pour former la suite du prince son fils, et chargea Suger de l'accompagner en Aquitaine, où le mariage devait être célébré.

Il bénit son fils, qu'il craignait de ne plus revoir, et lui dit entre autres choses :

— Rappelle-toi, mon fils, que l'autorité royale est un fardeau dont tu rendras un compte exact après ta mort.

Louis le Jeune partit, épousa la princesse et revint en France avec elle ; mais il ne retrouva plus son père. Suger, qui avait précédé le prince, arriva à temps pour voir mourir Louis le Gros. En le voyant si près de sa fin, il versait des larmes amères.

— Mon cher ami, lui dit le mourant, pourquoi pleurez-vous, quand la miséricorde de Dieu m'appelle dans son paradis ?

Louis le Jeune crut ne pouvoir mieux faire que de garder pour ministre le vertueux abbé de Saint-Denis ; mais il ne sut pas toujours écouter ses conseils, dictés par la sagesse et par le dévouement.

On sait que dans une querelle survenue entre Louis et le comte de Champagne, le roi entra sur les domaines de son vassal, prit d'assaut la forte place de Vitry et la réduisit en cendres. Treize cents personnes qui s'étaient réfugiées dans l'église y devinrent la proie des flammes. Quand Louis vit ces cadavres, il fut saisi d'une horreur profonde ; le remords entra dans son cœur, et, pour l'en chasser, il résolut de marcher en personne au secours de la terre sainte. L'illustre Bernard, abbé de Clairvaux, prêcha la croisade et remit au roi de France la croix que lui envoyait le pape Eugène III.

Bientôt le pontife vint lui-même stimuler le zèle des croisés et apporter au roi sa bénédiction.

Suger voyait avec déplaisir Louis le Jeune s'engager dans cette lointaine expédition, quoiqu'il fût lui-même aussi pieux et aussi zélé que personne pour la délivrance des saints lieux. Il adressa au roi de sages remontrances; mais voyant qu'elles n'étaient point écoutées, il ne songea plus qu'à contribuer au succès de la croisade par ses prières d'abord, puis par ses bons conseils et enfin par des secours plus efficaces.

Le jour du départ étant fixé, Suger se rendit avec le pape Eugène III dans la basilique de Saint-Denis, où le roi devait venir faire ses dévotions. Ils le reçurent dans le chœur et se prosternèrent comme lui au pied de l'autel; puis l'abbé, ouvrant une petite porte d'or, en tira, avec l'aide du pontife, un coffret d'argent renfermant les reliques du bienheureux martyr, et les présenta au baiser du monarque. Louis se releva, prit sur l'autel la bannière connue sous le nom d'oriflamme, et reçut des mains du pape l'escarcelle du pèlerin. Il passa le reste de la journée dans l'abbaye, mangea avec les religieux, les embrassa tous et s'éloigna en leur recommandant de prier pour lui.

Depuis la mort de Louis le Gros, Suger aspirait à rentrer dans la paix du cloître; mais le roi le chargea de gouverner le royaume en son absence, et le pape insista pour que l'abbé de Saint-Denis acceptât cette tâche que lui seul pouvait remplir.

Suger contint l'ordre dans les domaines du roi, y fit fleurir la justice, et gouverna le Trésor avec tant de sagesse, que, sans fouler le peuple, il put envoyer aux croisés jusqu'en Asie les sommes énormes dont ils avaient besoin. Louis n'était pas encore à Constantinople, que déjà il écrivait à son ministre :

« Nous vous requérons et vous supplions, par votre foi et par votre amour pour nous, d'amasser de l'argent par tous les

moyens que vous pourrez, et de nous l'envoyer avec la plus
grande diligence. »

La croisade n'eut pas le succès que le roi s'était promis.
Il fut battu par les Sarrasins et fut obligé, par la trahison des
Grecs, de lever le siége de Damas. Les seigneurs découragés
reprirent le chemin de leurs États; mais Louis prolongea
d'une année son séjour en Orient. Suger lui écrivit à plusieurs reprises pour le rappeler.

« Que faites-vous, seigneur, lui disait-il, que faites-vous
loin de vos sujets, que votre devoir est de défendre? Les barons, ennemis de la paix, sont de retour; pourquoi laissez-
vous vos brebis à la merci de ces loups ravissants? Je vous
conjure, seigneur, par la foi qui lie le prince à son peuple, de
ne pas demeurer en Syrie au delà des fêtes de Pâques, de
peur qu'un plus long retard ne vous rende coupable devant
le Seigneur Dieu, qui vous a donné la couronne. »

Cédant à ces instances, Louis se mit en route; mais, chemin faisant, il ouït des rapports peu favorables sur la conduite de Suger. Son âme simple en fut un moment troublée;
mais le saint-père, à qui il fit part de ses soupçons, loua
Suger avec tant d'enthousiasme, que le roi se hâta de quitter
Rome, pour revoir plus tôt ce digne ministre, qui avait si
fidèlement et si habilement gouverné ses États.

Suger, dont tous ces soins avaient avancé la vieillesse,
apprit avec joie l'arrivée de Louis; il alla au-devant de lui,
et leur entrevue fut si touchante, que les seigneurs qui y
assistaient versèrent des larmes. Louis remercia l'abbé de
tout ce qu'il avait fait pour le bonheur de la France et pour
l'honneur du roi; car il sut bientôt que tous les revenus de la
riche abbaye avaient été employés à payer les officiers de la
couronne, à réparer les maisons royales, à fortifier les châteaux et à faire, au nom du monarque absent, de grandes
libéralités. Suger suffisait à tout avec ses propres deniers,
afin que le trésor public pût venir en aide aux croisés; car il

souffrait beaucoup de penser que, par suite du mauvais succès de l'expédition, le nom chrétien perdrait son lustre en Orient et que les lieux saints retomberaient aux mains des infidèles.

Il envoya des sommes considérables en Orient, même après le retour du roi, et il se disposait à faire ce pieux voyage, lorsqu'il fut pris de la maladie qui devait le conduire au tombeau. Ce ne fut d'abord qu'une petite fièvre contre laquelle l'énergie de son âme lutta quelque temps ; mais le mal augmentant, il se prépara gaîment à quitter cette vie, qu'il avait si bien employée.

Il fit choix d'un brave chevalier, qui lui jura de marcher à sa place en Palestine, et d'employer à la défense des chrétiens l'argent que l'abbé avait déjà fait parvenir en terre sainte. Louis visitait assidûment Suger, à qui il avait lui-même décerné le glorieux surnom de Père de la Patrie ; il lui confiait les chagrins que lui causait la reine Éléonore, et parfois il exprimait l'intention de la répudier. Le sage abbé s'y opposait de toutes ses forces ; il engageait le roi à dissimuler son mécontentement et à tâcher de gagner l'affection de cette princesse, qui, de son côté, désirait une séparation. Le roi promettait par déférence pour Suger ; mais l'habile ministre voyait bien qu'après sa mort Louis ne tarderait pas à oublier ses conseils.

La faiblesse et l'imprévoyance de ce prince lui inspiraient tant de crainte pour l'avenir du royaume, dont Louis le Gros, son ami, avait fondé la grandeur, que la sérénité avec laquelle il voyait approcher sa fin en était quelquefois troublée. Saint Bernard, dont il avait réclamé l'assistance, l'engagea à remettre entre les mains de Dieu tous les intérêts de ce monde et à ne plus s'occuper que de la Jérusalem céleste, dans laquelle il allait entrer, et où lui, Bernard, espérait bientôt le rejoindre.

Suger écouta avec la docilité d'un enfant les avis de ce

saint, dont il admirait les vertus, et à qui il rendait pleine
justice, quoiqu'ils n'eussent pas toujours pensé l'un comme
l'autre. Bernard avait enrôlé Louis le Jeune sous la bannière
sainte, malgré les efforts de Suger; mais après la ruine de
l'armée croisée, Suger avait défendu Bernard, à qui l'on faisait un crime de ce mauvais succès. L'abbé de Clairvaux ne
s'était pas montré moins impartial envers l'abbé de Saint-Denis; car il écrivait au pape :

« S'il y a dans l'Église de France quelque vase de prix qui
embellisse le palais du Roi des rois, c'est assurément le vénérable abbé Suger. »

Saint Bernard, affaibli par de continuelles prédications et
par les plus rigoureux exercices de la pénitence, n'avait plus
que le souffle, lorsque Suger le fit prier de venir l'aider à mourir; mais il accourut, dans l'espoir de s'édifier lui-même.

C'était un touchant tableau que celui que présentait alors
la cellule de l'abbé de Saint-Denis. Les religieux l'entouraient;
les évêques de Noyon, de Senlis, de Soissons, ne le quittaient
guère; Bernard se tenait à son chevet et lui parlait du ciel,
comme s'il en eût entrevu les splendeurs, et les envoyés du roi
attendaient respectueusement sur le seuil des nouvelles de
l'illustre moribond. Tous ceux qui l'approchaient admiraient
sa foi vive, sa profonde humilité, sa résignation à la volonté
divine; les grands et le peuple faisaient des vœux pour sa
guérison; mais son heure étant venue, il s'endormit dans le
Seigneur, vers la fête de l'Épiphanie de l'an 1151.

On grava sur sa tombe cette simple épitaphe : « Ci-gît l'abbé
Suger ! » Mais le roi le pleura, et la nouvelle de sa mort
causa de grands regrets dans tout le royaume. On sut mieux
encore tout ce qu'on lui devait, lorsqu'on vit Louis le Jeune
faire prononcer la rupture de son mariage, et Éléonore épouser, à la Pentecôte, le brillant duc de Normandie, Henri
Plantagenet, comte d'Anjou, qui devint alors duc d'Aquitaine,
comte de Poitou, et plus tard roi d'Angleterre. Toutefois,

personne ne pouvait prévoir que cette grande puissance des monarques anglais mettrait un jour la France à deux doigts de sa ruine, et qu'il ne faudrait rien moins pour la délivrer de ces terribles ennemis que l'héroïque et merveilleux dévouement de Jeanne d'Arc.

BERTRAND DU GUESCLIN.

La dame du Guesclin était assise dans l'embrasure d'une des fenêtres de la grande salle de son manoir de la Motte-Broons, près de Rennes. Elle paraissait bien triste, et, de temps à autre, elle essuyait une larme qui menaçait de tomber sur l'écharpe, tissée d'or et de soie, qu'elle brodait pour le chevalier Robert du Guesclin, son époux.

— Pourquoi pleurez-vous, ma mère ? lui demanda d'un ton câlin son fils Olivier, charmant enfant de six à sept ans. Vous avons-nous causé quelque chagrin ?

— Ce serait sans le savoir, dit une belle petite fille, en lui baisant la main. Aussi, ma mère, il faudrait nous pardonner; car nous vous aimons trop pour vouloir jamais vous faire la moindre peine.

Trois autres petits enfants qui jouaient dans un coin s'approchèrent en même temps de leur mère, et, grimpant sur ses genoux, ils s'efforcèrent de la consoler par leurs tendres caresses.

— Ce n'est pas vous, Olivier, dit la châtelaine, ni vous, Julienne, ni vous tous, mes chers petits, qui faites couler mes pleurs; vous êtes bien mes enfants, vous; mais je ne reconnais pas le noble sang de votre père dans ce mauvais garçon que je vois là-bas, les cheveux en désordre, le visage déchiré, les vêtements en lambeaux. Non, celui-là ne peut être mon fils; il faut qu'on l'ait changé en nourrice, qu'on ait remplacé par l'enfant d'un vagabond l'héritier d'un des plus vieux noms de la Bretagne. Oh ! nous sommes bien malheureux; car cet enfant, qui devrait être notre orgueil et notre joie, ne mérite pas que nous l'aimions ; et, s'il persiste à ne pas vouloir se corriger, il nous déshonorera certainement un jour.

Celui à qui s'adressaient ces reproches releva son front, qu'il tenait caché dans ses deux mains, et se tourna vers sa mère, comme s'il eût voulu protester contre la sinistre prédiction qu'elle lui faisait ; mais il la vit embrasser ses frères et ses sœurs, groupés autour d'elle, et il appuya sa tête contre la muraille, sans desserrer les dents.

— Venez ici, Bertrand, reprit la dame, et dites-moi pourquoi votre précepteur est venu ce matin m'annoncer qu'il allait quitter le château.

— Je n'en sais rien, dit l'enfant, d'un ton boudeur. Qu'il reste ou qu'il s'en aille, cela m'est bien indifférent.

— Je vous reconnais là, méchant enfant. Il vous est bien indifférent d'affliger vos parents ou de les contenter.

— Je n'ai pas dit cela, murmura Bertrand. Si je ne peux pas apprendre à lire, ce n'est pas ma faute. D'ailleurs, je ne serai jamais homme d'Église, moi; je suis l'aîné de la famille, je n'ai donc pas besoin d'être savant, et j'aime mieux me battre que de passer ma journée à étudier l'alphabet. Que Jean et Olivier l'apprennent, je n'y trouverai pas à redire.

— Vous n'avez pas à vous occuper de ce que font vos frères. Vous êtes leur aîné, sans doute ; mais vous ne leur donnez que de mauvais exemples; et s'ils n'étaient pas aussi dociles que vous l'êtes peu, votre père et moi nous serions bien à plaindre !

— Oh ! nous savons bien qu'il ne faut pas imiter Bertrand, dit Olivier, nous avons plus de cœur que lui, et nous ne voudrions pas nous battre avec les petits manants de la Motte-Broons.

— Vous avez plus de cœur que moi? s'écria Bertrand, dont les yeux brillèrent d'une colère soudaine. Cela n'est pas vrai, et je saurai bien vous le prouver.

Il s'avançait le poing levé vers Olivier; celui-ci se cacha derrière le fauteuil de sa mère.

— Comme il est brave ! dit Bertrand avec un dédaigneux sourire.

— Retournez à votre place, reprit sévèrement la dame du Guesclin, je vous défends de la quitter. Vos frères et vos sœurs ne sont pas en sûreté près de vous; vous ne connaissez que la force brutale, et dans toutes vos querelles, c'est à vos poings que vous en appelez. Comment pourrait-on vous aimer? Chacun a peur de vous; les domestiques vous fuient, car vous n'avez pour eux que des injures et des coups; si les gens du village n'avaient pas pour votre père autant d'affection que de respect, ils vous courraient sus avec leurs fourches et leurs pioches; car vous battez et vous estropiez leurs enfants.

— Ce n'est ni par méchanceté ni par trahison; tant pis pour celui qui est blessé à la guerre, il n'a rien à reprocher aux ennemis qui l'attaquent loyalement. Est-ce que je ne rentre pas souvent aussi le visage et les mains en sang ? Les manants que je dresse au combat ne me ménagent pas plus que je ne les épargne.

— Vous avez réponse à tout ; vous êtes un enfant dont on ne peut rien attendre de bon; car vous ne respectez pas même ceux qui vous ont donné le jour.

— Je les respecte et je les aime, répondit Bertrand d'un ton plus timide.

— Si cela est, vous ne le prouvez guère ; vous êtes d'une indocilité révoltante ; si l'on vous ordonne d'apprendre à lire, vous trouvez que cela est inutile ; si l'on vous défend de sortir, vous vous hâtez de vous échapper ; si l'on vous enferme, vous sautez par les fenêtres, et l'on ne saurait vous voir que battant ou battu. Si l'on n'y mettait ordre, vous seriez plus tard la honte de vos parents, comme vous êtes déjà la terreur de tout ce qui vous entoure ; mais il est temps que cela finisse, et dès aujourd'hui je renonce à vous traiter comme mon fils. Chaque fois que vous me désobéirez, vous serez sévèrement puni ; vos frères et vos sœurs, à qui vous vous plaisez à chercher querelle, ne vous approcheront plus, et vous mangerez seul à la petite table que voici, jusqu'à ce que vous méritiez, par une conduite toute différente de celle que vous menez depuis longtemps, de reprendre place à mon côté.

— C'est ce qu'il faudra voir, murmura Bertrand, si bas que sa mère ne l'entendit point. Il n'est que trop vrai, ajouta-t-il à part lui, que personne ne m'aime ici, personne, pas même ma mère. Elle n'a pour mes frères et mes sœurs que de douces paroles et de tendres baisers, pour moi que des reproches et des menaces. Est-ce donc ma faute, si je ne suis pas beau comme eux, si je n'ai pas l'air aimable et la voix caressante ? Mon cœur n'est pas plus mauvais que le leur ; j'aime mon père autant qu'eux, et quand je vois pleurer ma mère, je ne peux pas m'empêcher de pleurer aussi. Je bats quelquefois mes frères et je bouscule mes sœurs ; mais pourquoi se moquent-ils de ma laideur et de mes manières brutales ? Pourquoi disent-ils que je n'ai point de cœur ? Ah ! si un homme osait me faire une semblable injure, tout petit que je suis, je le tuerais... Mais Olivier est mon frère ; il faut que je lui pardonne.

Le caractère de Bertrand s'était aigri par la sévérité que son père et sa mère s'étaient imposée envers lui, mais surtout par les railleries de ses compagnons et des serviteurs du château. « Il n'estoit plaisant ni de visage ni de corsage, disent les vieilles chroniques; ayant le visage moult brun et le nez camus; et avec ce estoit rude de taille de corps, rude aussi en maintieng et en paroles. » Il avait le cou très-gros et penché à gauche, le buste raide, les bras très-longs, les épaules très-larges et passablement hautes; son front était bas et renversé en arrière, ce qui rendait son nez saillant, quoiqu'il fût court, et ses yeux à fleur de tête étaient d'une couleur indécise. Si l'on ajoute à ce portrait peu flatteur des cheveux touffus et mal peignés, des habits souillés de boue et de poussière, un visage couvert de contusions et d'égratignures, un air maussade et hargneux, on sera forcé de convenir que Bertrand n'avait rien de bien séduisant.

L'heure du repas étant venue, la dame du Guesclin plaça Olivier à sa droite, Jean à sa gauche, et ordonna qu'on mît à l'écart un couvert pour Bertrand. Celui-ci avait espéré que sa mère différerait encore l'affront dont elle l'avait menacé; aussi jetait-il vers la grande table des regards furibonds. La châtelaine, qui l'examinait sans qu'il s'en doutât, se réjouissait de le voir sensible à ce châtiment et n'attendait qu'une parole de repentir pour se montrer indulgente. Elle servait tour à tour ses autres enfants et fit porter à Bertrand, par un valet, la part qu'elle lui destinait. Mais, au lieu de la recevoir en silence, le petit indocile se leva, courut à la table, et, saisissant Olivier par le bras, il s'écria :

— Place à votre aîné !... Arrière tous ! Vous n'avez pas le droit de vous mettre à table sans moi.

Olivier se leva, les autres l'imitèrent; car ils avaient peur de ces terribles poings que leur montrait Bertrand.

— Allons, dit en souriant la dame du Guesclin, voilà du moins un garçon qui sait soutenir ses droits. Mettez-vous là,

Bertrand, je le veux bien; mais tâchez de vous y tenir comme un enfant bien né.

Mais Bertrand, tout fier de sa conquête, ne prit nul souci de cette recommandation.

— Je veux de ceci, dit-il, puis de cela, et encore de cela. Qu'on me serve promptement, ou je me servirai moi-même.

Et il portait si grossièrement la main à tous les plats, que sa mère ordonna au valet qui se tenait derrière lui de le prendre et de l'emmener hors de sa présence.

— Ne me touche pas, manant ! dit Bertrand ; car si tu portes la main sur moi, tu paieras cher ta hardiesse.

— Faites ce que je vous dis, reprit la châtelaine, en s'adressant au domestique.

Celui-ci allait obéir; mais Bertrand, furieux, souleva la table et envoya rouler au loin les mets et la vaisselle d'argent. A ce bruit se joignirent les cris de ses frères et de ses petites sœurs, culbutés et effrayés ; et pendant que la dame du Guesclin s'efforçait de les rassurer et de les apaiser, une religieuse, qu'elle aimait beaucoup, entra dans la salle.

— Que s'est-il donc passé? dit la pieuse fille, en voyant cette scène de confusion.

— Demandez-le à ce mauvais garçon, répondit la châtelaine, en montrant son fils aîné, qui, les bras croisés sur la poitrine, regardait avec calme les dégâts que sa colère avait causés.

— Quel est cet enfant? dit la religieuse en s'approchant de lui et en l'examinant avec attention. Est-ce que je vous fais peur, mon ami? ajouta-t-elle, en le voyant rougir.

— Moi, je n'ai peur de rien, répondit-il brusquement.

— Je vous crois, mon enfant; car votre physionomie exprime le courage et la résolution. Regardez-moi bien en face, j'ai grand plaisir à vous voir.

En même temps elle le prit dans ses bras; mais il se dégagea lestement.

— Taisez-vous ! s'écria-t-il. Je ne veux pas qu'on se moque de moi ; et si vous dites encore un mot, je vous casse la tête avec ce bâton.

Il s'était élancé vers un coin de la salle et en avait rapporté une lourde canne, qu'il brandissait d'un air irrité. Mais la religieuse lui sourit doucement, et reprit, en attachant sur lui un regard caressant :

— Je ne me moque pas de vous, mon cher enfant, et je ne sais vraiment pas ce qui peut vous avoir inspiré une semblable idée.

— Pourquoi dites-vous que vous avez du plaisir à me voir? Ma vue ne peut faire plaisir à personne ; car je suis la laideur même.

— Vous vous trompez, mon ami. Vos traits ne sont pas réguliers, j'en conviens, mais vous n'êtes pas laid ; car une belle âme rayonne sur votre visage. Je suis sûre que vous êtes bon, que vous avez pitié des malheureux, que vous aimez votre père et votre mère, et que vous avez horreur du mensonge et de la lâcheté.

— C'est vrai, dit Bertrand surpris. Mais vous me connaissez donc mieux que les autres, vous, quoique je ne vous aie jamais vue?

— J'ai lu tout cela sur votre front. Je ne vous connais pas ; mais écoutez bien ce que je vais vous dire : vous serez le plus grand homme de votre siècle.

La religieuse jouissait d'une haute réputation de savoir et de vertu. Elle soignait les malades avec beaucoup de succès, et on lui attribuait généralement le don de lire dans l'avenir. Pourtant le maître d'hôtel, qui l'écoutait, se mit à rire, et dit à demi-voix, de manière à n'être entendu que d'elle :

— Voilà une prédiction qui ne se réalisera pas ; car ce garçon-là est le plus incorrigible qu'il y ait au monde.

— Quels sont ses parents? demanda la religieuse.

— Vous sauriez que c'est mon fils aîné, dit la dame du

Guesclin, si chaque fois que vous me faites l'amitié d'y venir, cet enfant n'était pas à courir les champs avec les fils de nos serfs, ou à crier dans la prison où nous sommes forcés de l'enfermer. Ah! madame, vous qui êtes une sainte, vous devriez bien prier Dieu pour qu'il le corrige ou qu'il le retire de ce monde; car nous sommes désolés, son père et moi, d'avoir donné le jour à un si méchant sujet.

— Vous avez tort de vous chagriner ainsi, noble dame; votre fils est encore trop jeune pour que vous en désespériez. Jusqu'à présent il n'a pas eu assez de raison pour comprendre ses devoirs et pour les bien remplir; mais ayez confiance en ma parole : loin d'être pour vous une croix dans l'avenir, il sera votre gloire et votre consolation. Il sera le plus brave et le plus loyal capitaine de son temps; il donnera à votre nom un éclat nouveau, et vous remercierez un jour le Seigneur de vous avoir rendue mère d'un tel fils.

— Je voudrais vous croire, répondit la châtelaine; mais j'ai grand'peur que vous ne me fassiez ces belles promesses que pour me consoler. Cependant je suis si heureuse de vous entendre, que vous feriez un acte de charité en venant me voir encore demain.

— J'ai justement un malade à soigner tout près d'ici; je viendrai, noble dame, puisque vous le désirez.

Le lendemain, à la même heure, la religieuse arriva, et la dame du Guesclin la força de se mettre à table. A peine était-elle assise, que le maître d'hôtel parut, apportant un paon rôti, ce qui était alors un mets très-recherché. Bertrand quitta sa place, s'avança vers l'officier de bouche, lui prit le plat des mains, et vint gracieusement le présenter à la religieuse.

— Je me suis bien mal conduit envers vous hier, Madame, lui dit-il, en fléchissant un genou; mais si vous me pardonnez, je vous promets que cela ne m'arrivera plus.

— Je vous pardonne bien volontiers, mon cher enfant, répondit la pieuse fille, je sais que votre cœur n'était pas d'accord avec vos paroles.

Bertrand se releva, alla au buffet, fit remplir une coupe du meilleur vin et l'offrit à l'étrangère, en la priant de boire pour l'amour de lui.

— De tout mon cœur, dit-elle. Je bois à votre gloire et à vos succès; car plus que jamais je suis persuadée de ce que je vous ai annoncé hier : vous serez un noble et illustre chevalier.

— Non, répondit l'enfant avec une tristesse dont sa mère fut frappée, je ne ferai jamais rien de bon, tout le monde me le répète à chaque instant, et le dernier de nos valets ne craint pas de me railler, quand l'occasion s'en présente.

— Mon fils, dit la châtelaine, vous parlez aujourd'hui avec tant de raison, que je ne vous reconnais plus.

— Le fruit qui ne mûrit jamais ne vaut rien, répliqua Bertrand; mais celui qui mûrit tard est bon.

— Et vous voulez être ce bon fruit, n'est-ce pas, mon ami ? reprit la religieuse.

— Oui, répondit l'enfant; et si ma mère veut m'y aider, j'espère bien y réussir.

— Avez-vous donc opéré un miracle? demanda la dame du Guesclin à son amie. S'il en est ainsi, que Dieu soit béni ! J'étais bien triste, et me voici bien joyeuse; car votre prédiction semble déjà commencer à se réaliser, puisque mon fils montre tant de docilité et de bonne volonté.

— Ne croyez pas, dit gaîment la religieuse, que je jouisse d'un si grand pouvoir. Je ne suis qu'une pauvre fille, et toute ma science se borne à connaître la vertu de certaines plantes utiles à la guérison du corps. Quant à lire dans les astres, comme plusieurs prétendent que je le fais, c'est un talent que je ne possède pas; je suis même persuadée que le secret de l'avenir n'appartient qu'à Dieu; mais mon père, qui était un savant homme, m'a appris à découvrir l'âme à travers les traits du visage, et j'ai vu dans la physionomie de votre fils aîné quelque chose de si grand et de si bon, que je n'hésite pas à vous dire qu'il concevra de nobles desseins et saura généreusement les accomplir. Pour y arriver, Bertrand réclame votre aide, et vous ne pouvez la lui refuser.

— Je n'y songe pas; car je sais bien que le devoir des mères est de développer dans le cœur de leurs enfants le germe des vertus que le Seigneur y a mis; et si je m'affligeais tant, c'est que je craignais qu'il n'eût oublié mon fils aîné dans la distribution de ses dons.

— Vous croyiez agir sagement en vous montrant sévère, noble dame; mais il y a des enfants que la sévérité rebute et dont on obtient tout par la douceur.

— Bertrand est de ce nombre, je l'ai reconnu depuis hier, et je ne l'oublierai pas. Je veux que désormais chacun le traite comme mon fils bien-aimé et comme l'héritier d'une noble maison.

— Faites cela, et bientôt ce diamant brut resplendira d'un vif éclat.

— Que voulez-vous dire? demanda la dame du Guesclin. Vous ai-je donc fait part d'un songe qui m'a fort préoccupée dans les premiers jours de mon mariage?

— Non, répondit la religieuse.

— Eh bien! j'ai cru voir qu'on m'avait fait présent d'une riche boîte contenant le portrait du sire du Guesclin et le mien. Un des côtés de cette boîte était garni de trois diamants, de trois perles et de trois rubis; l'autre était presque entièrement couvert d'un caillou qui me semblait déparer ce joli coffret. Je voulus le faire enlever; mais le lapidaire me dit : « Gardez-vous-en bien, Madame; ce caillou, qui vous paraît si laid, sera le plus bel ornement de la boîte, lorsqu'il sera poli. » Je me mis aussitôt à frotter ce caillou, et il devint si brillant, qu'aucune pierre précieuse ne pouvait lui être comparée.

— Je comprends qu'en m'entendant parler d'un diamant
brut, vous ayez retrouvé au fond de votre mémoire le souvenir
de ce rêve, dit la religieuse. Les songes ne sont qu'un jeu de
notre imagination ; mais lorsqu'on y peut trouver une leçon,
il est toujours bon de la mettre à profit. Rien ne vous empêche donc de croire que les perles, les émeraudes, les rubis,
dont la boîte était ornée, représentaient les frères et les sœurs
de Bertrand, tandis que lui-même était figuré par ce gros
caillou que vous deviez polir. C'est une tâche dont vous vous
acquitterez bien ; et si je ne me trompe, Dieu récompensera
largement le soin que vous prendrez de cet enfant.

De ce jour une métamorphose complète s'opéra dans le caractère de Bertrand ; il écouta respectueusement les leçons
de sa mère, lui témoigna une déférence et une tendresse ex-
trêmes, se montra doux, bon, patient envers ses frères et ses
sœurs, et devint poli avec tout le monde. On cessa de railler
sa laideur, quand on le vit s'efforcer de la faire oublier par
son amabilité. Son père, qui était en voyage, eut peine à le
reconnaître lorsqu'il revint, et lui accorda avec bonheur la
tendresse qu'il s'était cru obligé de lui refuser jusque-là.

Plus Bertrand se sentit aimé, plus il devint bon. Toutefois,
il n'avait pas entièrement renoncé à se battre avec les petits
paysans. La guerre était alors la seule occupation digne d'un
gentilhomme ; le sire du Guesclin destinait donc son fils au
métier des armes, et se plaisait à lui raconter les hauts faits
qu'il avait lus dans l'histoire ou dont lui-même avait été témoin. Ces récits excitaient l'enthousiasme de l'enfant et lui ar-
rachaient des cris d'admiration.

— Quand pourrai-je aussi montrer mon courage ? disait-il.
Je sais bien que je suis trop laid pour être jamais le bienvenu près des dames ; mais je veux me faire craindre des
ennemis de mon roi, et quand on me verra plus vaillant que
pas un, on ne songera pas à se moquer de moi.

Robert du Guesclin voyait avec joie les belliqueuses inclinations de son fils; il s'était chargé de son éducation militaire; car il était lui-même un très-brave chevalier. Bertrand, que l'étude de l'alphabet avait cruellement rebuté, apprit sans aucune peine à monter à cheval, à tirer de l'arc, à manier la lance, l'épée, la hache d'armes. Il grava dans sa mémoire les noms des illustres guerriers de l'antiquité, et comprit sans même qu'on les lui expliquât les ruses de la guerre, l'art de ranger les troupes en bataille, d'attaquer et de défendre une forteresse, de harceler l'ennemi, de lui couper les vivres. Il était là dans son élément. Pour entendre parler de joutes et de combats, il eût renoncé aux jeux de son âge, il eût oublié le sommeil, le boire et le manger.

Mais quand il avait écouté son père, il ne pouvait résister au désir de mettre en pratique les leçons qu'il en avait reçues. Il avait formé une petite armée, à laquelle il faisait exécuter toutes sortes d'évolutions et dont il s'était créé général. Ses soldats élevaient des remparts, creusaient des fossés, défendaient leurs positions, et, partagés en deux camps, se livraient des combats qui ne laissaient pas que d'être dangereux.

Robert fit comprendre à Bertrand quelles inquiétudes il causait à sa mère; Bertrand promit de ne plus s'exposer; mais c'était promettre une chose impossible. Dès qu'il retrouvait ses compagnons, il se mettait à leur tête, pour se donner le plaisir de faire seulement avec eux quelques marches; mais la parade ne tardait pas à dégénérer en bataille, et le général ne s'épargnait pas plus que ses soldats.

— Il faut pourtant bien que j'apprenne à combattre, disait-il à sa mère, lorsqu'elle lui reprochait tendrement de manquer à sa parole. Comment deviendrai-je un brave capitaine, si je ne m'exerce pas à donner des coups et à en recevoir? Je fais ce que je peux pour obéir à mon père; mais si je me retirais à l'écart lorsque la mêlée commence, on

croirait que je suis un lâche, et j'aimerais mieux mourir que
de donner de moi une si vilaine opinion.

La dame du Guesclin, dont les transes augmentaient
chaque jour, pria son mari d'aviser au moyen de licencier
l'armée de Bertrand. Messire Robert défendit donc aux
bonnes gens de sa terre de laisser leurs enfants se livrer à ces
jeux guerriers; mais ces jeunes soldats y avaient pris goût
aussi bien que leur chef, et, quoiqu'on leur eût interdit de
se réunir, ils se cherchaient si bien, qu'ils finissaient toujours par se rencontrer. Plusieurs petits paysans furent blessés; leurs parents portèrent plainte au sire du Guesclin, et
celui-ci, sachant que son fils donnait encore le mot d'ordre
et qu'il était l'âme de ces luttes, prit le parti de l'enfermer
dans une des tourelles de son manoir.

Toutefois, comme il savait par expérience que la rigueur
n'avait aucun empire sur Bertrand, il rendit cette prison aussi
douce que possible. Il allait souvent visiter le captif, s'entretenait avec lui de guerres et de tournois, lui parlait du moment
peu éloigné où il aurait la joie de lui voir faire ses premières
armes. Lorsqu'il venait à la Motte-Broons quelque hôte de
distinction, messire Robert ne voulait pas qu'il s'éloignât sans
voir son fils aîné et sans lui dire qu'un noble gentilhomme ne
devait point se mesurer avec les manants.

— Je le crois bien, répondait Bertrand, et j'aimerais
mieux combattre avec la lance et l'épée qu'avec mes poings
et mon bâton; mais de manière ou d'autre il faut que je me
batte, et je suis bien forcé de me contenter des armes et des
adversaires qui sont à ma disposition. Ah! quand mon seigneur et père me voudra conduire à l'armée du bon duc
Jean, je ne penserai plus à chercher noise aux petits vilains
de notre domaine.

Un jour que Bertrand venait de ferrailler avec son père,
qui lui donnait quelquefois ce plaisir, pour l'aider à prendre
en patience sa captivité, il se jeta à ses genoux et le sup-

plia, les larmes aux yeux, de lui ouvrir les portes de la tourelle.

— J'y consens, mon fils, dit messire Robert, mais à une condition, c'est que vous me jurerez, sur votre honneur de gentilhomme, de ne pas sortir du château sans ma permission, de ne pas engager la moindre querelle avec les fils de nos serfs et de ne pas répondre à leurs provocations.

Bertrand baissa la tête sans rien dire.

— Vous hésitez? reprit le sieur du Guesclin.

— Mon père, dit l'enfant, je sais ce que vaut l'honneur d'un gentilhomme, et j'aime mieux demeurer prisonnier que de faire un serment que je n'aurais pas la force d'accomplir. Laissez-moi donc ici; j'y mourrai peut-être; mais il vaut encore mieux mourir que de se déshonorer.

— Bien, mon fils! répondit avec émotion le brave chevalier; conservez ces nobles sentiments, et vous serez digne de vos ancêtres.

Ce n'était pas sans quelque raison que Bertrand parlait de mourir. Habitué au grand air, aux longues courses, aux luttes continuelles, il ne respirait pas dans la salle qu'on lui avait donnée pour prison; l'appétit lui manquait, et une profonde tristesse remplaçait peu à peu son humeur joviale et batailleuse. Sa mère, qui le voyait pâlir, s'inquiétait de ce changement; mais elle espérait qu'il s'habituerait à son nouveau genre de vie, et que la solitude mûrissant sa raison, il pourrait être bientôt mis en liberté sans qu'elle eût à craindre de le voir rapporter au manoir grièvement blessé.

C'était donc pour sauvegarder la vie de ce cher enfant que Robert du Guesclin se montrait inflexible; Bertrand ne l'ignorait pas; mais la patience commençait à lui manquer.

— Il faudra bien que je sorte d'ici de gré ou de force, se disait-il. Je ne serais pas un vrai soldat, si je ne savais pas m'évader d'une prison qui n'est pas même gardée. Si quelque ennemi me tenait en son pouvoir et qu'il n'eût pas ma parole, est-ce donc une méchante serrure et des verrous comme ceux-ci qui pourraient m'empêcher d'aller rejoindre l'étendard de Bretagne ?

Bertrand ne se demanda pas même où il irait en quittant la tour ; l'essentiel pour lui était de s'échapper, le reste viendrait [ensuite. Un soir que la servante chargée de prendre soin de lui venait lui apporter à souper, il se jeta sur elle au moment où elle entrait, la poussa vers le fond de la salle, sortit brusquement, referma la porte et s'enfuit.

Il ne doutait pas que les cris de cette fille n'attirassent l'attention des autres serviteurs et qu'on n'allât aussitôt prévenir le sire du Guesclin ; il gagnait donc la campagne de toute la vitesse de ses jambes, lorsqu'il rencontra un des valets de son père revenant de la ville avec une charrette. Il détela un des chevaux qui la conduisaient, sauta dessus , prit au galop la route de Rennes, et mit pied à terre devant la maison d'un de ses oncles, sur l'indulgence duquel il comptait beaucoup.

Mais l'oncle était absent, et la tante demanda sévèrement à Bertrand d'où il venait et ce qu'il voulait. Elle le connaissait assez pour deviner une partie de la vérité ; aussi son embarras et la chétive toilette dans laquelle il se présentait achevèrent de lui persuader qu'il était parti à l'insu de sa famille.

— N'avez-vous donc pas honte, lui dit-elle, d'arriver ainsi comme un vagabond ? et ne songez-vous pas à l'inquiétude que votre absence va causer à vos parents ? Vous voulez les mettre au tombeau, je le vois bien ; mais je ne le souffrirai pas, et je vais sur-le-champ vous faire reconduire au manoir paternel. Il ne sera pas dit que je donnerai asile à un méchant garçon comme vous. Holà ! Pierre , Alain, Cozic, venez ici. Vous voyez bien ce jeune drôle ; il a quitté le château de la Motte-Broons , où sans doute on le pleure : les mères sont si faibles ! Faites-lui en reprendre le chemin sans

tarder, et veillez bien sur lui, de peur qu'il ne vous échappe.
Vous m'en répondez.

— Oh! ma tante, ma bonne tante, ne me renvoyez pas
ainsi; accordez-moi au moins l'hospitalité pour cette nuit.

— Non, pas même pour une heure, répondit la dame.

— Diable! dit une voix forte et joyeuse, c'est la première
fois qu'on refuse d'accueillir sous mon toit l'hôte envoyé par
la Providence....

— Ah! s'écria Bertrand, voici mon oncle, je suis sauvé!

— Qu'y a-t-il donc? demanda le chevalier en ouvrant la
porte. Tiens! c'est toi, Bertrand. Sois le bienvenu dans ma
maison.

— Ah! messire, vous ne parleriez pas de la sorte, si vous
saviez ce qu'il a fait, dit la tante, un peu déconcertée par
l'arrivée de son mari.

— Encore quelque escapade, je parie, répliqua l'oncle en
riant. Tu ne te corrigeras donc jamais, gentil neveu? Allons,
prends place à table, et tu me conteras ton aventure, quand
ma faim sera un peu calmée. J'arrive de la chasse et j'ai grand
appétit.

Bertrand, complétement rassuré, fit honneur au souper; il
pria son oncle d'envoyer porter de ses nouvelles à la Motte-
Broons; car il avait des remords depuis que la noble dame
avait parlé du chagrin que sa fuite devait avoir causé à son
père et à sa mère.

— Maintenant, dit l'oncle, après avoir entamé les plats apportés par son maître d'hôtel, apprends-moi, cher neveu,
comment il se fait que tu sois à Rennes en si chétif accoutre-
ment. Étais-tu donc menacé de quelque terrible châtiment?

— Hélas! mon oncle, j'en subissais un si cruel, que je me
sentais capable de tout faire pour y échapper. Depuis quatre
mois j'étais prisonnier dans la tourelle de l'Est.

— Quatre mois! s'écria le chevalier. C'est quatre jours que
tu veux dire.

— Non, mon oncle, je les ai bien comptés. Chaque soir je faisais une barre au mur avec mon couteau.

— Mais pourquoi cette longue captivité ?

— Parce que mon père voulait me faire jurer de ne plus me battre et que je n'osais pas faire un pareil serment.

— Quel mauvais sujet ! dit la tante en joignant les mains.

— Brave enfant ! murmura l'oncle. Je reconnais bien en lui la fierté de notre sang.

— Qu'eussiez-vous fait à ma place, bel oncle ? demanda Bertrand.

— Parbleu ! ce que tu as fait, gentil neveu.

— C'est cela ! donnez-lui raison, dit la dame. Vous pouviez bien rester à la chasse une demi-heure de plus, les choses n'en auraient été que mieux.

— Ne vous fâchez pas, ma tante, dit Bertrand. Je tâcherai que vous n'ayez pas à vous plaindre de moi pendant le temps que vous me permettrez de demeurer avec vous. Je suis plus docile que vous ne le croyez, et comme ici je n'aurai pas de soldats à commander, je serai bien forcé de me tenir tranquille.

— Oui-dà ! répliqua l'oncle ; voilà une belle résolution ; mais si je ne me trompe, elle sera bien difficile à remplir.

— Pas trop, mon oncle, si vous voulez faire des armes avec moi, me raconter vos prouesses, et m'emmener dans les bois, quand vous irez chasser le loup et le sanglier.

— Nous verrons cela, répondit le chevalier, qui paraissait fort satisfait d'avoir pour neveu un si hardi garçon.

— J'espère que vous n'en ferez rien, messire, dit la tante. Puisque vous voulez que Bertrand reste avec nous, je me charge de lui, et j'espère que les soins que je lui donnerai ne seront pas inutiles.

Dès le lendemain, la bonne dame mit un livre entre les mains de son neveu et lui fit un long sermon pour lui démontrer la nécessité d'apprendre à lire. Bertrand l'écouta docilement; mais quand elle voulut le louer de son attention, elle s'aperçut qu'il dormait. Le chevalier le réveilla en l'invitant à venir voir ses armes et ses chevaux; puis ils sortirent ensemble et ne rentrèrent que le soir. Les jours suivants, le jeune du Guesclin fit quelques efforts pour contenter sa vénérable parente, et dans l'espace de trois mois, il apprit à nommer, sans se tromper trop souvent, la plupart des lettres de l'alphabet.

— Vous avez beau faire, noble dame, disait l'oncle, Bertrand ne sera jamais un savant.

— Il faut laisser le savoir aux moines et aux gens d'Église, répondait l'enfant; ils liront pour nous, nous combattrons pour eux.

Cependant, un dimanche, en sortant de la maison, Bertrand regretta fort de ne point savoir lire. Un grand écriteau attaché à un picu, à l'extrémité de la place, était surmonté d'un chapeau dont les plumes se balançaient au vent. Bertrand s'approcha; il examina curieusement les grandes lettres de l'écriteau; mais il ne put dire quels mots elles formaient.

— Eh! l'ami, dit-il, en faisant signe à un vilain qui passait près de là, pourrais-tu m'apprendre ce qu'il y a d'écrit là-dessus?

— Il y a, répondit le jeune homme, qu'une lutte doit avoir lieu tantôt ici-même, et que ce chapeau sera le prix du vainqueur.

— Le vainqueur, ce sera moi, dit Bertrand tout joyeux. Mais, reprit-il aussitôt, me permettra-t-on de prendre part à la lutte? Ma tante n'en voudra pas entendre parler, et mon oncle lui-même ne se souciera pas de me voir disputer la victoire à ces manants.

Il rentra tout pensif; car il ne savait comment s'y prendre pour obtenir la permission qu'il convoitait.

— Voici les vêpres qui sonnent, dit la tante, prenez mon livre, Bertrand, et venez à l'église avec moi.

Bertrand obéit ; mais il ne pria pas sans distraction ; les plumes du chapeau ondoyaient devant ses yeux, et il suivait en pensée toutes les péripéties de la lutte qu'il ne verrait peut-être pas. Tout à coup le son de la trompette le fit tressaillir, et il entendit la voix du crieur public qui annonçait le commencement des jeux. Son impatience devint extrême ; il voulait prier sa tante de le laisser sortir ; mais la noble dame avait l'air si sévère, qu'il n'osa pas formuler sa demande. La trompette sonnait pour la troisième fois, quand, ne pouvant plus tenir en place, il profita du recueillement dans lequel sa tante était plongée, pour se lever doucement et s'esquiver, sans être aperçu.

Quand il arriva sur la place, la lutte était commencée. Un grand et solide garçon avait déjà terrassé plusieurs de ses compagnons, et le cercle de ceux qui se disposaient à lui disputer la victoire s'éclaircissait à chaque instant. Il venait de triompher du douzième, et personne ne se présentant plus, il porta la main au chapeau et dit, en regardant fièrement l'assemblée :

— Ce prix m'appartient, je le prends.

— Pas encore ! s'écria Bertrand, cédant à un mouvement involontaire, et s'avançant vers le lutteur.

— Tu veux te mesurer avec moi ? lui dit ce robuste gaillard. C'est pour rire, n'est-ce pas, mon petit ami ?

— David a vaincu Goliath, répondit Bertrand, qui aimait fort les belles histoires de l'Écriture sainte, surtout lorsqu'il y était question de miracles ou de combats.

— Viens donc, puisqu'il te faut une leçon , répliqua le vainqueur.

Mais il vit bientôt que cet enfant qu'il dédaignait était plus fort et plus courageux que ses premiers adversaires, et il ne songea plus à le ménager. La lutte fut sérieuse et passionna les spectateurs. Encouragé par leurs applaudissements, Bertrand, qui résistait depuis longtemps, fit un dernier effort et terrassa le redoutable champion. Mais pendant qu'il le renversait, son genou porta si violemment contre une pierre, qu'il jeta un cri et perdit connaissance.

On le releva, on lui baigna d'eau froide le front et les tempes, il revint à lui, et on lui présenta le chapeau qu'il avait si bien gagné.

— Prenez-le, je vous le donne, dit-il à son adversaire ; j'étais plus jaloux de la victoire que du prix qu'elle devait m'assurer.

Bertrand, soutenu par les lutteurs, reprit le chemin de la maison du chevalier. Une verte réprimande l'attendait ; mais, en le voyant blessé, la noble dame ne s'occupa que de le soulager. Ce fut seulement quand elle le vit tranquille dans son lit qu'elle lui adressa les reproches qu'il méritait. Bertrand avoua qu'il avait mal agi et que Dieu le punissait justement d'avoir quitté le saint lieu pour aller prendre sa part d'un plaisir qui lui était interdit. Il promit sincèrement de ne plus retomber dans la même faute et il obtint son pardon.

Lorsqu'il fut bien guéri, son oncle, qui redoutait pour lui quelque autre accident, le reconduisit à la Motte-Broons, où il ne fut plus question de le mettre sous clef ; car, pendant le repos forcé auquel sa blessure l'avait condamné, Bertrand avait eu le loisir de faire de sérieuses réflexions, et il comprenait enfin que son père et sa mère étant plus sages que lui, son intérêt, aussi bien que son devoir, l'obligeait à leur obéir. Il avait d'ailleurs été fort touché de la tendresse avec laquelle ils l'avaient accueilli, et il tenait à ne pas se montrer indigne de leurs bontés.

Le sire du Guesclin était fier de cet enfant, chez qui se révélait non-seulement un courage admirable, mais les sentiments les plus nobles et les plus généreux. Les frères et les sœurs de Bertrand lui témoignaient autant de respect que d'affection ; il se sentait aimé de tous ceux qui l'approchaient et il se trouvait heureux.

Les choses en étaient là, quand le bon duc Jean III invita les seigneurs français, anglais et bretons, à venir fêter par un tournoi le mariage de sa nièce bien-aimée, Jeanne de Penthièvre, avec monseigneur Charles de Blois, neveu du roi de France.

La plus noble chevalerie du monde se rendit à Rennes, à l'appel du bon duc, et la vieille cité prit un aspect féerique. On ne voyait partout que riches tentures, fraîches guirlandes de fleurs, armures magnifiques, vêtements de velours, brodés d'or et de pierreries. Un vaste terrain avait été préparé pour les combattants, et tout autour, sur des gradins, se pressaient les nobles dames conviées à la fête. Une estrade plus élevée attendait le duc, madame de Penthièvre, la comtesse Jeanne de Montfort, et leur suite, aussi nombreuse que brillante. A l'autre extrémité de la lice, un espace avait été ménagé entre les gradins pour que le populaire ne fût point privé du spectacle dont chacun était avide.

Au milieu de ce populaire se tenait, sur un cheval de piètre apparence, un jeune garçon dont la laideur appela bientôt les quolibets de la foule.

— Tiens ! disait l'un, voici un roussin qui tiendrait bien sa place au milieu des fringants coursiers de ces beaux seigneurs.

— Par ma foi ! répondait l'autre, le cavalier et sa monture sont parfaitement assortis. Encore le roussin, malgré ses jambes couronnées, ses mauvais yeux et sa crinière mal peignée, est-il plus beau que le godelureau qui le conduit.

— On ne peut rien voir de plus laid que son visage, à moins que ce ne soit sa tournure. Eh ! l'ami, d'où viens-tu ? Ne serait-ce point du pays des singes ? Il y faudra retourner, mon garçon, lorsque tu voudras prendre femme.

Le jeune homme n'entendait pas ces propos. Son attention était captivée par les beaux coups que portaient les chevaliers et par les habiles courses qu'ils fournissaient. Chaque fois que l'un d'eux désarçonnait son adversaire ou qu'il se dérobait par une feinte adroite et revenait fièrement la lance en avant, Bertrand, car c'était lui, applaudissait bruyamment et répétait à part lui :

— Si seulement je pouvais combattre !

On lui avait permis d'assister au tournoi, mais en simple spectateur ; et pour lui ôter l'envie de se mêler aux chevaliers, on lui avait donné un vieux cheval, maigre, borgne, efflanqué, indigne, en un mot, de servir de monture à un fils de noble maison.

La foule, l'entendant juger si hardiment du mérite des champions, redoubla ses railleries.

— Ne voudrait-il pas nous faire croire qu'il s'y connaît ?

— Et se faire passer pour un gentilhomme. Vous perdez vos peines, mon bel ami.

— Qui sait ? Il y a de si méchantes fées, qu'un coup de baguette a peut-être fait d'un mignon damoiseau le monstre que vous voyez.

— Eh ! beau cavalier, qu'aviez-vous donc fait à la fée ?

—.Contez-nous votre histoire, monseigneur du Roussin.

Ce feu roulant de plaisanteries commençait à chatouiller les oreilles de Bertrand, et sans doute il allait tomber à poings fermés sur ces manants qui le raillaient, lorsqu'il vit sortir de la lice un combattant dont il reconnut les armoiries.

— Mon oncle ! s'écria-t-il ; c'est mon oncle !

Il fendit la foule, suivit le chevalier qui se disposait à rentrer chez lui, et, se jetant à ses pieds, il le supplia de lui prêter son cheval et ses armes.

— Oui-dà, gentil neveu, vous voulez briser une lance en l'honneur de madame de Penthièvre ? Mais vous êtes bien jeune encore, et je ne sais si je dois vous prêter mes armes ; car jamais combattant n'a vu le dos de ma cuirasse.

— Ah ! bel oncle, dit Bertrand, quand je devrais me faire tuer, je ne fuirai point.

Le chevalier sourit; il arma lui-même le jeune homme, lui fit amener un cheval frais et l'embrassa tendrement. Bertrand, fou de joie, se dirigea vers la lice et y entra aussitôt. Un champion du camp opposé accourut à sa rencontre; Bertrand lui enleva sa visière et le heurta si violemment, que le cheval et le cavalier roulèrent dans la poussière. Celui-ci demanda sa revanche et eut encore une fois le même sort. Quinze chevaliers ne furent pas plus heureux, le jeune inconnu les força tous à s'avouer vaincus.

Robert du Guesclin s'avança alors pour venger la défaite de ses compagnons; Bertrand le reconnut, s'arrêta court et s'inclina devant lui. C'était une manière de refuser le combat. Un autre adversaire se présenta, et, comme la curiosité des chevaliers était vivement excitée, il promit d'enlever la visière de ce champion que personne ne connaissait. Il tint parole; mais Bertrand, le saisissant à bras le corps, le renversa de son cheval.

Des applaudissements frénétiques retentirent de tous côtés, et le jeune gentilhomme, proclamé vainqueur du tournoi, fut conduit par son père à madame de Penthièvre, qui lui remit, avec de grands éloges, le prix de sa valeur. Sa mère, ses frères, ses sœurs, le comblèrent de caresses, et tous se rappelant les prédictions de la religieuse, ne doutèrent plus du brillant avenir qu'elle avait annoncé à Bertrand du Guesclin.

Il n'avait encore que quinze ans; mais on ne pouvait plus le regarder comme un enfant; et la guerre ayant éclaté peu de temps après entre Jeanne de Penthièvre et Jean de Montfort, qui se disputaient l'héritage du duc Jean III, la dame du Guesclin n'essaya point de retenir son fils au manoir. Bertrand embrassa le parti de Penthièvre, par haine pour les Anglais, que Montfort avait appelés à son aide; il se montra si brave et si sage, qu'il sut inspirer à ses ennemis eux-mêmes autant d'estime que d'admiration.

Il faudrait des volumes pour raconter toutes les prouesses de Bertrand. En bataille rangée, en combat singulier, on le trouvait toujours prêt à courir sus aux Anglais, et le duc de Lancastre, qui l'avait eu pour adversaire, disait que ce capitaine valait à lui seul une armée. Tant que Penthièvre et Montfort luttèrent en Bretagne, il ne prit pas un instant de repos; et pendant les trêves dont l'épuisement des deux partis amenait la conclusion, Bertrand mettait son épée au service du roi de France.

Après la funeste bataille de Poitiers, pendant que Jean le Bon était prisonnier à Londres, le dauphin Charles réclama l'aide de Bertrand du Guesclin; et quand la mort de Jean le plaça sur le trône, il ne vit personne plus capable que le brave Breton de tenir tête au roi de Navarre, révolté contre lui.

Bertrand atteignit l'ennemi près de Cocherel, le battit, et étrenna par cette victoire la couronne du nouveau monarque.

Il resta fidèle jusqu'à la fin à la cause de Jeanne de Penthièvre; mais le traité de Guérande ayant terminé la guerre qui depuis longtemps désolait la Bretagne, il se souvint de la promesse qu'il avait faite à Charles V et se mit entièrement à sa disposition.

Le royaume de France était alors ravagé par une multitude de soldats de toutes langues et de toutes nations, que les guerres des règnes précédents avaient appelés dans notre pays, et qui, se trouvant sans solde et sans frein, y commettaient les plus terribles excès. On les désignait sous le nom de Grandes-Compagnies. Le peuple se plaignait au roi, et le roi, touché de tant de maux, y cherchait vainement un remède.

Bertrand lui proposa de s'entendre avec les capitaines des Grandes-Compagnies et de les emmener vers l'Espagne, pour combattre Pierre le Cruel, meurtrier de Blanche de Navarre, belle-sœur de Charles V. Le roi accepta cette offre avec transport, et tel était l'ascendant de du Guesclin sur tous les guerriers de son temps, qu'il fit de tous ces soldats pillards une belle armée, à la tête de laquelle il plaça sur le trône de Castille don Henri de Transtamare, frère de Pierre le Cruel.

Les Anglais soutenaient Pierre, et dans une rencontre avec eux, Bertrand fut fait prisonnier. Le prince de Galles le garda longtemps et ne le mit à rançon que parce qu'on disait tout bas qu'il le craignait.

Bertrand, invité à fixer lui-même le chiffre de cette rançon, la porta à 100,000 doubles d'or, et dit fièrement que si le roi de France et le roi de Castille ne la pouvaient payer entièrement, les nobles bretonnes fileraient pour la compléter.

La princesse de Galles accourut à Bordeaux pour le voir, l'invita à dîner et le força d'accepter 30,000 florins d'or pour sa rançon.

La guerre terminée, du Guesclin revint en France, reçut du roi l'épée de connétable, et se montra digne de cet honneur, en poursuivant à outrance les Anglais, maîtres du Maine, de l'Anjou, du Poitou et de la Saintonge. Il les battit tant de fois, qu'il ne leur resta plus dans le royaume que Bordeaux, Calais, Cherbourg, Brest et Bayonne.

Mais ces infatigables ennemis revenaient sans cesse à la charge et profitaient des moindres circonstances pour s'emparer de quelque forteresse, d'où ils s'élançaient pour ravager les campagnes. Le bon connétable, toujours prêt à leur tenir tête, courait d'un point à l'autre, et partout il était salué comme un père et comme un libérateur. Son nom seul rassurait les populations et jetait l'effroi parmi les Anglais.

Cependant la calomnie, pour laquelle rien n'est sacré, osa s'attaquer à lui; on laissa supposer au roi que ce noble guerrier, si dévoué à la couronne, s'était laissé gagner à la cause du duc de Bretagne, révolté contre son suzerain. Bertrand apprit quel soupçon pesait sur lui, et se hâta de renvoyer à Charles V l'épée de connétable, qu'il n'avait acceptée qu'à regret. Le roi ne voulut point la recevoir; mais il n'eût peut-être pas triomphé de la fière obstination de Bertrand, si les Anglais n'eussent encore une fois fait irruption dans le Midi de la France.

En arrivant dans le Velay, du Guesclin voulut faire un pèlerinage à Notre-Dame-du-Puy. Il était encore dans cette ville quand les habitants du Gévaudan le firent prier de venir les délivrer des violences et des vexations que leur faisait endurer la garnison de Châteauneuf-Randon. Jamais le bon connétable n'avait fermé l'oreille à une telle prière; il alla sans retard mettre le siége devant la place. Il la pressa vivement; mais elle se défendit si bien, qu'il dut renoncer à la prendre d'assaut. Il se contenta de la bloquer de manière à ce qu'elle ne pût recevoir ni vivres ni renforts. Le gouverneur lui fit alors proposer de lui livrer la forteresse, si, avant le 12 juillet suivant (1380), les Anglais ne venaient pas l'obliger à lever le siége.

Bertrand avait perdu plusieurs de ses vaillants capitaines, lui-même était souffrant; il consentit à cette capitulation, dans l'espoir qu'un peu de repos ferait grand bien à son armée et le rétablirait lui-même. Mais son état empira, et bientôt il ne resta plus d'espoir de le sauver. Il vit approcher la mort avec une sérénité parfaite; il mit ordre aux affaires de sa conscience, puis à ses intérêts de famille, et se fit apporter l'épée de connétable. Il la tint toute nue entre ses mains, la baisa les larmes aux yeux, et la remit au maréchal de Sancerre, pour qu'il la rendît à Charles V.

— Assurez au roi, dit-il, que je lui ai toujours été fidèle et que je n'emporte en mourant qu'un seul regret, celui de n'avoir pu le délivrer entièrement des Anglais.

Puis, s'adressant à ses capitaines, il les remercia de l'aide qu'ils lui avaient donnée, les pria de continuer à bien servir le roi, les embrassa les uns après les autres, et, rassemblant ce qui lui restait de forces, il leur dit :

— Je n'ai plus qu'une recommandation à vous faire, mes chers amis et compagnons, et je vous conjure de vous en souvenir pour l'amour de moi : or, sachez bien qu'en quelque pays que vous fassiez la guerre, les gens d'Église, les femmes, les enfants, le pauvre peuple qui sème et qui travaille, ne sont point vos ennemis.

Il prit ensuite le crucifix que lui présentait l'aumônier, l'approcha de ses lèvres et rendit le dernier soupir en recommandant son âme à Dieu.

Le délai fixé pour la reddition de la place expirant ce jour-là, le maréchal de Sancerre alla sommer le gouverneur de la lui livrer ; mais celui-ci ne voulut la rendre qu'à du Guesclin ; et le maréchal lui ayant appris que le bon connétable était mort, l'Anglais vint, avec toute sa garnison, s'agenouiller devant le lit de parade où Bertrand avait été déposé, y fit sa prière et déposa les clefs aux pieds de l'illustre défunt, en disant :

— Monsieur le connétable, voici les clefs de ma ville ; je vous les ai promises, je vous les apporte : mais plutôt que de les rendre à tout autre qu'à vous, j'aurais versé jusqu'à la dernière goutte de mon sang.

La France entière prit le deuil, et le roi ordonna que son connétable fût inhumé à Saint-Denis, dans la chapelle qu'il avait fait élever pour la reine et pour lui. Bientôt il y rejoignit ce fidèle ami, qui l'avait si puissamment aidé à relever la gloire du nom français et à sécher les larmes de son peuple.

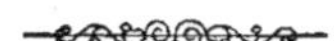

PIC DE LA MIRANDOLE.

Jean-François Pic de la Mirandole, comte de Concordia, avait deux fils déjà grands, quand il lui en naquit un troisième, le 24 février 1463. Si l'on en croit une légende de famille, des flammes parurent au-dessus du vieux château de la Mirandole, au moment où ce dernier enfant vint au monde. Les serviteurs, témoins de ce phénomène, coururent en avertir le comte, qui ne s'en préoccupa guère ; mais la comtesse ne manqua pas de consulter les savants sur ce que pouvaient signifier ces tourbillons lumineux qui s'étaient arrêtés un moment au-dessus de sa chambre, puis étaient remontés vers le ciel.

Les docteurs répondirent que le nouveau-né étonnerait le monde par l'éclat de son génie, qu'il aurait au plus haut degré le don de la parole, mais que Dieu le rappellerait à lui, après l'avoir montré comme un modèle à la jeunesse studieuse de toutes les nations.

On ne rapporta sans doute à la dame de la Mirandole que

la première partie de cet horoscope ; car on n'eût pas voulu briser son cœur en lui annonçant que son fils ne ferait que passer sur la terre. Elle se réjouit de penser que la Providence avait sur cet enfant des vues particulières, et elle ne voulut céder à personne le soin d'éveiller son intelligence et de jeter dans son cœur les premières semences de la vertu. Mais bientôt elle découvrit en lui une raison si précoce, un si ardent désir d'apprendre, qu'elle se reconnut incapable de continuer son éducation. Elle fit venir au château des maîtres habiles et leur confia son cher petit Jean ; mais elle ne cessa point de veiller sur lui, et il s'établit entre la mère et le fils une confiance et une tendresse sans bornes.

A l'âge où les enfants ne pensent encore qu'à s'amuser, Jean ne songeait qu'à s'instruire, et les vieux manuscrits de la bibliothèque paternelle furent ses premiers jouets. Quand ses frères l'engageaient à faire avec eux quelque joyeuse partie, il s'y prêtait de bonne grâce ; car il était aimable et gai ; mais dès qu'il se retrouvait libre, il se hâtait de rentrer chez la comtesse et de reprendre sa lecture.

Un jour qu'elle l'avait laissé seul, pour recevoir des hôtes que lui envoyait son mari, elle lui demanda s'il s'était beaucoup ennuyé pendant son absence.

— Mon cœur et mes yeux vous ont cherchée plus d'une fois, lui répondit-il ; mais je ne me suis pas ennuyé ; car ce livre est rempli de merveilleuses histoires, qui m'ont beaucoup intéressé.

— Pourriez-vous m'en raconter quelqu'une ? dit la comtesse, après avoir jeté un coup d'œil sur l'ouvrage demeuré entr'ouvert.

— J'en suis à la vingtième page ; je vous raconterai tout ce qu'il y a jusque-là, si vous voulez, ma mère ; car je l'ai lu trois fois pour ne pas l'oublier.

— Je serai heureuse de vous entendre, mon cher enfant.

Jean commença l'histoire de la création du monde ; il raconta la chute du premier homme, le meurtre d'Abel, le déluge, et ne s'arrêta qu'à la dispersion des descendants de Noé. Dès les premières phrases, la comtesse avait reconnu le style du vieux livre; elle feignit d'en tourner distraitement les feuillets et elle put s'assurer que pas un mot ne manquait au récit de son fils. Elle en fut ravie; car elle comprit qu'avec une telle mémoire Jean ne pourrait manquer de devenir un prodige d'érudition.

Elle fit part de ses espérances au comte; mais celui-ci secoua la tête et répondit:

— Je ne tiens pas à ce qu'il soit si savant; j'aimerais mieux qu'il eût le goût des armes que celui de l'étude.

— Mais, objecta la bonne mère, Galéotti et Francesco seront de braves gentilshommes qui porteront fièrement le nom de leur père; et si Giovanni veut embrasser l'état ecclésiastique, je ne crois pas que rien puisse l'en empêcher.

— Il faudra bien y consentir; car il ne saura jamais manier une épée; mais croyez-moi, Madame, notre maison n'a pas trop de défenseurs.

— Que voulez-vous dire, seigneur comte? Nos ennemis vous causeraient-ils quelque nouvelle inquiétude?

— J'ai pour moi Dieu et mon droit; mais les Buonacossi deviennent chaque jour plus puissants, et la jalousie, qui les a armés contre nous, n'est pas près de s'éteindre. J'aurai deux vaillants fils qui combattront à mes côtés, quand l'heure en sera venue; mais s'ils venaient à y trouver la mort, l'héritier des princes de la Mirandole serait-il digne de ses ancêtres?

— Ah! seigneur, dit la comtesse, Jean est votre fils, et bon sang ne peut mentir; le jour où il lui faudra le courage de l'homme de guerre, il le trouvera dans son cœur; mais s'il plaît à Dieu, les malheurs que vous entrevoyez ne viendront pas fondre sur nous. La vierge Marie, que j'invoque chaque jour, gardera tout ce que j'aime en ce monde, mon époux et mes enfants.

— La prière est bonne, répliqua le sire de la Mirandole; mais Dieu dit : « Aide-toi, je t'aiderai, » et j'aimerais à voir mon fils Jean partager l'ardeur guerrière de ses aînés. Si j'avais la paix avec mes voisins, je ne m'occuperais point de ce qu'il fait, ou plutôt je me réjouirais de ses dispositions pour l'étude; mais, par malheur, les choses n'en sont pas là, et de tout mon cœur j'en voudrais pouvoir faire un soldat.

— Il vous obéira, seigneur comte, quoi que vous lui ordonniez; car il vous aime et vous vénère; mais ne serait-ce pas offenser Dieu que de détourner de sa voie un enfant doué de si rares facultés? Il est encore si jeune d'ailleurs, que, si vous m'en croyez, nous attendrons quelques années encore avant de l'engager à quitter ses livres pour se former à la vie des camps.

— Soit ! dit le comte. Il est possible que je voie l'avenir sous des couleurs trop sombres ; mais rappelez-vous, si mes pressentiments se réalisent, que j'ai voulu mettre mes trois fils en état de défendre leur héritage, et que ni vous ni Jean n'aurez de reproche à me faire, quoi qu'il puisse arriver.

Ce n'était pas la première fois que le sire de la Mirandole témoignait un grand déplaisir de ne pas retrouver dans son troisième fils les inclinations belliqueuses des deux aînés ; la comtesse s'alarma de la persistance avec laquelle il revenait sur ce sujet.

Il avait, en effet, des ennemis redoutables; il se tenait prêt à tout événement, et il veillait sans cesse pour n'être point surpris par les seigneurs ses voisins, qui presque tous étaient du parti des Buonacossi. Or, il y avait entre la maison de la Mirandole et celle des Buonacossi une de ces haines vivaces que les pères transmettent à leurs enfants, comme une dette d'honneur, parce qu'elles sont nées de la diversité des opinions politiques et se sont fortifiées au sein des guerres civiles.

La comtesse avait souvent gémi de voir grandir dans le cœur de ses enfants le désir de la vengeance ; elle leur enseignait à prier pour leurs ennemis comme pour leurs amis ; elle pardonnait, en bonne chrétienne, à tous ceux qui lui voulaient du mal ; mais elle ne pouvait blâmer le comte de la Mirandole, lorsqu'il prétendait faire de ses fils des hommes de guerre plutôt que des savants.

Jean aimait trop sa mère pour ne pas s'apercevoir de ses pénibles préoccupations. Il lui demanda s'il avait eu le malheur de l'affliger sans le savoir. Elle le serra tendrement dans ses bras.

— Non, mon enfant, lui dit-elle, tu ne m'as jamais donné que de la joie ; et si tu me vois triste aujourd'hui, c'est que je crains d'être forcée de renoncer aux brillantes espérances que j'ai mises en toi. Tu sais, Jean, que les factions qui ont agité notre pays ne sont qu'assoupies ; une étincelle peut les ranimer. Ton père et tes frères prendront les armes ; mais toi, mon fils, que feras-tu ?

— Je prierai Dieu de rendre la paix à ma patrie et la sécurité à ma famille.

— C'est tout ce qu'on pourrait attendre de toi, cher petit, si la guerre se rallumait demain ; mais si, au lieu d'être un enfant, tu étais un jeune homme, et si ton père et tes frères avaient trouvé la mort en combattant....

— Je les vengerais, dit Pic avec résolution.

— Mais, pour les venger, mon fils, il faudrait que tu pusses commander à leur place.

— Et ce n'est pas dans mes livres que j'apprendrai l'art de la guerre ? Je le sais, et j'ai deviné pourquoi mon père les regarde avec dédain. Mais Dieu est grand, ma mère ! Entre ses mains puissantes, il n'y a pas de faible instrument ; et s'il le veut, mes livres contribueront plus efficacement que l'épée de mes frères au salut et à la gloire de notre maison.

La comtesse, frappée de cette réponse, en fit part à son mari; et elle sut si bien plaider la cause de Jean, que le sire de la Mirandole ne songea plus à le troubler dans ses études. D'ailleurs, il reconnut que cet enfant était doué d'un véritable génie, lorsqu'il le vit composer un savant ouvrage et de délicieuses pièces de vers avant même d'avoir atteint sa dixième année. L'étonnement et l'admiration du public accueillirent ces premiers travaux, et Jean de la Mirandole fut cité dès lors comme un des plus célèbres poëtes de son temps.

Mais plus il étudiait, plus la passion de savoir grandissait en lui; les belles-lettres, la philosophie, les langues anciennes et les modernes, suffisaient à peine à son ardeur. Il passait d'une étude à l'autre avec une merveilleuse facilité et un plaisir toujours nouveau. Ses maîtres n'avaient plus rien à lui expliquer, il comprenait tout, et souvent même sa lumineuse intelligence éclairait pour eux des questions demeurées obscures jusque-là. Sa réputation s'était déjà répandue dans toute l'Italie, quand une nouvelle lutte éclata entre les Guelfes et les Gibelins. Le comte de la Mirandole prit les armes et se retrouva en face des Buonacossi. Ses deux fils le soutinrent vaillamment; mais, malgré leurs efforts, il fut vaincu, et son ennemi parvint à le faire exiler des États de Modène.

Jean était alors près de Bologne, dans un couvent dont son oncle était supérieur. Ce pieux asile des vertus et du savoir s'ouvrit devant les nobles proscrits; mais la cordiale hospitalité des bons religieux ne put consoler une famille si cruellement éprouvée. Jean se fût trouvé heureux, si la douleur de tous ceux qu'il aimait n'eût pas eu dans son cœur un profond retentissement. Le silence du cloître convenait à ses goûts, et il avait rencontré parmi les frères de vrais savants, qui mettaient à sa disposition les trésors laborieusement amassés pendant des années de solitude.

La bibliothèque du couvent était bien plus riche que celle des princes de la Mirandole; Jean y passait des journées entières; et s'il faisait des vœux pour ses parents, il ne regrettait rien pour lui-même. A ses anciennes études il joignait celle de la théologie, dans laquelle le prieur était un habile maître. Cette science était en grand honneur dans les universités les plus célèbres, et chaque anné il y avait des concours publics où les élèves étaient invités à soutenir les thèses les plus difficiles.

Un de ces concours s'ouvrit à Modène pendant que les seigneurs de la Mirandole en étaient exilés. La nouvelle fit grand bruit dans le monastère, et elle éveilla dans l'âme de Jean des émotions inconnues.

— J'irai, dit-il à son oncle, et j'espère que je ferai honneur à mon maître.

Le prieur essaya de le détourner de ce projet, en lui rappelant qu'il était proscrit comme sa famille.

— Rassurez-vous, mon oncle, dit l'enfant, ce ne sera pas Jean de la Mirandole qui se présentera devant les doctes professeurs, mais un pauvre étudiant auquel personne ne prendra garde, s'il se trouve un clerc plus savant que lui.

— Mais si tu remportes le prix, mon cher fils, il faudra que tu te nommes, insista le religieux; et si l'on respecte ta vie, on attentera certainement à ta liberté.

— Que m'importe, répondit Jean, pourvu qu'on me donne dans ma prison une lampe et des livres?

— Et ta mère, mon enfant, tu ne songes donc pas à son chagrin?

— Elle serait bien à plaindre, s'il m'arrivait malheur; mais croyez-moi, mon oncle, aucun danger ne me menace; j'ai le cœur plein de joie et d'espérance, comme si le voyage que je vais entreprendre devait être utile à ma famille. Ne pensez-vous pas, mon oncle, que si je remportais le prix, j'aurais le droit de protester contre l'arrêt qui nous a dépouillés de nos biens et nous a chassés de notre patrie?

— Tu en aurais le droit, sans doute; et peut-être l'intérêt qu'inspirerait ton savoir disposerait-il les magistrats de Modène à t'écouter.

— Mon savoir est bien petit, dit modestement l'étudiant; mais je serais si heureux de pouvoir consoler mon père, que je me sens de force à soutenir les thèses les plus difficiles. D'ailleurs, vous prierez, mon oncle, pour que Dieu éclaire mon esprit et dicte mes paroles.

— Oui, mon enfant, je prierai, je te le promets.

— Vous consentez donc à ce que j'aille à Modène?

— Je ne puis m'y opposer. Je te recommande seulement la prudence; et comme la prudence n'est pas la vertu de ton âge, je te confierai à l'un de nos frères, qui t'accompagnera partout et à qui tu obéiras comme à moi-même.

— Je n'y manquerai pas, mon oncle, vous pouvez être tranquille.

Jean passa une partie de la nuit à relire les thèses qu'il avait écrites, et, sûr de ne pas les oublier, il se coucha, après avoir demandé à Dieu de bénir son entreprise. Il dormit d'un sommeil paisible jusqu'à ce que le religieux chargé de le conduire à Modène vint frapper à sa porte. Il se leva à la hâte, fit pieusement sa prière et courut dire adieu à sa mère.

Le bon prieur était auprès de la comtesse, qu'il venait de préparer à ce départ. Il ne lui avait pas dit où allait Jean; car elle n'eût pas voulu que son fils s'exposât à être reconnu; il lui avait seulement parlé d'un examen à soutenir; aussi la dame de la Mirandole se réjouit de penser que cet enfant, si merveilleusement doué, allait être interrogé par un des plus célèbres professeurs de l'Europe. Elle l'embrassa gaîment et lui souhaita bonne chance.

— Que le Seigneur te protége, mon fils! lui dit tout bas le prieur, en le serrant dans ses bras.

Jean arriva à Modène la veille du concours et se fit inscrire sous cet obscur prénom parmi les candidats, qui tous appartenaient aux plus savantes écoles de l'Italie. Des maîtres illustres et une foule d'étudiants allaient et venaient par la ville, où les avait appelés la grande solennité du lendemain. Pic de la Mirandole, enfermé dans sa chambre, employa son temps à se rappeler tout ce qu'il avait écrit sur les questions théologiques; et quand le moment de se présenter arriva, il se sentit aussi calme que s'il n'allait avoir à discuter qu'avec son oncle sur quelque point longtemps médité.

L'aspect de l'assemblée était des plus imposants; tout ce que la province comptait d'hommes distingués semblait s'y être donné rendez-vous. Des professeurs blanchis dans les disputes scolastiques occupaient l'estrade réservée aux examinateurs; des princes, des magistrats, des savants les entouraient, et la vaste enceinte était remplie d'un public d'élite, au milieu duquel se glissaient à chaque instant des étudiants jaloux d'entendre leurs maîtres ou d'applaudir au triomphe de leurs condisciples.

Les candidats furent accueillis par un murmure sympathique, auquel se mêlèrent bientôt des exclamations de surprise. On venait d'apercevoir au milieu de ces jeunes gens, pâlis par de studieuses veilles, un enfant de treize à quatorze ans, dont les grands yeux rayonnaient d'intelligence et dont la physionomie respirait encore la candeur du premier âge. Ce ne pouvait être, pensait-on, que le fils d'un des professeurs ou le frère d'un des candidats, quelque écolier favorisé qui, pour mieux voir et mieux entendre, s'était choisi la plus belle place.

L'examen commença, et personne ne s'occupa plus de lui. Mais quand on le vit s'avancer seul au pied de l'estrade, comme avait fait chacun des autres élèves, l'attention devint générale. Le président de l'assemblée l'ayant interrogé, il prit la parole et développa sa thèse avec une éloquence et une clarté dont chacun demeura stupéfait. Le professeur multiplia les questions, Jean répondit à tout sans embarras comme sans hardiesse. Il fit preuve de tant de pénétration, de justesse d'esprit et de savoir, que l'assemblée entière applaudit à plusieurs reprises. Les vieux docteurs regardaient avec une admiration visible cet enfant qui devait à peine s'être assis sur les bancs de l'école, et qui déjà faisait preuve d'autant de science qu'ils en pouvaient posséder ; et pour faire briller de tout son éclat le génie qui se révélait à eux, ils adressaient au jeune étudiant objections sur objections. Il les réfutait sans s'émouvoir et reprenait son discours au point précis où il l'avait laissé.

Cette lutte dura longtemps ; car chacun semblait y prendre le plus vif intérêt. Enfin le président se leva, et dans un transport d'enthousiasme, il tendit les bras au candidat, en s'écriant :

— Vous serez la gloire de votre pays et l'oracle de votre siècle.

— Jamais Modène n'a été témoin d'un plus beau triomphe, dit le podestat, en donnant à son tour l'accolade au jeune lauréat. Dites-nous votre nom, mon enfant, pour que nous l'inscrivions dans les fastes de notre ville.

— Mon nom est celui d'un proscrit, répondit l'écolier, et je ne suis entré à Modène qu'au péril de ma vie ; mais l'amour de la science m'a fait oublier le danger.

— Qui que vous soyez, reprit le podestat, étonné de trouver tant de courage uni à tant de savoir, vous avez bien fait de venir prendre part à la lutte pacifique ouverte dans nos murs, et il est juste que votre confiance soit récompensée aussi bien que votre savoir.

— Je me nomme Jean Pic de la Mirandole, dit l'enfant d'une voix forte. Si j'ai mérité quelque récompense, rendez à mon père ses biens et sa patrie.

Des bravos frénétiques éclatèrent de toutes parts, et le podestat s'écria comme les autres :

— Vive Jean de la Mirandole !

L'arrêt qui exilait la famille du jeune prodige fut examiné de nouveau; on en reconnut l'injustice, et le comte de la Mirandole fut rappelé.

Après avoir joui quelque temps du bonheur de ceux qu'il aimait, Jean parcourut les plus célèbres universités de la France et de l'Italie; il suivit les leçons des plus habiles professeurs, et il acquit, en discutant avec eux, une facilité d'élocution vraiment admirable.

L'étude de la théologie et de la philosophie ne lui faisait pas négliger celle des langues; il savait déjà le latin et le grec, il apprit l'hébreu, le chaldéen et l'arabe. Un imposteur exploita la passion de Jean pour les livres anciens; il lui fit voir soixante-dix manuscrits, qu'il prétendait avoir été composés par l'ordre d'Esdras, et qui, disait-il, contenaient les principaux mystères de la religion et de la philosophie. Il n'en fallait pas tant pour exciter au plus haut point la curiosité du jeune seigneur de la Mirandole. Il paya fort cher les manuscrits et se mit à la recherche des trésors qu'il croyait y trouver. Mais ces livres ne renfermaient que des rêveries cabalistiques, contre lesquelles vint se briser sa pénétration et qui lui firent perdre un temps précieux. Il y puisa en outre des idées chimériques, dont il ne put jamais se défaire complétement.

Après avoir voyagé pendant sept ans, Jean revint à Rome, qu'il regardait comme le seul théâtre assez vaste pour y étaler sa prodigieuse érudition. Il publia une liste de neuf cents propositions, embrassant tout ce qu'il était possible de savoir; il fit annoncer qu'il était prêt à les soutenir publiquement contre quiconque se présenterait pour les attaquer. Il offrit même de se charger des frais de voyage des savants qui viendraient de loin et s'engagea à les héberger pendant leur séjour dans la capitale du monde chrétien.

Un peu de vanité avait sans doute dicté ce défi adressé par un jeune homme à tous les savants de l'Europe ; mais on avait brûlé devant lui tant d'encens, qu'il en pouvait bien être un peu étourdi. Il avait par conséquent droit à l'indulgence de ceux auxquels cette vanité puérile n'échappait point ; mais la jalousie lui fit des ennemis, qui examinèrent ses propositions avec la volonté bien arrêtée de les incriminer. Ils portèrent plainte au pape Innocent VIII, en déclarant que treize de ces propositions étaient entachées d'hérésie. Innocent nomma des commissaires pour en décider et fit défendre à Jean de la Mirandole toute discussion publique.

L'illustre savant se justifia en prouvant que les théologiens les plus éclairés avaient sanctionné ses conclusions avant qu'il les publiât ; mais en chrétien sincère, il se soumit à la décision du saint-siége, et il revint en France, où il avait laissé de nombreux admirateurs.

Ses ennemis profitèrent de son absence pour l'accuser d'avoir désobéi au souverain pontife, en soutenant publiquement les thèses condamnées. Tout le monde pouvait démentir cette accusation, la Mirandole n'eut pas de peine à en démontrer la fausseté. Le pape reconnut donc son innocence et lui envoya l'absolution.

Pic de la Mirandole avait beaucoup souffert de toutes ces calomnies ; mais cette épreuve lui profita. Il comprit ce que vaut la gloire de ce monde et il eut la sagesse d'y renoncer. Dans tout l'éclat de sa jeunesse, dans toute la splendeur de son génie, il résolut de ne plus vivre que pour étudier les grandeurs de Dieu et méditer sur les vérités éternelles. Il céda tous ses biens à François de la Mirandole, fils de Galéotti, son frère aîné, et il s'enferma avec ses livres dans un des châteaux de sa famille.

Pour que son sacrifice fût complet, il jeta au feu les poésies qu'il avait composées dans sa première jeunesse, un de ses amis, nommé Politien, lui ayant fait remarquer qu'elles étaient indignes d'un homme qui renonce à tout sentiment profane. Politien, qui avait parlé avec tant de franchise, devint son confident le plus cher, et, pour jouir de cette précieuse intimité, il alla s'établir à Florence. Il y mena la vie la plus studieuse et la plus pure, évitant toute occasion de briller et ne désirant rien tant que de se faire oublier.

Mais sa réputation était faite, et dans toute l'Europe on le regardait comme le phénix de son temps. Le roi de France, Charles VIII, appelé en Italie par l'amour de la gloire, entra à Florence, qui venait de se soustraire à la domination des Médicis. On lui fit une réception magnifique; et l'on s'empressa de lui présenter ce que la ville comptait de puissants personnages.

— Il manque ici quelqu'un que j'aurais été heureux de voir, dit le jeune roi; mais sans doute le célèbre Pic de la Mirandole n'a pas voulu quitter un instant ses travaux pour me donner le plaisir de le complimenter.

— Hélas! sire, Pic de la Mirandole se meurt, répondirent les nobles florentins.

— Et vous ne me le disiez pas!... s'écria Charles VIII. Qu'on envoie près de lui mes médecins, ajouta-t-il, et qu'ils n'épargnent rien pour prolonger une si précieuse existence.

Les docteurs français coururent au chevet du malade. Ils le trouvèrent si calme, si souriant, si joyeux, qu'ils ne purent croire d'abord à la gravité du mal; mais bientôt ils reconnurent que tous leurs soins seraient inutiles, et ils ne cherchèrent plus à abuser sur sa position ce jeune homme qui voyait venir la mort avec une si douce confiance. Jean allait revoir Politien, qu'il pleurait depuis deux mois; le pieux savant se réjouissait de contempler enfin dans sa gloire le Dieu qu'il avait aimé, de s'abreuver à la source de la seule vraie science et de l'éternelle vérité.

Pic de la Mirandole mourut le jour même de l'entrée du roi à Florence, le 17 novembre 1494. Il n'avait pas trente-deux ans.

Il possédait, dit-on, vingt-deux langues, et l'on a peine à s'expliquer comment il avait pu les apprendre, tout en étudiant la philosophie, la théologie et toutes les sciences, sur lesquelles il offrait de soutenir des thèses publiques. On se demande jusqu'où irait le savoir d'un homme aussi merveilleusement doué, si, vivant dans notre siècle, il pouvait profiter de toutes les lumières acquises depuis l'époque où brillait Pic de la Mirandole ; car il faut bien avouer que les neuf cents propositions sur lesquelles il était prêt à discuter n'offriraient aujourd'hui qu'un médiocre intérêt. Mais alors c'était quelque chose de si prodigieux, qu'on n'hésita point à accuser de magie ce jeune savant qui devait tout à l'amour de l'étude et à une infatigable persévérance.

MICHEL-ANGE.

Les ouvriers occupés à tirer et à travailler la pierre des carrières de Settignano venaient de prendre leur repas, et ils dormaient çà et là, abrités tant bien que mal contre les rayons du soleil par les blocs qu'ils venaient d'extraire ou qu'ils étaient en train de tailler. Un seul s'était remis à l'ouvrage, et c'était celui de tous qui paraissait avoir le plus besoin de repos; car il était pâle, et ses grands yeux noirs brillaient d'un éclat fiévreux. La chaleur était excessive, et de temps en temps il essuyait en soupirant les grosses gouttes de sueur qui perlaient à son front.

— Pourquoi donc travailles-tu tant, Piétro, lui demanda, en s'arrêtant devant lui, un petit garçon qu'il n'avait pas vu venir.

— Parce qu'il le faut, mon jeune seigneur, dit Piétro, en regardant l'enfant avec amitié.

— Ce n'est pas une réponse, cela. Pourquoi donc le faut-il ?

— Parce que ma mère est malade, et que si je me reposais comme mes camarades, je ne pourrais lui donner ce dont elle a besoin pour se guérir.

— Mais si tu tombes malade à ton tour, Piétro, qui est-ce qui aura soin de la bonne femme ? reprit le nouveau venu.

— Le bon Dieu ne nous enverra pas plus de douleurs que nous n'en pourrons porter, dit l'ouvrier, en levant les yeux vers le ciel.

— C'est une belle chose que d'avoir confiance en Dieu, Piétro ; mais il faut aussi avoir confiance en ses amis.

— De quels amis parlez-vous, signor Michel-Ange ?

— De moi, Piétro. Ne suis-je pas ton ami, ton obligé ? et n'as-tu pas le droit de me demander un service en échange de ceux que tu me rends si souvent ?

— Vous appelez cela des services, signorino ?

— Sans doute. Ne quittes-tu pas ton ouvrage avec une complaisance infatigable chaque fois que je te prie de me polir quelque pierre ou de m'en choisir dont le grain soit assez doux pour que je puisse le creuser avec mon canif ? Mais supposons que ce ne soit rien que cela ; ne sommes-nous pas amis, puisque je te montre mes dessins, que je cache si soigneusement à tout autre ?

— De bien beaux dessins, dit Piétro. Si messire Buonarotti, votre père, les voyait, il vous donnerait un maître, et vous deviendriez certainement un grand artiste.

— Non, Piétro ; mon père veut faire de moi un magistrat plutôt qu'un artiste. Mais ce n'est pas de cela qu'il s'agit. Je t'ai prouvé, clair comme le jour, que nous sommes amis, et tu le veux bien, n'est-ce pas ? Prends donc ceci, Piétro, dit l'enfant, qui rougit en présentant au maçon une petite bourse à travers les mailles de laquelle brillaient quelques pièces d'argent. Prends, ajouta-t-il en voyant l'hésitation de Piétro, tu ne peux pas refuser, c'est pour ta mère. D'ailleurs, tu me rendras plus tard, si tu veux, cet argent dont je n'ai que faire.

L'ouvrier prit la bourse, joignit les mains et appela sur son jeune bienfaiteur toutes les bénédictions du ciel. L'enfant prit la fuite; il était agité et confus comme s'il eût commis une mauvaise action; pourtant ce n'était pas la première fois qu'il venait en aide aux carriers de Settignano. Tous le connaissaient et l'aimaient; il ne passait guère de jours sans venir écouter leurs chansons et ramasser les débris des blocs qu'ils travaillaient.

C'était le fils d'un noble seigneur, issu des comtes de Canosa, et nommé Ludovic Buonarotti. Ludovic avait exercé les fonctions de podestat à Caprèse et à Chiusi; et le temps de sa magistrature étant expiré, il était venu se reposer des fatigues de la vie publique dans sa terre de Settignano. Sa présence était regardée comme un bienfait par la population laborieuse du pays; car il était juste, bon, affable et généreux.

Michel-Ange vivait heureux dans cette campagne, où il jouissait de la liberté la plus complète. Doué d'un cœur excellent, d'une âme fière et tendre, d'un caractère un peu sauvage, il errait du matin au soir à travers champs, cueillant des fleurs, épiant les insectes ou causant avec les carriers. On ne lui avait pas encore parlé d'études; mais déjà il aimait à lire, et souvent on le rencontrait un livre à la main. Plus souvent encore, on le voyait assis au pied d'un arbre, occupé à dessiner avec son couteau des figures de plantes, d'hommes ou d'animaux, sur les pierres que polissait pour lui son ami Piétro. Quelquefois ces pierres se transformaient sous sa main en statuettes qu'il travaillait avec amour et qu'il brisait ensuite, comme tout enfant brise le jouet dont il est las.

En quittant Piétro, il reprit le chemin de la maison paternelle; car il savait que messire Buonarotti, absent depuis la veille, devait revenir vers le milieu du jour, et il voulait être le premier à saluer son retour. Une voiture entrait en même temps que lui dans la cour ; l'ancien podestat en descendit. L'enfant courut à lui et se jeta dans ses bras.

— Avez-vous fait un bon voyage, mon père ? demanda-t-il.

— Excellent, répondit Ludovic. Remerciez-moi, mon fils ; car c'est de vous que je viens de m'occuper.

— Vous m'aimez tant, mon père ! Mais je vous aime aussi de tout mon cœur.

— Rien ne vous sera plus facile que de me le prouver.

— Donnez-m'en l'occasion, mon père, et vous verrez comme j'en saurai profiter.

— Voilà une promesse qui me rend heureux, mon cher enfant ; mais je n'attendais pas moins de votre tendresse. Vous savez, Michel-Ange, que vous êtes l'unique héritier de mon nom et que j'ai placé en vous toutes mes espérances. A peine étiez-vous né, que je rêvais pour vous un brillant avenir, et j'ai tout fait jusqu'à présent pour vous le préparer. Maintenant il faut que vous y travailliez vous-même, et tous mes soins seraient insuffisants sans votre bonne volonté.

— Que faut-il que je fasse, mon père ? Me voici prêt à vous obéir.

— Il faut, mon fils, commencer à vous livrer sérieusement à l'étude. Tant que vous n'avez été qu'un enfant, je vous ai laissé vivre à votre fantaisie ; je voulais que vous eussiez une santé robuste, j'ai réussi à souhait ; mais on ne doit pas négliger l'intelligence au profit du corps, et puisque vous voilà grand et fort, vous allez passer sous les ordres d'un savant maître qui vous aidera à réparer le temps perdu. Francesco d'Urbano consent à se charger de vous instruire, et je compte que vous écouterez ses leçons avec attention et docilité.

— Ainsi, mon père, vous voulez que je vous quitte ? dit Michel-Ange, les larmes aux yeux.

— C'est un sacrifice qui me sera aussi pénible qu'à vous-même ; mais il est nécessaire.

L'enfant ne répondit pas, il sentait qu'au premier mot qu'il prononcerait ses sanglots éclateraient malgré lui. Il suivit son père, qui lui fit une longue exhortation sur les devoirs qu'il aurait désormais à remplir et lui annonça qu'il partirait le lendemain. Michel-Ange eût bien voulu obtenir quelques jours encore, mais il n'osa pas les demander ; son père était bon, mais sévère, et ne revenait jamais sur une décision prise.

Le lendemain donc, messire Buonarotti conduisit Michel-Ange chez Francesco d'Urbano. L'abord du maître glaça l'enfant ; et quand son père lui dit adieu, peu s'en fallut qu'il ne le suppliât de l'emmener. Tout était froid et triste dans cette maison où le jeune Buonarotti devait passer de longues années, courbé sur des livres auxquels il ne comprenait rien. L'ennui le saisit ; il perdit ses fraîches couleurs et sa gaîté ; mais il fallait qu'il devînt savant, cet arrêt paternel était irrévocable.

Michel-Ange ne se lia pas facilement avec ses nouveaux compagnons ; sa timidité le portait à se mettre à l'écart, et sa tristesse leur déplaisait. Un jour que, pendant la récréation, il crayonnait, assis dans un coin, un élève un peu plus âgé que lui s'approcha sans qu'il l'aperçût et regarda curieusement, par-dessus son épaule, l'ébauche qu'il retouchait.

— Que fais-tu donc, Angelo ? demanda l'écolier.

— Je cherche à passer le temps, répondit Michel-Ange.

— Tu aimes donc le dessin ? reprit Granacci.

— Oui ; et toi ?

— Moi, je passe tous mes jours de congé dans la boutique de maître Ghirlandaio, un grand peintre, qui fait des tableaux pour les églises et pour les couvents. Je le regarde travailler ; il me laisse esquisser les figures qui me conviennent et quelquefois il corrige ce que j'ai barbouillé. Il me prête même des modèles que j'emporte et que je copie chez mon père.

— Tu es bien heureux ! dit Michel-Ange.

— Il ne tient qu'à toi de l'être aussi. Veux-tu que je t'apporte des dessins ? Les jeux bruyants ne me plaisent pas beaucoup ; nous travaillerons ensemble pendant que les autres courront et crieront. Cela ne nous empêchera pas de faire nos devoirs, et personne n'aura rien à nous dire.

La proposition fut acceptée. Granacci mit au service de son nouvel ami tout ce qu'il avait de dessins ; puis il se chargea de lui acheter des gravures et des couleurs. Tout changea d'aspect autour de Michel-Ange ; il prit goût à l'étude et s'y livra en conscience, pour n'être pas privé de ses heures de récréation, devenues pour lui si agréables et si courtes. Mais bientôt il ouvrit son cœur à une nouvelle ambition : il voulait voir maître Ghirlandaio, dont Granacci lui parlait souvent.

— Je me charge de te présenter, lui dit son ami. Il connaît déjà ton nom et il te recevra bien ; car il sait que tu as pour lui beaucoup d'admiration. Nous lui porterons une de ces gravures que tu as coloriées ; c'est un grand maître, il nous dira ce qu'il en pense, et je parierais d'avance qu'il en sera content.

Cette visite, dont la perspective faisait battre le cœur de Michel-Ange, fut fixée à sa première sortie. Il monta en tremblant l'escalier de Dominique Ghirlandaio, et il n'osa pas lever les yeux sur le maître pendant que celui-ci examinait son ouvrage.

— Cette gravure est coloriée avec goût, dit le maître, dont la voix retentit comme une harmonie délicieuse aux oreilles de l'enfant ; mais pourquoi donc, mon ami, n'en avez-vous pas suivi exactement le dessin ?

— C'est parce que j'aime encore mieux travailler de moi-même que d'achever le travail d'autrui, répondit Michel-

Ange ; et comme je faisais ceci pour m'amuser, j'ai cru pouvoir y ajouter et retrancher quelque chose.

— Touchez là, mon enfant, reprit Ghirlandaio, en lui tendant la main ; et croyez ce que je vous dis : vous serez un grand artiste.

Michel-Ange rougit ; les jeunes gens qui remplissaient l'atelier regardèrent le maître, pour savoir s'il parlait sérieusement.

— Oui, Messieurs, dit Dominique, cet enfant nous surpassera tous, vous, moi et les autres peintres dont le nom est célèbre aujourd'hui. S'il veut devenir mon élève, je regarderai comme un honneur de lui donner les premières leçons d'un art dans lequel il excellera.

— Je le voudrais de tout mon cœur, dit Michel-Ange, mais mon père tient à ce que je fasse mes études et il ne me permettra pas de les abandonner.

— Il vous le permettra, quand je lui aurai dit que vous êtes appelé à un glorieux avenir, répliqua Ghirlandaio, et je le lui dirai, mon fils.

— Ah ! maître, que vous êtes bon ! répondit l'enfant. Si je deviens un grand artiste, comme vous me l'annoncez, je n'oublierai jamais que c'est à vous que je le devrai. Vous verrez donc bientôt messire Buonarotti ?

— Je le verrai aujourd'hui même ; je vais partir avec vous.

Ludovic Buonarotti attendait Michel-Ange ; mais il ne l'attendait pas en compagnie du peintre Ghirlandaio ; et quand celui-ci lui présenta sa requête, il témoigna autant de surprise que de contrariété.

— Je vous remercie de vos offres, maître, répondit-il froidement. J'estime les arts ; mais je destine mon fils à la magistrature, et je trouverais fort mauvais que quelqu'un essayât de le détourner de cette carrière, que j'ai moi-même suivie et qui a toutes mes sympathies.

— Mon père, dit Michel-Ange, maître Ghirlandaio n'a rien fait pour m'inspirer le goût de la peinture ; et s'il vient ici, c'est parce que j'ai pensé que vous le croiriez, lorsqu'il vous assurerait que ce goût n'est pas un caprice d'enfant, mais une vocation bien décidée.

— C'est en effet mon opinion, dit Dominique.

— Vous devez vous y connaître mieux que moi, reprit Ludovic attristé ; je ne voudrais pas contredire ce que vous appelez la vocation de mon fils ; mais je regretterai toujours qu'il ne m'ait pas laissé le soin de disposer de son avenir. Vous ne pouvez pas savoir, mon cher enfant, ajouta-t-il, en se tournant vers Michel-Ange, de combien de douleurs et de déceptions la vie d'un artiste est semée ; il a pour juge le public, qui l'encense aujourd'hui et qui demain le renversera de son piédestal, pour y élever une autre idole ; il a autant d'ennemis que de rivaux, et l'Envie ne lui épargne pas ses plus cruelles morsures. Le magistrat intègre et éclairé se voit, au contraire, entouré de l'estime et du respect général ; il sert l'humanité en défendant les lois, en faisant triompher l'innocence, et il jouit en paix de la satisfaction d'avoir payé sa dette à son pays.

— Tout cela est vrai, mon père, et j'y ai déjà réfléchi ; mais je ne puis choisir.

— C'est-à-dire que ton choix est fait ?

— Oui, mon père, répondit Michel-Ange avec résolution.

— Tu veux quitter le collége pour entrer chez maître Ghirlandaio, tu es libre, je cesse de m'opposer à tes désirs ; et puisque de son côté maître Ghirlandaio consent à te recevoir, il ne nous reste plus qu'à régler les conditions de ton apprentissage. Combien me paierez-vous, maître, en échange des services de ce garçon, que je vous cède pour trois ans ?

— Mais, mon père, je veux être l'élève de maître Ghirlandaio et non pas son valet, dit Michel-Ange, dont l'orgueil se révolta.

— Il fera de vous ce que bon lui semblera, reprit Buonarotti, cela ne me regarde pas; mais si je vous laisse entrer
chez lui, il me paiera pour ces trois années la somme de
24 florins. Trouvez-vous ces gages trop élevés, maître?

— Non, messire, répondit Ghirlandaio.

— Eh bien! emmenez mon fils, il vous appartient.

— Vous ne me laisserez pas partir ainsi, mon père, dit
Michel-Ange, en se jetant à ses pieds.

Mais Ludovic détourna la tête et retira sa main que l'enfant
couvrait de baisers. Michel-Ange se releva, sortit en silence
et fondit en larmes, lorsqu'il se trouva seul avec maître Ghirlandaio. Le peintre le consola, en lui assurant que bientôt
messire Buonarotti serait fier de ses succès et se réjouirait de
n'avoir pu le détourner du glorieux chemin qu'il était appelé
à parcourir. L'écolier ne demandait qu'à croire à cette prédiction, l'espérance rentra dans son cœur, et, pour hâter
l'heureux moment où son père lui pardonnerait, il se mit au
travail avec une incomparable ardeur.

Ses progrès furent si rapides, que le maître lui-même en
fut étonné, quoiqu'il eût deviné le génie de cet enfant. Michel-
Ange laissa bien loin derrière lui les autres élèves, et ceux-ci
lui prouvèrent qu'en lui parlant des ennemis que lui susci-
terait sa supériorité, messire Buonarotti ne s'était pas trompé.
Une conspiration se forma contre lui; on ne lui épargna ni
les railleries, ni les injures, ni les mauvais traitements. On le
reléguait à la place la plus mal éclairée, on dérangeait son
chevalet, on effaçait ses dessins, on gâtait ses couleurs. Il
supportait tout sans se plaindre; son dédain acheva d'exas-
pérer ses condisciples, et l'un d'eux, nommé Torrigiani, se
chargea de la vengeance commune. Beaucoup plus fort que
Michel-Ange, il l'assomma presque d'un coup de poing, qui lui
brisa l'os du nez.

Cette violence ne pouvait passer inaperçue. Ghirlandaio
chassa Torrigiani de son atelier; mais Michel-Ange, qui

n'avait alors que treize ans, fut profondément affecté de se voir l'objet de tant de haine, et son caractère, déjà fier et timide, s'assombrit encore. Il rechercha plus que jamais la solitude et ne demanda de distractions qu'à son travail. Déjà les leçons qu'il recevait lui étaient inutiles; car il lui arrivait souvent de corriger dans ses modèles des imperfections qui avaient échappé à l'œil du maître. Ghirlandaio lui donna un jour à copier un petit tableau appartenant à l'un de ses amis; l'élève, assez satisfait de sa copie, s'avisa de la rendre après l'avoir légèrement enfumée, et de garder l'original, ce dont personne ne s'aperçut.

Michel-Ange allait avoir quatorze ans, quand Domenico fit demander à Laurent de Médicis la permission de visiter avec ses élèves le musée que ce prince venait d'établir à Florence. Laurent répondit qu'il verrait avec plaisir ces objets d'art réunis à grands frais éveiller l'émulation des jeunes peintres et que les galeries où ils étaient exposés leur seraient toujours ouvertes. Cette gracieuse réponse fut accueillie avec enthousiasme, et Michel-Ange se rendit au palais avec son maître et ses condisciples.

Il admira comme eux les belles toiles que Laurent le Magnifique s'était procurées en les couvrant d'or; mais bientôt il descendit dans les jardins, où il avait aperçu des marbres et des statues. Il aimait la peinture; mais il aimait surtout la sculpture, et il resta longtemps en extase devant les merveilles de la statuaire antique. Lorsqu'il reprit sa promenade, il se trouva face à face avec Piétro, le tailleur de pierres de Settignano. Il courut à lui, l'embrassa et lui demanda des nouvelles de sa mère.

— La digne femme se porte bien, répondit Piétro. Avec la santé, l'aisance est revenue chez nous. Je me suis perfectionné dans mon état, je gagne de bonnes journées, et je suis heureux, grâce à Dieu et à vous, signor.

— Tant mieux, Piétro, ton bonheur me réjouit. Mais que fais-tu ici?

— Vous le voyez, signor, je dégrossis ce bloc, dans lequel un plus habile que moi doit sculpter une Minerve ; et si ces fragments vous faisaient envie comme autrefois les pierres de Settignano....

— J'accepterais volontiers ton offre, Piétro ; mais ce n'est pas avec mon canif que je pourrais travailler ce marbre.

— Qu'à cela ne tienne, signor ! Il y a là des outils dont rien ne vous empêche de vous servir. Voici un marteau, des ciseaux de toutes grosseurs, et un morceau dans lequel on pourrait facilement tailler une tête.

— Merci, Piétro, dit Michel-Ange, dont les yeux brillèrent d'un rayon de joie. J'ai vu là-bas un vieux Faune, qui a la figure la plus expressive qu'on puisse rencontrer. J'essaierai de la copier, et je verrai bien si je dois être un jour peintre et sculpteur, comme je me le persuade quelquefois.

Il emporta son marbre, ses outils, et se mit à la besogne. La nuit était venue quand il songea à se retirer, et le lendemain, au petit jour, il attendait déjà l'ouverture des jardins. Maître Ghirlandaio le crut occupé à reproduire quelque belle peinture et ne s'inquiéta point de son absence. Michel-Ange n'était pas mécontent de son ouvrage ; mais il se trouvait assez embarrassé de le finir, la bouche du Faune qui lui servait de modèle ayant été rongée par le temps. Cependant, comme il ne voulait pas laisser la figure incomplète et ne se souciait de rien demander à personne, il sculpta de son mieux les lèvres absentes et les entr'ouvrit par un large éclat de rire.

Il examinait cette tête, pour y mettre la dernière main, lorsqu'il vit, arrêté à l'entrée du berceau sous lequel il travaillait, un inconnu, qui semblait aussi regarder son Faune avec beaucoup d'attention.

— Y a-t-il longtemps que vous vous occupez de sculpture ? lui demanda l'étranger, en s'approchant avec courtoisie.

— Quelques jours seulement, répondit Michel-Ange. Cette tête est mon premier ouvrage.

— C'est merveilleux ! dit l'inconnu, se parlant à lui-même. Mais vous avez du moins reçu les leçons d'un sculpteur habile ?

— Je n'ai jamais eu d'autre maître que Domenico Ghirlandaio.

— Ghirlandaio ne manque pas de talent, mais j'ignorais qu'il s'occupât d'autre chose que de peinture.

— Il n'est que peintre, en effet, et s'il m'avait enseigné la sculpture, le morceau que voici ne ferait honneur ni au maître ni à l'élève.

— Vous vous trompez. Cette tête est fort bien ; mais j'y trouve un défaut ; et si vous vouliez me permettre de vous le signaler....

— Pourquoi pas ? Je ne puis avoir la prétention d'avoir fait un chef-d'œuvre, puisque je tiens un ciseau pour la première fois.

— Connaissez-vous beaucoup de vieillards qui aient toutes leurs dents ? Je ne le crois pas. Il me semble donc qu'il en devrait manquer quelques-unes à ce vieux Faune.

— Je n'y avais pas pensé, dit Michel-Ange. Votre observation est juste, Monsieur, et je vous en remercie.

L'inconnu s'éloigna ; le jeune sculpteur saisit un ciseau, fit sauter deux des dents de son Faune et quitta le jardin. Il se réjouissait de revoir son ouvrage le lendemain ; mais il ne le retrouva plus. Il le cherchait de tous côtés, avec l'aide de Piétro, lorsqu'il aperçut l'amateur qui lui avait donné la veille un bon conseil.

— Monsieur, lui dit-il, vous m'avez vu hier achever une tête qu'il m'est impossible de retrouver. Ne sauriez-vous point ce qu'elle peut être devenue ?

— Je le sais, répondit l'inconnu, qui n'était autre que Laurent le Magnifique ; et si vous voulez me suivre, jeune homme, je vous la montrerai.

Il entra dans le palais et conduisit Michel-Ange jusqu'aux appartements du prince. Là, l'élève de Ghirlandaio reconnut son Faune, au milieu de plusieurs beaux morceaux de sculpture.

— Qui donc s'est permis d'apporter là cette grossière ébauche? demanda-t-il.

— C'est moi-même, mon jeune ami, répondit Laurent.

— Monsieur, cette plaisanterie est de mauvais goût. Elle pourrait attirer sur vous et sur moi, qui en suis innocent, la colère du duc. Plus il aime et protége les arts, plus il faut craindre de placer sous ses yeux une ébauche aussi grossière que celle-ci.

— Rassure-toi, Michel-Ange, répondit le prince d'un ton paternel; dans cette grossière ébauche, Laurent de Médicis a reconnu ton génie. Tu seras le premier sculpteur de ton siècle, et qui sait si jamais personne t'égalera?

Le duc mit dans ces paroles tant de noblesse et d'autorité, que le jeune homme en fut frappé.

— Ah! Monseigneur, dit-il, pardonnez-moi de ne vous avoir pas deviné.

Le prince lui tendit la main.

— Désormais, dit-il, tu habiteras mon palais, tu mangeras à ma table, tu seras traité comme mes propres enfants; car je veux avoir la gloire d'être ton protecteur et ton ami. Va prévenir ton père de ce que j'ai résolu de faire pour toi et amène-le-moi, pour que je le félicite d'avoir un tel fils.

Michel-Ange courut à Settignano et revint avec Ludovic Buonarotti, qui ne pouvait croire à ce que lui disait le jeune artiste. Mais il fut obligé de se rendre à l'évidence; car le prince lui dit :

— Messire Buonarotti, j'ai voulu vous voir pour vous demander la permission d'être le père de Michel-Ange, dont j'entrevois les hautes destinées.

Ludovic s'inclina et balbutia quelques remercîments.

— La gloire de Michel-Ange éclipsera celle des plus

puissants princes, reprit Laurent, et je sauve mon nom de
l'oubli en le rapprochant du sien. C'est donc moi qui dois
vous remercier, messire; et pour vous témoigner ma reconnaissance, je vous prie de faire choix d'un emploi qui vous
sera aussitôt accordé.

— C'est trop de bonté, Monseigneur, dit l'heureux père;
une place si petite qu'elle soit me suffira.

Il réfléchit quelques instants et désigna un emploi dans la
douane.

— Votre modestie vous fait perdre l'occasion d'assurer
votre fortune, reprit le duc. Vous voulez donc être toujours
pauvre, messire Buonarotti?

— Monseigneur, répondit Ludovic, je ne veux pas solliciter des fonctions que je ne pourrais remplir; d'ailleurs, je
dois me rappeler, malgré toute votre bienveillance pour Michel-Ange, que je ne suis que le père d'un maçon.

Laurent de Médicis ne releva point cette parole qui témoignait encore de l'éloignement de Ludovic pour la profession
de son fils; il le congédia en lui promettant de ne pas l'oublier; il retint le jeune homme et n'épargna rien de ce qui
pouvait aider au développement de son génie. Par malheur
pour Michel-Ange, la mort ne tarda guère à lui enlever son
protecteur.

Il quitta le palais et se retira au couvent du Saint-Esprit,
où il se livra sérieusement à l'étude de l'anatomie. Pierre de
Médicis, successeur de Laurent, ne s'inquiéta pas de ce que
pouvait être devenu le protégé de son père; mais ayant appris par hasard où il était, il l'envoya chercher, un jour
d'hiver, et lui ordonna de se servir de la neige qui tombait
abondamment depuis quelques jours, pour lui élever une
statue colossale. Michel-Ange obéit par respect pour la mémoire de son bienfaiteur; mais il se dit que le pouvoir d'un
tel prince ne durerait pas beaucoup plus que le monument

érigé en son honneur, et l'événement prouva qu'il ne s'était pas trompé.

Une révolution chassa Pierre de la république florentine, et Michel-Ange, ne voulant prendre aucune part aux troubles, se rendit à Venise. En ce temps-là tout étranger qui arrivait à Venise devait porter sur l'ongle du pouce un cachet de cire rouge. Notre sculpteur, ignorant cette ordonnance, fut condamné à une amende qu'il ne put payer; mais un gentilhomme qui avait entendu parler de son talent le fit mettre en liberté et le recueillit chez lui.

La jalousie qui avait persécuté l'enfance de Michel-Ange n'épargna pas sa jeunesse: un sculpteur bolonais, irrité de la perfection de ses ouvrages, voulut le poignarder. L'artiste, après avoir échappé à ce danger, revint à Florence, où la paix s'était rétablie, et s'y montra digne de la réputation que ses essais lui avaient value.

De Florence, il passa à Rome, où il fit, entre autres œuvres remarquables, une magnifique *Descente de croix,* pour le cardinal de Villiers, ambassadeur de France. Ce groupe excita l'admiration générale et plaça Michel-Ange, qui n'avait guère que vingt ans, au-dessus de tous les sculpteurs de son siècle.

Le pape Jules II lui fit faire sa statue et lui commanda son tombeau, œuvre gigantesque qui devait être ornée de quarante statues et de bas-reliefs nombreux. Mais pendant que Michel-Ange faisait extraire sous ses yeux les marbres nécessaires à ce monument, ses ennemis indisposèrent le pontife contre lui et parvinrent à faire ajourner l'exécution du mausolée, et lorsque le sculpteur, après avoir dissipé les préventions de Jules II, croyait n'avoir plus qu'à se mettre au travail, le pape le chargea de peindre la voûte de la chapelle Sixtine.

Ce fut pour Michel-Ange une cruelle déception. Il obéit cependant et fit en vingt mois les sublimes fresques qu'on admire encore aujourd'hui. Jules II le pressa alors d'entreprendre son tombeau; mais cette œuvre immense était à peine commencée, quand le pontife mourut.

Le mausolée fut encore une fois abandonné. Michel-Ange, déjà peintre et sculpteur, devint architecte, pour obéir au pape Léon X. Il reprit son ciseau sous Clément VII, et l'église San-Lorenzo de Florence s'enrichit des tombeaux de Julien et de Laurent de Médicis. La statue colossale de Moïse, qui devait faire partie de celui du pape Jules II, fut achevée vers la même époque, et l'infatigable artiste entreprit, à la prière de Paul III, la terrible page du *Jugement dernier*, puis la décoration de la chapelle Pauline.

Michel-Ange, arrivé à l'âge de soixante-douze ans, semblait avoir acquis par tant de travaux le droit d'achever paisiblement sa vie; mais Paul III, ne voyant personne qui fût capable de reconstruire l'église Saint-Pierre, si ce n'était cet homme de génie, le força d'accepter cette tâche grandiose. Michel-Ange en simplifia le plan, et en dirigea les travaux pendant dix-sept ans avec un zèle et une habileté qu'on ne saurait trop admirer. Il ne restait plus que la coupole à élever, lorsqu'il mourut, le 17 février 1563.

On lui rendit les plus grands honneurs. Côme de Médicis fit enlever son corps pendant la nuit et le fit transporter à Florence, où ses obsèques furent célébrées avec magnificence. Autour de son catafalque étaient disposées des peintures destinées à rappeler les plus glorieuses époques de sa vie. On le voyait député vers Jules II, traité avec respect par les ducs de Médicis, conversant avec les papes et assis à côté d'eux, tandis que les cardinaux et les princes étaient debout; puis complimenté à Venise par ordre de la république.

L'académie florentine arrêta que quiconque manquerait de venir honorer les restes de Michel-Ange serait pour toujours exclu de son sein; mais cette menace était inutile : l'envie contre laquelle ce grand génie avait lutté sans cesse se taisait en face de son cercueil. Il n'y avait plus qu'une voix sur le compte de celui qui dormait là : il avait été le plus grand homme et le plus honnête homme de son temps.

Michel-Ange n'avait jamais été marié. Un ecclésiastique en qui il avait confiance lui témoignant le regret de ce qu'il n'eût pas d'héritiers de son nom et de ses chefs-d'œuvre, le sculpteur répondit :

— J'ai une femme qui m'a toujours commandé en maître, c'est mon art, et mes ouvrages sont mes enfants.

Il conserva jusqu'à la fin la vigueur de son esprit et les forces de son corps. Il attribuait ce bonheur à la sobriété avec laquelle il avait toujours vécu et à la constante activité qu'il avait été obligé de déployer pour suffire aux exigences de ses protecteurs.

Malgré toutes les haines et les injustices qu'il eut à supporter, Michel-Ange resta bon et compatissant, parce qu'il était chrétien. Sa fierté, un peu ombrageuse dans ses rapports avec les grands, se transformait en douceur et en affabilité envers les petits. Tous ceux qui recouraient à lui trouvaient ouverts son cœur et sa bourse, et son plus grand plaisir était de faire part aux artistes inconnus des sommes qu'il devait à ses chefs-d'œuvre.

L'amour de la gloire animait son ciseau plus que l'espoir des récompenses. Jamais il ne put s'abaisser à flatter qui que ce fût, et l'intrigue n'entra pour rien dans ses succès. Il n'estimait les richesses que parce qu'elles lui fournissaient le moyen de faire des heureux ; il agissait par amitié, par reconnaissance, par devoir plutôt que par intérêt, et l'on ne put rien lui faire accepter pour les grands travaux de l'église Saint-Pierre.

— Je suis trop heureux, disait-il, de ce que Dieu ait réservé à ma vieillesse la joie de faire quelque chose pour l'honneur de son nom.

ANNE DE BRETAGNE.

En 1487, par une chaude soirée du mois de juin, un gros
de cavaliers se dirigeant vers Nantes fut signalé par les
gardiens de la bonne ville. Les portes s'ouvrirent aussitôt, et
un autre groupe, moins nombreux et moins brillant, courut
à la rencontre du premier. Cette seconde troupe, composée
d'une députation de la noblesse et de la bourgeoisie, à
laquelle s'étaient joints quelques-uns des capitaines de la garnison, mit pied à terre aussitôt qu'elle put distinguer à travers le nuage de poussière soulevé par les chevaux lancés
au galop dans la direction de Nantes, une riche litière au-
devant de laquelle flottait la bannière de Bretagne.

Les rideaux de velours, doublés d'hermine, étaient re-
levés pour laisser pénétrer la brise qui se faisait sentir à de
rares intervalles, depuis que le soleil avait disparu dans un
horizon de feu. Sur les coussins de la litière, un homme
était à demi couché. Ses traits pâles et amaigris par la maladie n'avaient pas l'expression joyeuse qu'on trouve sur le

visage des convalescents ; cependant il avait failli mourir, et il devait se trouver heureux de revenir à la vie ; car près de lui se tenaient, pareilles à deux anges gardiens, deux jeunes filles, qui, âgées l'une de dix ans, l'autre de neuf, semblaient n'avoir d'autre désir que de chasser de son front les noirs soucis dont il était obsédé.

— Mon père, dit l'aînée, en lui baisant la main, voici les tours de la bonne ville de Nantes ; n'ayez donc plus de souci ; car nous sommes sauvés.

— Sauvés, répéta le malade en soulevant lentement sa tête blanchie avant le temps ; croyez-vous donc, chère Anne, que les Français puissent hésiter à venir nous attaquer jusqu'ici ? Qui vous dit d'ailleurs que je doive compter sur le dévouement des Nantais ?

— Les croyez-vous donc ingrats ?

— Je ne les accuse pas ; mais j'ai appris à douter de la reconnaissance des hommes depuis que j'ai vu se tourner contre moi ceux que j'avais comblés de bienfaits.

— Seigneur duc, dit vivement la plus jeune fille, qui se tenait penchée en dehors de la litière, voici des cavaliers qui viennent à nous. Si c'étaient des Français ! Ah ! j'ai peur.

— On voit bien que vous n'êtes qu'une enfant, Isabeau, reprit Anne en souriant avec une expression de dédain.

— Pourquoi donc, ma sœur ?

— Parce qu'une fille du sang de Bretagne ne doit pas avoir peur. Songez donc, mignonne, que si je venais à mourir, vous seriez la seule héritière de ce beau duché, et que, pour le défendre et le gouverner, il vous faudrait avoir l'âme d'un prince et le courage d'un guerrier.

— Oh ! vous ne mourrez pas, madame Anne, et c'est vous qui serez duchesse, mais plus tard, dans bien des années ; car le bon Dieu, qui nous a rendu notre père, nous le conservera longtemps.

— Je l'espère comme vous, ma chère Isabeau, et du

fond de mon cœur je supplie Notre-Dame, saint Yves et sainte Anne d'Auray, ma patronne, de donner au duc, notre bien-aimé père, des jours longs et glorieux.

— Moi aussi, reprit l'enfant, visiblement distraite. Mais voyez, ma sœur, je vous assure que ces cavaliers viennent à nous.

Le duc François II avait écouté avec attendrissement ces quelques mots échangés entre ses filles; il les avait remerciées de leur affection par un regard plein de larmes, et il allait retomber dans ses sombres pensées, quand Anne, après avoir interrogé la route, se retourna vers lui, et s'écria :

— Mon père, ce sont des amis qui viennent au-devant de nous. Voici le comte de Rieux, le chevalier de Gié et le vicomte de Kéranrais, et plusieurs seigneurs que j'ai vus à Rennes.

— Oh ! je les reconnais, dit Isabeau. Ils descendent de cheval pour venir nous saluer. Je n'ai plus peur, ma chère Anne.

— Et je vous pardonne, pourvu que vous ne disiez plus jamais ce vilain mot-là. Voyons, petite sœur, rappelez-vous que vous êtes madame Isabeau de Bretagne, et disposez-vous à recevoir convenablement ces nobles seigneurs.

Anne s'assit près du duc, et sut, sans le moindre effort, donner à sa physionomie encore enfantine quelque chose de digne, de grand et de bienveillant à la fois.

La petite dame Isabeau se tint aussi raide que possible, et se pinça les lèvres pour se donner un air sérieux; mais ses grands yeux pleins de malice ne purent demeurer longtemps baissés, et quand la litière s'arrêta, elle s'était déjà levée plusieurs fois, pour mieux voir le cortége et pour adresser des sourires à ces cavaliers qui l'avaient fait frémir.

— Sire duc, dirent les députés en fléchissant le genou devant François II, soyez le bienvenu dans la bonne ville de Nantes. Elle sera digne de l'honneur que vous lui faites, en la choisissant pour asile ; et si vos ennemis viennent vous y attaquer, nous saurons mourir pour vous défendre.

— Et nous mourrons avec vous, mes amis, répondit Anne, voyant que le duc se contentait de leur donner sa main à baiser.

— Vive madame Anne ! vive la petite Brette ! s'écrièrent les chevaliers et les bourgeois.

— Elle le ferait comme elle le dit, messires. C'est un vaillant cœur que celui de la future duchesse de Bretagne, et les plus braves seigneurs ne rougiront jamais de lui obéir, dit François, que les acclamations des députés parvinrent à tirer de son engourdissement.

Le duc François II ne manquait pas de courage ; mais il avait eu à lutter contre Louis XI, et toute son énergie s'était usée dans cette lutte ; car Louis XI était, on le sait, l'homme le plus rusé qu'il y eût au monde. Les beaux domaines du duc de Bourgogne et du duc de Bretagne excitaient surtout l'envie de ce monarque, dont le plus vif désir était d'abaisser l'orgueil des grands vassaux de la couronne.

Le duc de Bourgogne, Charles le Téméraire, se laissa prendre au piége que lui tendit ce redoutable adversaire, et, s'étant mis en guerre avec le duc de Lorraine, il alla mourir sous les murs de Nancy. Louis XI espérait bien se débarrasser aussi du duc de Bretagne, dont il connaissait l'esprit irrésolu ; mais il trouva dans la noblesse et dans le peuple plus de résistance qu'il ne s'y attendait.

François II entra dans la ligue du Bien public, et Louis XI le trouva presque toujours au nombre de ses ennemis. Ils se firent les serments d'amitié les plus solennels ; mais ils ne surent ni l'un ni l'autre y demeurer fidèles ; et par bonheur pour le duc, le roi de France mourut au moment où il se disposait à porter la guerre en Bretagne.

Il avait acheté, moyennant une certaine somme, les droits de la maison de Penthièvre sur ce duché, et sa politique

ayant échoué contre l'amour des Bretons pour l'indépendance,
il était décidé à triompher par la force.

François se crut sauvé, quand il apprit la mort de Louis XI;
mais il ne sut pas rattacher à lui les seigneurs bretons, auxquels il avait donné une assez pauvre opinion de sa force
d'âme. Il accorda toute sa confiance à Pierre Landais, fils
d'un tailleur de Vitré, et en fit son premier ministre. Landais
était habile, mais insolent et injuste; il fit périr le chancelier
Chauvin, dont les vertus faisaient contraste avec ses vices,
et il mécontenta tellement les grands, que ceux-ci résolurent
de se donner à Charles VIII.

Le duc, effrayé de ce complot, abandonna Landais et
apaisa la noblesse par son supplice; mais Anne de France,
dame de Beaujeu, qui gouvernait la France pendant la mi-
norité de Charles VIII, envoya des troupes en Bretagne, pour
s'emparer du duc d'Orléans, qui y avait trouvé asile, après
s'être révolté contre le jeune roi.

La Trémouille, qui commandait les Français, s'était déjà
rendu maître de plusieurs places, et le duc, fort inquiet de
l'issue de cette guerre, se rendait à Nantes, avec ses deux
filles, au moment où commence notre récit.

Il invita les cavaliers à reprendre leurs montures, et la
litière ducale, escortée par eux, se remit en marche. François retomba dans l'espèce de somnolence dont il ne sortait
guère depuis sa maladie; mais la princesse Anne, qui semblait déjà comprendre qu'elle aurait besoin de sa popularité,
sut être aimable avec les députés de la bonne ville et adresser
quelques mots gracieux à chacun des capitaines qu'elle avait
déjà vus.

La petite dame Isabeau admirait sa sœur, et comme elle
avait appris à ne pas parler en étourdie devant les seigneurs
qu'elle voyait à la cour de son père, elle s'efforçait de retenir
tout ce que disait Anne, que le duc lui citait souvent pour
modèle. Cependant, comme elle se rappelait encore la frayeur

que lui avait causée la vue de la députation nantaise, elle ne put s'empêcher de demander au comte de Rieux si l'on ne voyait pas de Français aux environs de la bonne ville.

— Qui parle des Français ? demanda le duc. Sont-ils donc près d'ici ? Et n'aurons-nous pas le temps de préparer notre défense avant d'être attaqués ?

— Sire duc, répondit le comte, tandis qu'Anne lançait un regard sévère à sa sœur, depuis que monseigneur le duc d'Orléans a quitté le château, la ville n'a plus rien à craindre, et il est bien rare de rencontrer maintenant des Français.

— Patience ! dit François avec une ironie amère ; dès qu'ils apprendront que je suis à Nantes, ils sauront bien en retrouver le chemin.

— Mais nous les recevrons de manière à les rendre un peu moins fiers, dit le sire de Rieux. La ville est abondamment pourvue de vivres ; les habitants sont dévoués à leur prince, et la garnison ne compte que de nobles capitaines et de vaillants soldats.

— Je voudrais, reprit le duc avec tristesse, épargner cette guerre à mon peuple ; mais je ne puis livrer à madame de Beaujeu le duc d'Orléans, qui est mon allié et que j'ai regardé pour un temps comme mon gendre et mon successeur.

— Quel dommage, dit la petite Isabeau, que le roi Louis l'ait forcé d'épouser sa fille ! Il serait resté votre fiancé, ma chère Anne, et mon père ne serait pas aujourd'hui si embarrassé de vous choisir un époux.

— Rien ne presse, répondit Anne, puisque notre seigneur et père nous est rendu.

— C'est aussi mon avis, sire duc, dit le comte de Rieux. Vous vivrez assez pour avoir le temps de choisir, et vous verrez croître autour de vous de jeunes princes, destinés à faire la gloire et le bonheur de la Bretagne.

— Dieu seul sait cela, messire de Rieux ; mais si je viens

à mourir plus tôt que vous ne le dites, c'est vous qui serez
le tuteur de ma fille, et je compte que vous serez pour elle
un bon conseiller et un vaillant défenseur.

— J'espère n'être jamais chargé de cette tutelle, répondit
le comte; mais le cas échéant, je serai le plus fidèle et le
plus loyal serviteur de la duchesse de Bretagne.

On entrait à Nantes. La population fit un joyeux accueil
à François et surtout aux deux charmantes princesses qui
l'accompagnaient. Elle les salua de ses acclamations jusqu'au château, autour duquel une foule bruyante stationna
longtemps encore.

Anne et Isabeau se montrèrent au balcon et laissèrent tomber sur cette multitude une pluie de petites pièces d'argent
qui mit le comble à l'enthousiasme. Le cœur des deux jeunes
filles s'épanouit, en entendant les bénédictions qui s'élevaient
vers le ciel; et quand la vaste aumônière que tenaient leurs
pages se trouva vide, elles détachèrent leurs bracelets et
leurs anneaux d'or, pour se consoler de n'avoir plus rien
autre chose à donner.

Leur sommeil fut plein de doux rêves; mais on apprit le
lendemain que l'armée française marchait vers Nantes, et la
joie qu'éprouvait le duc d'y être arrivé sain et sauf fit place
aux plus vives alarmes. Il visita les remparts en compagnie de
ses capitaines, distribua les postes, et, ne pouvant diriger
lui-même la défense, il s'enferma dans le château.

Ce fut contre ce château, qu'il savait habité par la famille
ducale, que la Trémouille, général de l'armée française, dirigea surtout ses efforts. Le danger cependant avait rendu au
prince convalescent une partie de son énergie; il demeurait
calme au milieu du tumulte, il donnait ses ordres et se montrait de temps en temps pour soutenir l'ardeur des Nantais.

Anne l'accompagnait ordinairement, montée sur une haque-
née blanche, et elle n'avait garde d'oublier de faire largesse
au populaire et aux soldats. En la voyant si belle, si gracieuse,

si fière en présence du péril, les Nantais ne pouvaient s'empêcher de témoigner leur admiration, et ils eussent rougi
de ne pas se montrer intrépides. Ils résistaient donc vaillamment ; mais les Français ne se rebutaient pas, et le duc de la
Trémouille avait juré de prendre la ville ou d'y périr.

Quoiqu'on sût bien que la princesse Anne était promise au
duc d'Orléans, les plus puissants seigneurs sollicitaient sa
main, la disgrâce dans laquelle était tombé l'illustre fiancé
leur faisant espérer que le mariage projeté n'aurait pas lieu.
Ils envoyèrent des troupes au duc François, pour l'aider à repousser les Français ; mais ces troupes ne parvinrent point à
faire lever le siége, et l'attaque continua plus furieuse que
jamais.

Un jour que le duc était à table avec ses filles, on vint l'avertir qu'une brèche était ouverte dans les murailles du château
et qu'une des tourelles menaçait de s'effondrer. François
pâlit, la petite dame Isabeau jeta les hauts cris ; mais Anne
garda son sang-froid.

— Monseigneur, dit-elle, il arrivera de nous ce qu'il plaira
à Dieu ; mais ne nous abandonnons pas nous-mêmes. Puisque
le château menace ruine, cherchons un autre asile.

Un des chevaliers qui se trouvaient là pria le duc de choisir
sa maison, quelque indigne qu'elle fût d'abriter son seigneur,
et la proposition fut acceptée. De ce côté de la ville régnait
un peu plus de tranquillité ; Isabeau se sentit rassurée, et
Anne s'installa dans cette demeure hospitalière comme si elle
eût été dans un de ses palais. Elle avait commencé depuis
quelque temps déjà d'écrire l'histoire des événements accom-
plis sous ses yeux, afin de s'habituer à beaucoup réfléchir et
de se mettre en état de gouverner sagement, lorsqu'elle aurait
le malheur d'être appelée au trône ducal. Elle y pensait surtout depuis la maladie de son père ; et la crainte de le perdre
ayant muri sa raison, elle avait cessé d'être enfant. Elle
partageait son temps entre l'étude et la prière, et elle cher-

chait encore à utiliser les loisirs qu'elle était forcée de prendre, soit en conversant sérieusement avec le duc, soit en interrogeant les gens instruits sur les ressources du pays, sur les besoins du peuple et sur les devoirs des princes.

Il arriva toutefois un moment où la *petite Brette,* si ferme et si courageuse qu'elle fût, dut interrompre ses études. La ville, pressée de toutes parts, était sur le point de tomber aux mains des Français ; les plus braves capitaines désespéraient de la sauver, et les bourgeois, tremblant pour leurs biens et pour leur vie, parlaient d'ouvrir les portes à l'ennemi.

Dans cette extrémité, Anne ne pouvait plus que prier. Elle avait espéré que les seigneurs bretons viendraient délivrer leur souverain ; mais cet espoir l'avait abandonnée, et ce n'était pas sans éprouver une vive indignation contre eux qu'elle criait vers Dieu, désormais son seul appui. Le duc et sa plus jeune fille priaient aussi. Un soir qu'ils écoutaient tristement le bruit sinistre de la cloche d'alarme, Isabeau joignit les mains et s'écria :

— Que pourrions-nous donc promettre à la vierge Marie, pour qu'elle nous sauve du malheur qui nous menace ? Ne m'avez-vous pas souvent raconté, ma chère Anne, des miracles obtenus par sa protection ?

— Il est vrai, répondit Anne ; et si Monseigneur y consent, nous pouvons faire un vœu pour nous rendre favorable cette puissante reine des cieux. Le voulez-vous, Monseigneur ?

— Oh ! oui, dit François, et c'est de tout mon cœur.

Il s'agenouilla aussitôt, ses filles l'imitèrent, et, après s'être recueilli quelques instants, il reprit à haute voix :

— Sainte vierge Marie, mère du Sauveur Jésus, je n'ai plus d'espoir qu'en vous et en votre miséricorde. Délivrez ma bonne ville de Nantes. Je vous jure et promets d'en faire faire la représentation en cire, et d'envoyer ce modèle à Florence, pour qu'il soit déposé en l'église de l'Annonciade et qu'il y reste comme un souvenir de votre bonté et de votre reconnaissance.

Anne et Isabeau promirent de joindre leur offrande à ce don, et elles attendaient avec une pieuse confiance l'effet de cette prière.

Trois jours après, on amena à François un paysan qui était parvenu à se glisser dans la place et qui racontait d'étranges nouvelles. On ne savait si on devait le prendre pour un espion ou pour un fou, et l'on venait prier le seigneur duc d'en décider.

Introduit devant son prince, le paysan fléchit les genoux et demeura dans cette position sans paraître se lasser de regarder le duc et les deux jeunes princesses assises à ses côtés. Des larmes coulaient sur ses joues.

— Pourquoi pleures-tu? lui demanda François.

— Ah! mon cher seigneur, répondit-il, je pleure de joie; je ne croyais pas avoir jamais le bonheur de vous voir et de vous parler; mais je pleure aussi de honte et de douleur, car la chevalerie de Bretagne a bien mal fait de ne pas venir à votre aide.

— Est-ce pour me dire cela que tu as trompé la surveillance des Français et pénétré dans ma bonne ville?

— Oui, seigneur duc; mais j'ai encore quelque chose à dire : puisque les barons de Bretagne abandonnent le sire duc, voici le peuple qui vient pour le sauver.

— Explique-toi mieux, l'ami, et surtout ne cherche pas à me tromper.

— Sur mon âme, je dis la vérité. Quand nous avons appris là-bas, au pays de Vannes, de Quimper, de Léon, de Cornouailles, que monseigneur François, duc de Bretagne, notre sire, était en danger de tomber aux mains de ses ennemis, et que les seigneurs demeuraient en leurs castels, sans songer à le défendre, nous nous sommes armés, nous avons embrassé nos femmes et nos filles, et nous sommes venus pour le sauver ou pour mourir avec lui.

— Oh! les braves cœurs! s'écria Anne, dont les joues s'empourprèrent d'un légitime orgueil. Vous voyez bien, Monseigneur, que votre peuple vous aime.

— Oui, dit François, et cette preuve d'amour m'est bien précieuse. Mais je ne veux pas que le sang de mes sujets coule en vain. Écoute-moi donc, l'ami. Tu vas retourner vers tes compagnons; tu leur diras que je les remercie de leur dévouement, que j'en suis touché, que j'en suis heureux, mais que je veux, que j'exige qu'ils retournent à leurs familles, à leurs travaux, sans essayer de rien faire pour notre délivrance.

— Ah! seigneur duc, ils me prendraient pour un imposteur; car un prince ne peut pas refuser l'aide de ses bons et loyaux sujets.

— Voici un anneau, que tu garderas en mémoire de moi et qui témoignera de la vérité de ton message, et tu feras comprendre à tes amis que leur mort serait inutile. Que peuvent, en effet, deux ou trois cents hommes contre une armée entière?

— Ah! très-cher sire, c'est une armée entière qui vous attaque et vous presse; mais c'est une armée aussi qui vous arrive. Ai-je donc parlé de deux ou trois cents hommes?

— Ainsi vous êtes en grand nombre? demanda le duc, dont les yeux s'animèrent.

— En si grand nombre, seigneur, qu'autant vaudrait compter les feuilles d'une forêt ou les étoiles d'une belle nuit.

— Le miracle, mon père! dit Anne, en se penchant vers François, qui se signa pieusement. Bénie soit la vierge Marie, qui a daigné nous entendre et qui va nous secourir!

— Brave homme! reprit le prince, je voudrais croire à tes paroles; mais il n'y a si grande armée qu'on puisse comparer aux feuilles de la forêt ou aux étoiles du ciel.

— Si j'ai mal parlé, que le sire duc me pardonne! Mais nous sommes venus en hâte, sans nous arrêter nulle part; sur notre passage, on disait n'avoir jamais vu tant d'hommes à la fois; et au sortir de chaque ville, notre armée grossissait encore. Nous chantions nos vieux noëls, qui font oublier la fatigue, et nos voix réunies ressemblaient à la voix de la mer, quand vient la tempête; nous avions soif, et quand nous rencontrions une rivière, nous la mettions à sec (1).

— Mais enfin quel est votre chef et quelles sont vos armes ?

— Nos armes.... Chacun en a trouvé; toute arme est bonne, quand le bras qui s'en sert est vaillant. N'avons-nous pas des faux, des fourches, des haches, des massues? Quant à notre chef, nous n'en avons point; mais Dieu nous conduira.

— Va donc rejoindre tes amis, reprit le duc, et dis à mes fidèles bas Bretons que je serai heureux de leur devoir mon salut.

Le lendemain, les Français virent se déployer autour de leur camp une multitude de gens armés, dont la fière contenance et les armes redoutables les impressionnèrent vivement. Habitués à lutter contre des bataillons aguerris, ils ne l'étaient point à repousser des ennemis de si étrange aspect. Ils n'eussent pas tremblé devant l'élite des chevaliers, ils s'enfuirent devant ces paysans, qui venaient de si loin pour sauver leur duc. En vain leur général s'efforça de les rassurer et de les rallier, la terreur était dans leurs rangs, et force lui fut d'abandonner la ville dont il se croyait déjà maître.

Pour toute récompense, les braves paysans demandèrent à voir leur duc et la princesse Anne, dont on racontait des merveilles, et qui devait, disait-on, gouverner un jour le

____

(1) Les chroniqueurs racontent ce fait comme positif.

duché aussi bien que le plus grand prince et le plus vaillant chevalier. François les remercia chaleureusement du service qu'ils venaient de lui rendre, et Anne les laissa ravis de sa grâce, de son courage et de sa bonté.

En quittant Nantes, la Trémouille alla s'emparer d'Auray, de Vitré, de Saint-Aubin-du-Cormier. L'année suivante, il rencontra près de cette dernière ville l'armée bretonne, commandée par le duc d'Orléans et le prince d'Orange. Il la battit, et les deux princes furent faits prisonniers avec un certain nombre de gentilshommes. La Trémouille les traita courtoisement et les fit asseoir à sa table. Le dîner fini, deux moines de Saint-François furent introduits dans la salle du festin.

— Révérends pères, leur dit le général français, confessez, je vous prie, ces bons chevaliers; car ils sont coupables de révolte contre le roi et condamnés à mort par le parlement, excepté monseigneur le duc d'Orléans et monseigneur le prince d'Orange, sur le sort desquels notre sire Charles se réserve le droit de prononcer.

La sentence, dit-on, fut exécutée, malgré les prières des deux princes; mais on peut mettre en doute la vérité de ce fait, dont plusieurs historiens ne parlent point, et que dément surtout le noble caractère du duc de la Trémouille, surnommé Sans-Reproche.

Après sa victoire, ce général envoya des hérauts à Rennes, pour sommer les états de Bretagne de remettre cette ville au roi.

— Le sire roi avait promis de nous donner la paix, quand il serait maître de Fougères, répondirent les états; à présent il lui faut Rennes; qu'il vienne donc la prendre. Voilà tout ce que nous avons à dire au seigneur de la Trémouille, et de nous, pour sûr, il n'aura pas autre chose.

La Trémouille n'osa pas attaquer cette capitale; mais il prit Dinan, Saint-Malô, et força le duc à signer le traité du Verger, par lequel François cédait au roi ces deux villes, celles de Fougères, de Saint-Aubin-du-Cormier, et s'engageait en outre à ne marier ses filles qu'avec le consentement de Charles VIII.

Anne ne fut point insensible à la honte d'un tel traité ; mais elle oublia sa douleur pour s'efforcer de consoler son père, qui était bien l'homme le plus malheureux qu'il y eût au monde. La petite dame Isabeau, moins fière que sa sœur, n'était touchée que du chagrin du duc ; mais ni ses tendres caresses ni les soins d'Anne ne purent faire diversion à la souffrance de ce prince. Trois semaines après avoir signé ce fatal traité, il mourut entre les bras de ses filles, en recommandant aux seigneurs qui l'entouraient de reconnaître Anne pour duchesse de Bretagne, et de la servir avec bravoure et loyauté.

La petite Brette n'avait pas encore douze ans ; mais nous savons déjà de quel courage elle était douée. Elle s'entoura des barons demeurés fidèles à son père, et, tout en se disposant à repousser les troupes de Charles VIII, qui continuaient à guerroyer malgré la conclusion de la paix, elle se plaignit dignement de cette infraction au traité. Le roi répondit que François II n'ayant pas laissé d'héritiers mâles, la Bretagne lui appartenait et qu'il saurait la conquérir. En même temps, il défendit à Anne de prendre le titre de duchesse.

La princesse ne tint nul compte de cette défense ; car elle aussi était décidée à soutenir ses droits ; mais elle eut bientôt à lutter contre des difficultés sans nombre. Quoiqu'elle eût été fiancée au duc d'Orléans, François II, obligé de se ménager des alliés, avait imprudemment encouragé les espérances de plusieurs autres prétendants à la main de la petite Brette, et chacun de ces princes voulait à tout prix l'emporter sur ses rivaux ; car le duché de Bretagne était une magnifique dot.

Le vicomte de Rohan et le sire d'Albret surtout tenaient à être choisis. Le vicomte embrassa le parti de la France, espérant que, pour le récompenser de ses bons services, Charles VIII lui donnerait madame Anne et la couronne ducale. Le sire d'Albret gagna le maréchal de Rieux, tuteur de la princesse; et Anne ayant refusé son consentement à ce mariage, ce mauvais tuteur l'abandonna, pour la contraindre à céder.

Les Français, apprenant que la petite Brette était à Redon avec sa sœur, et qu'en l'absence du maréchal de Rieux, elle ne pouvait guère compter que sur deux ou trois fidèles serviteurs, formèrent le projet de s'emparer de sa personne et de la conduire à Charles VIII. Anne en fut informée, et pendant que madame Isabeau se laissait aller à des terreurs exagérées, la vaillante princesse donna ses ordres pour le départ.

— La bonne ville de Nantes a si bien combattu l'an dernier pour mon seigneur et pour moi, dit-elle, que je veux aller à Nantes.

On lui fit observer qu'elle n'avait pas d'escorte et qu'elle pourrait être attaquée.

— Moins j'aurai d'escorte, moins j'éveillerai l'attention, répondit-elle; et si l'on m'attaque, je me défendrai.

Elle partit, en compagnie de son chancelier et du chevalier Dunois. Isabeau chevauchait à côté d'elle et ne contribuait guère à la rassurer. Cependant Anne montrait tant de confiance et de courage, qu'avant d'être au terme du voyage, la petite princesse se sentait presque aussi brave et aussi résolue que sa sœur.

Le comte de Rieux et le sire d'Albret étaient à Nantes, quand on annonça l'arrivée des deux princesses. Les bourgeois voulaient aller à leur rencontre; mais le maréchal les en empêcha, et fit fermer les portes. Anne le somma de lui livrer l'entrée de sa bonne ville; il répondit qu'elle y serait la bienvenue, si elle voulait laisser dehors ceux qui l'avaient accompagnée.

7

— Non, dit Anne, mes braves défenseurs y entreront avec moi, ou je resterai avec eux.

Les portes demeurèrent closes, et la petite Brette eut grand'peine à retenir ses pleurs. Soudain parurent des cavaliers lancés au galop ; elle crut que c'étaient des amis et retrouva son sourire ; mais le chevalier Dunois reconnut de loin des partisans du comte de Rieux.

— Madame, lui dit-il, je suis marri d'être obligé de vous détromper ; mais ces gens-ci ne sont pas des nôtres ; ils viennent pour vous enlever et vous conduire au château, où sans doute le sire d'Albret a fait tout préparer pour son mariage.

— Ah ! s'écria la princesse, plutôt que d'épouser ce discourtois chevalier, j'irais vivre et mourir dans un cloître. Ah ! vous ne me tenez pas encore, messire d'Albret, ni vous, comte de Rieux, et j'espère bien ne pas tomber entre vos mains.

— Comptez sur nous, noble dame, dirent en même temps Dunois et le chancelier.

Ils rangèrent en bel ordre les gens armés qui composaient leur suite, et reçurent si vaillamment les cavaliers, que ceux-ci prirent la fuite. Le maréchal de Rieux, voyant son projet manqué, envoya un héraut à Anne, pour lui offrir d'entrer à Nantes par une poterne qui donnait sur la Loire.

— Non, répondit-elle, je veux entrer dans ma bonne ville par la grande porte, comme princesse et duchesse de Bretagne ; et si ce n'est aujourd'hui, ce sera bientôt.

Elle partit pour Rennes, où elle fut reçue avec tous les honneurs dus à son rang, et où les états la proclamèrent duchesse, malgré la défense du roi. La guerre se ralluma donc alors entre les Bretons et les Français, et dura jusqu'en 1489. Anne se réconcilia avec le maréchal de Rieux, et comme il n'avait pas renoncé à lui vanter les mérites du sire d'Albret, la jeune duchesse, lasse d'entendre parler de ce prétendant, promit sa main à l'archiduc Maximilien. Elle eut même l'imprudence de l'épouser par procuration, sans le consentement de Charles VIII, qui venait de signer avec la Bretagne un traité de paix.

Les hostilités recommencèrent aussitôt. Le sire d'Albret se jeta, par esprit de vengeance, dans le parti du roi, et lui livra la ville de Nantes, dont il s'était emparé par surprise. Charles vint occuper cette place et déclara qu'il combattrait jusqu'à ce que la princesse consentît à le prendre pour époux.

L'archiduc Maximilien était encore en Allemagne ; le roi lui renvoya sa fille, avec laquelle Madame de Beaujeu l'avait fiancé, et qu'elle faisait élever à la cour de France.

Le peuple et les barons de Bretagne, fatigués d'une guerre qui avait amené dans leur pays la famine et la peste, supplièrent Anne d'accorder sa main au roi ; mais la fierté de la princesse se révoltait contre cette union, imposée par la force ; et quoiqu'elle souffrît véritablement des maux de ses sujets, elle hésitait à leur faire le sacrifice d'un orgueil qui lui paraissait légitime.

Le duc d'Orléans, que Madame de Beaujeu avait fait enfermer à Bourges, après la bataille de Saint-Aubin-du-Cormier, et que le roi venait de remettre en liberté, accourut en Bretagne et alla se jeter aux genoux de la duchesse.

— Noble dame, lui dit-il, je vous supplie de ne pas résister plus longtemps aux volontés du roi de France. C'est un noble et généreux prince, que je regrette d'avoir méconnu et que je servirai tant que je vivrai ; il est digne de vous, Madame, et en l'épousant, vous rendrez la paix à ce bon peuple de Bretagne, qui n'en a déjà que trop enduré.

Anne ne céda pas encore ; mais les évêques bretons vinrent la trouver.

— Madame, lui dirent-ils avec une sainte liberté, les princes se doivent à leurs peuples, et ils ne peuvent, sans se

rendre coupables devant Dieu et devant les hommes, refuser
de mettre un terme aux maux de leurs sujets. Nous venons
donc vous demander, au nom du Sauveur Jésus, d'avoir pitié
de votre beau duché, ravagé par la guerre, et d'arrêter au
plus tôt l'effusion du sang, de peur qu'il ne retombe sur vous
et sur votre postérité. Et maintenant, noble dame, nous
avons fait notre devoir; faites le vôtre, pour que le Dieu de
paix vous bénisse et vous donne de longs jours.

— Priez donc, Messeigneurs, répondit la duchesse avec
émotion, pour que la force d'en-haut se joigne à la lumière
que vous m'apportez.

Les prélats se retirèrent pleins d'espérance, et le roi,
averti par leurs soins du changement survenu dans les dispositions de la princesse, vint la saluer à Rennes, où elle
faisait sa résidence. Cette démarche acheva de vaincre sa
fierté, et Charles obtint son consentement.

Toutefois, pour se décider à signer le contrat, elle eut besoin de se rappeler ce que lui avaient dit les évêques; car ce
contrat était tout à l'avantage du monarque. Anne lui cédait
le duché, au cas où elle mourrait avant lui, et s'engageait,
s'il la laissait sans enfants, à ne se remarier qu'avec le roi de
France ou le plus proche héritier de la couronne. Pour adoucir ce que ces conditions avaient d'amer, Charles VIII promit
à la jeune reine qu'elle continuerait à être duchesse de Bretagne, et il n'oublia pas cette promesse.

Anne fut admirée et fêtée en France; mais ses anciens
sujets lui demeurèrent toujours chers, sans doute parce
qu'elle leur avait fait le plus grand de tous les sacrifices, celui de
son orgueil de souveraine. Elle obtint que le roi respectât
leurs priviléges; elle fit fleurir au milieu d'eux la justice, le
commerce et les arts, doux fruits d'une paix solide.

Pendant la brillante mais stérile expédition de Charles VIII
en Italie, Anne de Bretagne gouverna le royaume avec tant de
sagesse et de bonté, qu'elle se fit chérir des Français autant qu'elle était aimée des Bretons.

Elle eut de son mariage avec Charles VIII trois fils et une fille; mais elle eut la douleur de les perdre et de voir le roi, à qui elle s'était sincèrement attachée, descendre tout jeune au tombeau. Elle le pleura pendant trois jours, prosternée ou couchée sur la terre, sans vouloir prendre aucune nourriture ni écouter la moindre parole de consolation. Elle prit le deuil en noir, quoique les reines le portassent en blanc, et elle revint dans son duché, où elle fut reçue comme une mère au milieu de sa famille.

Le duc d'Orléans succéda à Charles VIII, sous le nom de Louis XII.

Louis XII avait épousé, pour obéir à Louis XI, un ange de bonté et de dévouement, Jeanne de France; mais cette princesse, si richement partagée sous le rapport de l'esprit et du cœur, était laide et difforme; elle avait, de plus, contre elle la violence faite par son père au duc d'Orléans, à l'occasion de ce mariage. Depuis la mort de Louis XI, son époux songeait à se séparer d'elle; la mort de Charles VIII l'ayant élevé au trône et lui permettant d'épouser Anne de Bretagne, sa première fiancée, il n'hésita plus à demander le divorce.

Dans le procès qui s'instruisit à ce sujet, Jeanne de France montra tant de noblesse d'âme, tant de candeur et d'héroïque bonté, que la France entière l'admira, et que les sympathies de l'Europe la suivirent dans la retraite où elle alla finir saintement sa vie, en priant pour le bonheur du monarque et la prospérité du royaume.

Anne de Bretagne, forcée de subir les conditions de son premier contrat de mariage, dicta celles du second. Elle rendit à la Bretagne toutes ses franchises, et en disposa de manière à ce que le duché ne pût faire partie de la couronne de France.

Elle donna un grand éclat à la cour de Louis XII, et s'entoura des demoiselles des plus nobles familles bretonnes. Elle les élevait bien et sagement, dit Brantôme, leur offrait le modèle des plus hautes vertus et leur donnait l'exemple du travail. Jouissant des revenus de son duché, elle les employait en œuvres utiles, en fondations pieuses, en bienfaits discrètement et noblement répandus. Elle équipait les officiers pauvres, dotait leurs filles, faisait des pensions à leurs veuves, à leurs enfants, et secourait tous ceux qui s'adressaient à elle.

Il est juste de dire cependant que les Bretons avaient la plus large part de ses dons, comme de sa tendresse. Aussi le roi, dans ses *goguettes,* dit Brantôme, l'appelait-il sa Bretonne, parce qu'elle avait le cœur plus breton que français.

Éloquente, judicieuse, sensée, agréable, Anne plaisait à tous, et Louis XII avait pour elle tant d'estime et d'affection, qu'il ne savait rien lui refuser, et qu'il voulait qu'on lui rendît autant d'honneurs qu'à lui-même. Il aimait à la consulter dans les affaires épineuses, et elle n'employait l'ascendant qu'elle s'était acquis sur l'esprit de ce bon prince que pour lui inspirer de nobles pensées et de généreux desseins.

Toutefois, comme personne n'est parfait, on pouvait reprocher à la duchesse-reine une excessive fierté et parfois une vanité puérile. Ainsi, lorsqu'elle donnait audience aux ambassadeurs, elle mêlait à ses discours quelques mots de leur langue ; elle avait eu soin de les apprendre d'avance, afin qu'on la crût plus savante qu'elle ne l'était. Elle avouait que sa fierté l'entraînait quelquefois trop loin ; mais elle se repentait promptement de sa colère ; et lorsqu'elle avait offensé quelqu'un, elle le comblait de ses bienfaits.

Dans les différends qui s'élevèrent entre Louis XII et le pape Jules II, l'Angleterre, ayant pris parti contre la France, envoya une flotte sur les côtes de Bretagne. Anne équipa à ses frais un vaisseau de cent canons, qu'elle nomma la *Cordelière,* et dont Hervé de Portzmoguer eut le commandement. Hervé se montra digne du choix de sa souveraine. Entouré par douze navires anglais, il lutta contre eux tant qu'il put ; puis, se voyant sur le point de succomber, il jeta le grapin au vaisseau amiral anglais, et, mettant le feu aux poudres de la *Cordelière,* il le fit sauter avec elle.

Anne aimait les savants, les artistes, les poëtes ; elle les protégeait, les encourageait, les comblait d'honneurs et de bienfaits. Elle fit élever à François II, son père, et à Marguerite de Foix, sa mère, un magnifique mausolée, qu'on voit encore à Nantes, et qu'on nomme le *tombeau des Carmes,* parce qu'il fut transféré de cette ancienne église dans la cathédrale. Ce monument, qui ne compte pas moins de quarante-trois statues, est le chef-d'œuvre de Michel Columb, chef de la corporation des Lamballays, à laquelle la Bretagne doit la plupart de ses belles églises et de ses calvaires. Le Michel-Ange breton a représenté la reine Anne dans la statue de la Justice, l'une des figures allégoriques qui ornent le tombeau du duc François.

Anne de Bretagne n'avait que trente-sept ans lorsqu'elle mourut. Les Français la regrettèrent sincèrement; mais bien des années après, les Bretons la pleuraient encore. Elle avait exprimé le désir d'être inhumée aux Carmes de Nantes, dans le même tombeau que son père et sa mère ; mais Louis XII voulut que son corps reposât à Saint-Denis, où lui-même devait avoir sa sépulture, et le cœur de la reine seulement fut envoyé en Bretagne, enfermé dans un triple étui de fer, de plomb et d'or émaillé, sur lequel on grava des vers à la louange de l'illustre princesse.

Madame Claude de France, fille aînée d'Anne et de Louis XII, devint duchesse de Bretagne à la mort de sa mère. Elle avait épousé François d'Angoulême, premier prince du sang, et le bon roi, Père du peuple, n'ayant pas laissé d'enfant mâle, François fut appelé au trône. Le duché de Bretagne devait, en vertu du contrat de mariage de la reine Anne, revenir à sa seconde fille, Renée de France ; mais la bonne Claude était plus Française que Bretonne ; elle ne voulut pas détacher du front de son époux ce beau fleuron, dont Charles VIII et Louis XII avaient été si fiers. Elle autorisa d'abord François Ier à gouverner le duché sous son nom, puis elle lui en assura la jouissance, et enfin elle en disposa par testament en faveur du dauphin, leur fils aîné.

Les Bretons avaient été si heureux depuis que leur duchesse Anne était devenue reine, que les états, dont François Ier s'était attaché à gagner la bienveillance, demandèrent la réunion de la Bretagne au royaume de France. Cette demande souleva une vive opposition; mais le roi sut gagner à sa cause les plus zélés partisans de l'indépendance bretonne, soit en les comblant de faveurs, soit en jurant de respecter les franchises du pays, et le duché de Bretagne, qui avait longtemps excité la convoitise de ses prédécesseurs, fut définitivement réuni à sa couronne en 1532.

AMYOT.

— Encore une fois, Marguerite, tu gâtes trop cet enfant-là ; tu n'en feras qu'un fainéant, qu'un mauvais sujet ; car la paresse est la mère de tous les vices.

— Ne te mets pas en colère, Amyot ; Jacques va rentrer, et je le gronderai, sois tranquille.

— Oh ! oui, tu le gronderas, comme tu sais gronder, c'est-à-dire que tu le feras venir près de toi, que tu l'embrasseras, que tu prendras ta plus douce voix pour lui dire : « Jacques, mon enfant chéri, tâche donc de contenter ton père. » Si tu crois que c'est ainsi qu'on corrige un garnement comme celui-là, tu t'y connais, je t'en fais mon compliment.

— Comment veux-tu donc que je m'y prenne ?

— Quand je te le dirais, tu ne le ferais pas. Je ne te demande qu'une chose, c'est de me laisser agir à ma guise, et de ne pas pousser des soupirs à fendre un rocher, quand j'essaie de faire entendre raison à ce petit drôle. Je suis son père, et non-seulement j'ai le droit de le corriger, mais je

manquerais à mon devoir, si je le laissais grandir dans l'oisiveté. Il n'a, non plus que moi, son pain gagné ; il faut donc
qu'il se mette à travailler, et puisqu'il ne le fait pas de bonne
grâce, tant pis pour lui.

— Laisse-moi encore essayer cette fois-ci, dit Marguerite
effrayée. Jacques n'est qu'un enfant, et je suis sûre, moi,
qu'il n'est pas incorrigible. Je sais bien qu'il a tort de ne pas
faire la besogne que tu lui donnes, et de profiter du moment
où nous avons le dos tourné pour sortir de la boutique ; mais
il a un si bon cœur et il nous aime tant, qu'il faut bien lui
passer quelque chose. Ce n'est pas déjà si amusant de dévider
du fil depuis le matin jusqu'au soir.

— Dis tout de suite que je suis un mauvais père, que je
veux tenir mes enfants à la tâche, sans leur laisser une minute pour se reposer ou pour jouer, cela vaudra mieux.

— Mais non, Amyot, je ne dis pas cela ; tu es raisonnable,
tu es bon, je le sais ; mais vois-tu, il y a des enfants qu'on ne
doit prendre que par la douceur, et notre petit Jacques est de
ceux-là.

— Tu crois ça, Marguerite ? Pourquoi donc la douceur t'a-
t-elle si bien réussi jusqu'à présent ? J'ai eu assez de patience,
j'espère ; mais elle est à bout. Ainsi ne te mêle plus du petit,
c'est mon affaire.

Marguerite baissa la tête, et deux larmes tombèrent sur la
chemise qu'elle cousait.

— Bon ! voilà que tu pleures maintenant...., s'écria son
mari. Quelle femme, mon Dieu ! Mais, après tout, je suis le
maître chez moi, et je ne veux plus écouter personne. Tenez,
voilà onze heures qui sonnent, et il ne rentre pas, votre fils.
Vous verrez que la soupe sera sur la table, quand nous le
reverrons. Il n'y a que la faim qui le ramène au logis. Et où
est-il ? Que fait-il ? Vous ne le savez peut-être pas, mais moi
je le devine. Il aura fait connaissance avec deux ou trois fai-
néants comme lui ; il joue sur la place ou il court les champs ;

et quelque jour on viendra vous dire qu'on l'a trouvé volant des fruits dans un jardin, comme le fils au voisin Pierre, qu'on a mis en prison l'an dernier.

— Oh ! mon ami, comment pouvez-vous penser que mon cher petit Jacques devienne jamais un voleur ?

— De la paresse au vol, il n'y a qu'un pas, et c'est pour l'empêcher de le faire que je veux dès aujourd'hui me charger de son éducation.

Tout cela s'était dit dans une boutique de mercerie d'assez chétive apparence, située au milieu d'une rue triste et sombre de la ville de Melun. Il passait peu de monde dans cette rue ; aussi ne venait-il que de rares acheteurs chez le mercier Amyot. Sa femme et ses deux filles suffisaient à servir les chalands ; il leur restait même beaucoup de temps pour vaquer aux soins du ménage et à l'entretien du linge de la maison. On pouvait donc sans peine se passer des services du petit Jacques ; mais Amyot tenait à avoir sous les yeux cet enfant, qui lui inspirait tant de craintes pour l'avenir.

Ce n'était pourtant pas un de ces indociles qui résistent ouvertement à leurs parents, et qui répondent avec insolence lorsqu'on leur adresse quelque observation. Jacques était plutôt timide que hardi ; il adorait sa mère et tremblait devant son père ; mais ni l'amour ni la peur ne pouvaient le retenir dans cette boutique, où on lui faisait dévider du fil, compter des boutons, démêler des aiguilles, auner des ganses et des rubans. Il n'était pas assis là depuis un quart d'heure, que l'ennui le prenait. Il dissimulait assez bien ses premiers bâillements, et s'encourageait intérieurement à faire sa tâche au plus vite, pour goûter ensuite quelques instants de liberté ; mais l'ouvrage n'avançant pas à son gré, l'ennui augmentait de minute en minute. Alors, si, par bonheur, les affaires du mercier l'obligeaient à sortir, Jacques s'échappait, en promettant de revenir bientôt ; mais il trouvait dehors, sans doute, des occupations plus agréables que celles dont son père le chargeait à la maison; car il oubliait l'heure et ne rentrait que quand son estomac criait famine.

Amyot, ne le retrouvant pas à la besogne, se fâchait, criait, menaçait, et faisait à Marguerite des reproches comme ceux que nous venons d'entendre. La bonne mère s'efforçait de le calmer; elle excusait son fils, et souvent elle réussissait à apaiser l'orage avant le retour de l'enfant. Mais ce jour-là l'honnête mercier paraissait si résolu à se montrer sévère, il semblait regarder avec tant de complaisance l'aune dont il se disposait à caresser les épaules de Jacques, que la pauvre femme n'avait pu retenir ses larmes. Mais quand Amyot parla de vol et de prison, elle essuya ses yeux et prit de nouveau la défense de son cher enfant.

— Veux-tu que je te dise où il était l'autre jour, quand il a mis trois heures à faire une commission dont tu l'avais chargé? demanda-t-elle.

— Qu'en sais-tu toi-même? répondit le marchand; il t'aura fait un conte : il connaît si bien ta faiblesse!

— Non, dit Marguerite, il n'est pas menteur; et si je l'avais interrogé, il m'aurait dit la vérité. Mais je ne lui ai rien demandé. Je montais au grenier pour chercher un fagot; je l'ai vu assis dans un coin, les coudes sur ses genoux, la tête dans une de ses mains, et si occupé, qu'il ne m'a pas entendue ouvrir la porte. Il suivait du doigt les lignes d'un vieux parchemin couvert d'une écriture si fine et si serrée, que je ne sais comment il pouvait venir à bout de la déchiffrer. Il y avait mis du temps, c'est vrai; car il rougit en m'apercevant et jeta la feuille avec un peu de colère, quand je lui dis que tu grondais après lui. « Ce n'est pas ma faute, ajouta-t-il; j'ai couru en allant faire la commission et en revenant; mais les épingles que je rapportais étaient enveloppées dans ce parchemin, j'ai voulu le lire, et ça m'a pris du temps. »

— Chut! dit Amyot, le voici qui rentre; laisse-moi lui parler.

Le petit Jacques était un bel enfant, doué d'une physionomie intelligente et douce. Il se glissa sans bruit dans la boutique; mais en voyant son père, il demeura cloué près de la
porte, les yeux baissés et les joues aussi rouges qu'une pi-
voine.

— D'où viens-tu? demanda le mercier.

— Papa, répondit-il, je viens.... je viens de la messe.

— De la messe? reprit Amyot. Depuis quand dit-on, dans
la semaine, une messe à midi? Vous disiez, Marguerite, que
votre fils ne savait pas mentir?...

— Je ne mens pas non plus, répliqua l'enfant. J'ai été à la
messe ; mais en revenant, je me suis arrêté devant la boutique de Pierre Lemoine : il y a de si beaux livres et il y en a
tant !...

— Et tu t'y es arrêté combien de temps ?

— Je ne sais pas, mon père. Je ne pensais plus à la boîte
d'aiguilles que je devais mettre en paquets ; je regardais les
livres, et j'y serais encore, si Pierre Lemoine n'était pas venu
s'asseoir avec un autre homme sur le banc où j'étais grimpé
pour mieux voir.

— Et voilà à quoi tu t'occupes, pendant une matinée entière, dit Amyot, tandis que ta mère, tes sœurs et moi, nous
travaillons de toutes nos forces! Tu n'es qu'un fainéant, qu'un
sans-cœur, puisque tu n'as pas honte de manger le pain que
tu ne gagnes pas. Ta mère t'a trop gâté ; mais c'est fini, bien
fini ; et pour commencer, tu vas avoir affaire à moi.

Amyot, le bras levé, s'approchait de l'enfant; Marguerite
s'élança au-devant de lui.

— Grâce encore pour aujourd'hui ! s'écria-t-elle. Il obéira,
il travaillera, n'est-ce pas, Jacques?

— Oui, ma mère, dit le petit garçon tout tremblant.

— Tu l'as déjà promis cent fois, reprit le père, et toujours
tu as manqué à ta parole ; je ne peux plus y croire.

— Amyot, mon cher Amyot, dit Marguerite, pardonne encore, je t'en supplie. Il a souvent oublié ses promesses, je le sais; mais il ne les oubliera plus. Tiens, vois comme il pleure.

— Il pleure, parce qu'il a peur d'être battu.

— Non, père, dit Jacques; je pleure, parce que je vois bien que ma bonne mère a du chagrin.

— Et tu ne m'en feras plus, n'est-il pas vrai, mon cher enfant?

— Jamais, répondit Jacques en sanglotant.

— C'est ce que nous verrons, reprit Amyot, un peu radouci. Mais n'oublie pas que si j'ai encore à me plaindre de toi, tu n'auras plus de grâce à espérer.

La journée s'acheva paisiblement. Le petit Jacques soupira tout bas en mettant les aiguilles en paquets; mais sa mère lui vint en aide au moment où il commençait à perdre patience; elle lui conta une belle histoire, et la besogne s'acheva. Le lendemain, l'enfant ne sortit pas, et le dimanche arriva sans qu'il eût encouru la moindre punition. Mais le dimanche, entre la messe et les vêpres, il reprit sa place devant la fenêtre du libraire, et il ne s'en éloigna que quand Pierre Lemoine ferma ses volets.

— Quel dommage! disait-il, que mon père ne vende pas des livres plutôt que du fil et des cordons! Je resterais dans la boutique du matin au soir, et je n'aurais jamais envie d'en sortir.

Les jours suivants, Jacques travailla encore; mais son père l'ayant envoyé en course, il s'arrêta plus que de droit devant la maison de Pierre Lemoine. Un matin, il s'enhardit même jusqu'à y entrer, et il marchanda un volume dont il ne pouvait depuis longtemps détacher les yeux. C'était un gros livre contenant les saints Évangiles en latin et en français. Jacques avait vu cela sur la couverture, et il était si curieux de tenir ce bel ouvrage entre ses mains, qu'il s'était avisé de demander à l'acheter.

— Ce n'est pas pour toi, mon garçon, lui dit le libraire. Ce livre-là est trop cher pour ta bourse.

— Combien voulez-vous le vendre ? reprit l'enfant, qui se sentit blessé.

— Pas moins d'un petit écu, répondit le marchand. As-tu la somme en poche ?

— Non, mais je l'aurai. Gardez-moi le livre, je vous l'achète, dit Jacques, sans savoir comment il ferait pour se procurer tant d'argent.

— Ça suffit, dit le libraire, je vous le garderai jusqu'à demain ; mais si vous ne venez pas le chercher et qu'un autre amateur se présente, je ne refuserai pas la vente.

Jacques courut jusque chez lui et grimpa sans s'arrêter jusqu'au petit cabinet où il couchait. Il ouvrit une boîte, dans laquelle il mettait les sous qu'on lui donnait au jour de l'an, ou quand, par hasard, il avait mérité quelque récompense. Il y en avait quatorze. Jacques les compta et les recompta ; il culbuta la boîte sans en trouver un de plus, et il calcula, non sans effroi, qu'il lui en fallait encore quarante-six.

Il alla trouver ses sœurs, et leur demanda si elles avaient de l'argent à lui prêter ; elles n'étaient guère plus riches que lui ; car, lorsqu'elles lui eurent remis tout ce qu'elles possédaient, il lui manquait encore 10 sous. Jacques n'avait qu'à prier sa bonne mère de les lui donner ; elle avait beaucoup de peine à pourvoir aux frais du ménage ; mais elle aimait tant son fils, qu'elle ne pouvait rien lui refuser. Par malheur, la bonne Marguerite était partie le matin pour aller voir une de ses parentes qui habitait un village voisin, et elle ne devait revenir qu'au bout de deux ou trois jours.

Comment attendre jusque-là ? Le gros livre serait sans doute vendu, et Jacques, à cette pensée, sentait la sueur lui monter au front. Il s'assit au comptoir devant une masse de boutons de toutes grosseurs, qu'il fallait démêler, puis passer dans une ficelle. Ce n'était pas un ouvrage bien difficile ; mais Jacques n'avait dans l'esprit et devant les yeux que son livre d'Évangiles ; il enfila les boutons sans les trier, et son père se fâcha si fort, que l'enfant n'osa s'arrêter à l'idée de lui demander les 10 sous dont il avait besoin.

Le soir venu, Amyot compta sa recette de la journée, maigre recette uniquement composée de monnaie de cuivre. Elle était alignée devant ses balances, et il allait l'enfermer dans un sac de toile, quand un acheteur entra dans la boutique. Le mercier s'empressa de lui montrer les marchandises qu'il désirait, et Jacques resta seul près des sous soigneusement empilés. Il les regardait depuis longtemps avec envie ; aussi, dès qu'il ne craignit plus l'œil de son père, il étendit la main, saisit au hasard une poignée de cette monnaie qui le fascinait, et courut sans s'arrêter jusque chez le libraire.

Ce ne fut qu'en se retrouvant dans la rue et en contemplant son livre qu'il songea à ce qu'il venait de faire. Il s'avoua qu'il venait de commettre une mauvaise action, et ne reprit qu'en tremblant le chemin de la maison de son père. Son cœur battait si fort, qu'il en entendait le bruit. Il s'arrêta sur le seuil et devint plus tremblant encore.

— C'est lui, j'en répondrais, c'est lui qui m'a volé ! disait Amyot. Ah ! le petit misérable ! S'il ose se représenter devant moi, je le plains !

— Non, non, père, ce ne peut être Jacques, répondait la sœur aînée de l'enfant.

— Je vous dis que c'est lui ! J'ai prévenu votre mère de ce qui arriverait. Je le savais bien, moi, qu'un fainéant ne pouvait que devenir un voleur.... Mais mon fils ne me déshonorera pas.... Plutôt que de le voir finir à la potence, je le tuerai de mes mains !

— Mon père, dit la jeune sœur, c'est un enfant ; il ne sait pas encore ce qu'il fait.

— Ah ! s'écria le mercier, dont la colère grandissait, s'il ne sait pas ce qu'il a fait, je le lui apprendrai, moi.... Mais qu'il rentre, qu'il rentre donc.... Sa mère n'est pas là pour m'empêcher de le corriger....

Jacques frissonna de la tête aux pieds : le châtiment était inévitable, puisque la bonne Marguerite ne pourrait ce soir-là, comme toujours, implorer sa grâce. Que faire? mon Dieu! que faire? Il ôta doucement ses souliers, grimpa l'escalier, et, au lieu de s'arrêter dans sa petite chambre, il alla se cacher derrière les fagots du grenier. Il pleura longtemps ; mais les pleurs amènent le sommeil, et Jacques venait de s'endormir, après avoir demandé à Dieu le pardon de sa faute, quand il s'entendit appeler par une douce voix. Il aperçut en même temps une petite lumière qui s'avançait de son côté.

— Maman ! maman ! dit-il. Oh ! maman, c'est donc vous !... Quel bonheur !

— Oui, c'est moi, Jacques ; j'arrive de la campagne. Mais pourquoi es-tu ici, et non pas dans ton lit? Est-ce que ton père ne se serait pas trompé? Est-ce que tu serais un voleur ?

— Oh ! maman, je vous en prie, ne me donnez pas ce nom-là : vous me feriez mourir de honte et de chagrin.

— Ce n'est donc pas vrai, mon cher enfant?... Mais alors viens vite, viens avec moi trouver ton père.

Jacques se mit à pleurer, et, montrant le livre qu'il avait placé près de lui, il raconta à Marguerite ce qui lui était arrivé.

— Ah! malheureux enfant! s'écria-t-elle, qu'allons-nous devenir? Comment avouer la vérité à ton père? Il ne te pardonnera pas.... Oh! non, c'est impossible. Je le connais, c'est le plus honnête homme qu'il y ait au monde, et la pensée d'avoir un fils voleur le met hors de lui-même. Je ne parviendrai pas à le calmer, et je ne peux pas répondre de ce qu'il fera.

— Il a dit qu'il me tuerait, reprit Jacques ; je l'ai entendu ; c'est pour cela que je me suis caché. Oh ! mon Dieu ! s'il me tuait....

— Non, mon pauvre petit ; mais il faut t'attendre à être bien sévèrement puni. Tu l'as mérité, ce sera justice.

Tout en disant cela, la bonne mère ne pouvait retenir ses larmes.

— Écoutez, maman, reprit Jacques, je ne veux plus rester à Melun ; tout le monde saura ce que j'ai fait, et l'on m'appellera voleur. J'aime mieux partir.

— Où donc iras-tu ? Que feras-tu pour vivre ?

— J'irai à Paris, j'étudierai, je deviendrai savant, et plus tard je reviendrai demander à mon père un pardon qu'il ne pourra pas me refuser.

— Mais pour vivre, il faut de l'argent à Paris comme ailleurs, et même plus qu'ailleurs, objecta Marguerite.

— Quand vous ferez le pain pour la semaine, vous m'enverrez ma part. Autant que je la mange là-bas qu'ici. Vous ne serez plus grondée pour moi, ma bonne mère, comme vous l'avez été si souvent. Vous serez bien heureuse, et vous ne me regretterez pas.

— Veux-tu te taire, méchant enfant ? J'ai été souvent grondée pour toi, c'est vrai ; mais je t'aime malgré tout, parce que je sais que tu m'aimes aussi, et parce que j'espère que tu deviendras un bon sujet, un honnête et laborieux garçon, dont ton père et moi nous n'aurons pas à rougir. Aussi je ne te laisserai pas aller à Paris, mon pauvre Jacques ; personne ne veillerait sur toi, tu n'aurais plus de mère pour te reprendre et te conseiller, tu oublierais peut-être le bon Dieu, et tu te détournerais du droit chemin.

— Non, ma chère mère ; je prierai tant et tant, que ma faute d'aujourd'hui me sera pardonnée, et que le bon Dieu

me bénira, pour que je puisse, quand je serai grand, vous
donner autant de joie que je vous ai causé de chagrin.

— Bien, mon enfant, dit Marguerite. Je vais faire part à
ton père du repentir que tu éprouves et des bons sentiments
que tu témoignes ; je tâcherai qu'il me croie et qu'il ne te
châtie pas comme il l'a promis. Je viendrai t'éveiller demain
de grand matin, et je t'apprendrai ce qu'il aura décidé. Allons,
va te mettre au lit, tu seras mieux qu'ici ; fais encore une fois
ta prière, et tâche de dormir.

Jacques se laissa conduire, non sans peine, jusqu'à sa
chambrette : il avait si peur de son père ! Marguerite le quitta ;
mais elle revint bientôt apporter à souper au pauvre petit,
qui n'avait pas mangé depuis midi, et qui, malgré ses
frayeurs et ses remords, commençait à avoir grand'faim. Elle
l'embrassa, en lui promettant de nouveau d'intercéder pour
lui, et en lui recommandant de dormir en paix.

Mais Jacques ne put fermer l'œil. Il lui semblait entendre
la voix irritée de son père, que sa mère essayait en vain d'a-
paiser. Il voyait Amyot le bras levé sur lui et sur ses sœurs,
qui voulaient le défendre ; puis une prison bien noire dans laquelle on l'enfermait, en l'appelant voleur ; puis, après la
prison, sa place marquée dans la boutique, d'où son père ne
le laisserait plus sortir, et où il le suivrait sans cesse d'un
œil méfiant.

Il faisait un beau clair de lune ; l'enfant crut que le jour
venait ; il se leva sans bruit, descendit l'escalier, en étouffant
le bruit de ses pas, ouvrit la porte de la rue, fermée seulement par un loquet, et s'enfuit sans regarder derrière lui. Il
courut jusqu'à ce qu'il fut hors de la ville ; là seulement il
chercha à s'orienter ; mais il était si troublé, qu'au lieu de
prendre la route de Paris, il en suivit une tout opposée.

Il était déjà bien loin de Melun, quand le jour parut ; mais
la lune n'avait pas cessé de briller, et Jacques marchait résolûment, depuis qu'il ne craignait plus d'être poursuivi. Il

s'assit au bord du chemin pour grignoter le reste du pain que sa mère lui avait apporté la veille au soir. Il pensa seulement alors à l'inquiétude et à la douleur qu'éprouverait cette bonne mère, en ne le trouvant pas dans son lit, où elle avait promis de venir lui raconter ce qu'elle aurait obtenu de l'indulgence d'Amyot. Il eut la pensée de retourner sur ses pas ; mais il se dit qu'on le punirait non-seulement de son vol, mais de sa fuite, et il se remit à marcher plus vite, pour échapper à ce double châtiment.

La croûte desséchée qu'il mangeait lui tomba des mains ; il ne se baissa pas pour la ramasser : en songeant au chagrin de Marguerite, il avait perdu l'appétit. Il évita les villages avec grand soin ; il avait peur d'être reconnu par quelqu'un des paysans qui fréquentaient la boutique de son père et reconduit de force à Melun. Le soir venu, il regretta son pain ; car la faim lui déchirait l'estomac, et ses jambes fatiguées ne voulaient plus avancer. Pourtant il ne pouvait coucher au milieu des champs ; il faisait froid, et Jacques avait peur des loups.

Loin, bien loin devant lui, il aperçut un clocher et s'efforça de reprendre courage ; mais la nuit étant tombée, il le perdit de vue et ne se dirigea plus qu'au hasard. Plusieurs chemins se croisaient ; il en prit un qui le conduisit à travers champs ; sa marche devint plus pénible, et le cœur lui manqua, lorsqu'il reconnut qu'il s'était égaré. Il voulut rejoindre la route ; mais ses forces étaient tellement épuisées, qu'il tomba dans le fossé et ne put se relever.

Il se mit à pleurer amèrement et à penser avec regret à la maison de son père, au bon feu qui flambait dans l'âtre, à la soupe qui fumait sur la table, au doux sourire de sa mère, aux caresses de ses sœurs. Il se reprocha de n'avoir pas su se trouver heureux ; il sentit que le brave mercier avait eu raison de le traiter avec sévérité, car il n'avait été qu'un enfant indocile.

— C'est Dieu qui me punit, se dit-il, d'avoir fait tant de peine à ceux qui m'aiment, en leur désobéissant tous les jours, puis en les abandonnant. Je vais mourir ici de froid, de faim, de frayeur, et je n'aurai que ce que je mérite. Ah ! mon Dieu, je suis encore si petit pour mourir.... Si vous vouliez me sauver, je deviendrais sage et pieux, et je ne volerais plus jamais, jamais. Oh ! comme il fait noir ! Je n'ose plus ouvrir les yeux.... Mon Dieu, mon Dieu, ayez pitié de moi ! Je suis un méchant garçon ; mais écoutez ma mère qui vous prie de me garder. Sainte vierge Marie, mère du petit Jésus, ne me laissez pas périr....

La prière du pauvre enfant s'éteignit dans ses sanglots ; puis ses sanglots se changèrent en faibles gémissements. Le froid avait engourdi ses membres ; il ne souffrait presque plus. Il n'entendit pas retentir sur la route les sabots d'un cheval ; mais le cavalier prêta l'oreille aux plaintes qui partaient du fossé ; il s'approcha, vit un enfant couché sous un buisson, et mit pied à terre pour lui porter secours.

— Eh ! l'ami, lui dit-il, que fais-tu donc là si tard ? Lève-toi bien vite, et retourne au village ; car tes parents doivent être inquiets de te savoir dehors à cette heure.

Jacques ouvrit les yeux et les referma aussitôt, en murmurant :

— Mon Dieu! Maman ! Ah ! que j'ai froid ! que j'ai faim !

— On ne peut pas laisser là ce pauvre petit, dit le cavalier, saisi de compassion ; il serait mort demain, c'est certain. Je ne peux pas non plus le reconduire chez lui ; car je ne sais d'où il vient, et l'on m'attend à Orléans. Ma foi, je vais l'y mener, et nous verrons ensuite.

Il prit dans ses bras l'enfant presque évanoui, le mit en travers sur sa selle, remonta à cheval et partit, après l'avoir placé le plus commodément possible. Quand il arriva à Orléans, Jacques était toujours dans le même état, et le gentil-

homme, ne sachant que faire de cette trouvaille, alla le déposer à l'hospice.

Les bonnes sœurs s'empressèrent autour du pauvre petit,
lui firent reprendre connaissance, lui donnèrent un bon lit
bien chaud et lui adressèrent de si douces paroles, qu'il crut
avoir retrouvé sa mère. Il s'endormit de lassitude, et le lendemain, en s'éveillant, il vit penchée vers lui une des
pieuses femmes qui l'avaient si tendrement accueilli. Elle lui
demanda qui il était et pourquoi il était seul au milieu de la
nuit sur le bord d'une route. Jacques raconta franchement son
histoire ; il ne chercha pas même à cacher le vol dont il s'était
rendu coupable ; mais il témoigna tant de repentir, que la
bonne sœur ne se montra pas bien sévère.

— Je vais écrire à votre mère pour qu'elle vienne vous
chercher, lui dit-elle. Vous apprendrez à travailler, comme
votre père le désire, vous deviendrez un bon fils, et Dieu vous
bénira.

— Oh! oui, Madame, répondit l'enfant, écrivez à ma
mère, je vous en prie, pour qu'elle sache que je ne suis pas
mort ; mais ne lui dites pas de venir me chercher. Je ne re-
tournerai à Melun que quand je serai savant. Il faut que j'é-
tudie ; car je n'aime que les livres ; et je crois que je mourrais
de chagrin, si j'étais obligé de passer ma vie à dévider du fil
ou à compter des boutons.

La religieuse lui adressa quelques observations ; mais il
trouva réponse à tout, et deux jours après son arrivée il quitta
la sainte femme en lui promettant, comme il l'avait déjà promis à sa mère, de devenir honnête homme et de ne jamais
oublier le bon Dieu. Elle lui remit 12 sous et quelques provisions, l'embrassa et lui souhaita un heureux voyage.

Jacques partit gaîment ; ses forces étaient revenues, et il
avait le cœur tranquille, maintenant que sa bonne mère était
rassurée sur son compte. Il arriva à Paris sans avoir beaucoup
endommagé sa petite fortune. Il allait à pied, s'arrêtant dans

tège!

[illegible] [illegible] [illegible], [illegible]

[illegible] [illegible] cent [illegible] [illegible]
[illegible] [illegible] [illegible]

[illegible] [illegible]

[illegible] Vergnies [illegible] tendresse [illegible] [illegible] [illegible]
[illegible] qu'il était et [illegible] [illegible] il [illegible] [illegible] de la
[illegible] sur le pied d'une autre. Vergnies [illegible] à cette petite [illegible]
histoire; il ne cherche que [illegible] à cacher [illegible] et dont il s'était
[illegible] [illegible] [illegible] [illegible] le que la
[illegible] [illegible] [illegible] tels [illegible]

[illegible] Je vais [illegible] à vous, mon [illegible]
[illegible], lui dit-il, [illegible] [illegible] [illegible] [illegible] rendre
votre père le don que vous demandiez au ciel [illegible] [illegible] [illegible]
[illegible] [illegible]

[illegible] [illegible] [illegible] je sais [illegible] [illegible]
[illegible] mais, ne faut-il pas [illegible] [illegible] [illegible], il est [illegible]
[illegible] Mélun que quand je serai [illegible] il faut que j'
[illegible] que je n'aie que les [illegible] et je crois que je ne serais
[illegible] [illegible] [illegible] oblige de passer [illegible] [illegible]
[illegible] [illegible] [illegible]

[illegible] [illegible] [illegible]
[illegible] [illegible] [illegible]
la sainte femme en se promenant, comme à l'ordinaire, à la p[illegible]
[illegible] [illegible] serons bénits. [illegible] [illegible] jusqu'à
[illegible] [illegible] [illegible] Elle lui rend [illegible] [illegible]
[illegible] [illegible] [illegible]
[illegible]
[illegible]
Vergnies [illegible] [illegible]
[illegible] [illegible] [illegible] [illegible] [illegible]

Puisque tu veux devenir savant, va, mon enfant, et que Dieu te protège !

Paris — Imp. Frault, r. de Madame, 15.

les fermes ou dans les chaumières, pour demander un gîte et du pain. Il était si jeune, il paraissait si doux et si intelligent, il parlait si bien, qu'on ne le refusait jamais, et que presque toujours, lorsqu'il voulait payer l'hospitalité qu'on lui avait accordée, on le forçait à remettre son argent dans sa poche.

A peine entré dans la grande ville, il s'informa du lieu où abordaient les bateaux venant de Melun, et il s'y rendit, impatient de voir quelqu'un qui pût lui donner des nouvelles de sa famille. Justement un marinier de sa connaissance était occupé à ranger sur le quai des sacs de blé et des paniers de fruits. Jacques courut à lui, et peu s'en fallut qu'il ne sautât au cou du brave homme, lorsqu'il le vit prendre un gros pain bis placé sur un de ces sacs et le lui remettre en disant :

— Voilà ce que ta mère m'a donné pour toi ; elle t'en enverra autant chaque semaine ; ainsi, mon garçon, te voilà sûr de ne pas mourir de faim. Tout le monde n'en peut pas dire autant ; et si tu as du cœur à l'ouvrage, comme l'assure Marguerite Amyot, qui est une digne femme, rien ne t'empêchera de faire ton chemin.

— Oh ! le bon pain !... dit Jacques. Il me paraîtra meilleur que du gâteau ; car c'est ma mère qui l'a fait. Vous lui direz qu'elle ne se trompe pas, que j'ai du cœur, et qu'elle le verra bientôt. Vous lui direz aussi que je pense à elle, à mon père, à mes sœurs, et que je les aimerai toujours.

— La commission sera faite, répondit le batelier, en reprenant sa besogne, pendant que Jacques s'éloignait en baisant la miche que sa mère avait pétrie.

Il ne savait encore ce qu'il allait faire, lorsqu'il vit des écoliers chargés de livres s'arrêter devant une porte cochère, et jouer bruyamment en attendant qu'elle s'ouvrît. Il s'approcha de l'un d'eux et le pria de lui dire si cette maison était une école.

— C'est le collége du cardinal Lemoine, répondit le Parisien.

— On y apprend le latin? demanda Jacques, dont les yeux brillèrent de convoitise.

— Le latin, le grec aussi, dit l'écolier, et toutes sortes de choses plus ennuyeuses les unes que les autres. Va, mon ami, tu es bien heureux de n'avoir qu'à te promener, ton pain sous le bras, et je t'assure que je voudrais être à ta place.

— Et moi à la vôtre, je vous en réponds, s'écria Jacques, Est-il donc possible qu'on n'aime pas à étudier?

— Mais tu ne sais donc pas que la moitié de mes camarades pensent comme moi et ne viennent ici que malgré eux? Ah! si ma mère voulait me laisser libre, je passerais mon temps bien plus agréablement.

— Et vous seriez ignorant toute votre vie, dit Jacques. Grand bien vous fasse, mon jeune monsieur! Moi, je regarde l'ignorance comme un gros malheur, et je ne sais ce que je ne ferais pas pour devenir savant.

Le bruit de la porte qui s'ouvrait mit fin à cette conversation; le flot des écoliers se rua dans la cour du collége, et le petit Amyot, demeuré seul, soupira de ne pouvoir les suivre. Il s'assit sur une des bornes placées de chaque côté de cette porte, posa son pain près de lui, mit son livre sur ses genoux et lut avec une grande attention les belles leçons qui y étaient renfermées. Les heures se passèrent sans qu'il s'en aperçût, et quand les collégiens sortirent, il était encore là.

Celui avec qui il s'était entretenu s'arrêta près de lui et regarda le livre; quelques-uns de ses camarades en firent autant.

— Tu sais donc lire? dirent-ils à Amyot.

— Oui, je sais lire en latin et en français; mais je ne comprends que le français, et je voudrais bien aussi comprendre le latin.

— Pourquoi ne vas-tu pas au collége? demanda un espiègle en riant.

— Ah ! si l'on voulait seulement m'y recevoir comme domestique, répondit Jacques, j'entendrais quelquefois les leçons des maîtres, et il me semble que je les retiendrais.

— Tiens ! c'est une idée, reprit l'étourdi. Veux-tu faire mes commissions ? J'oublie à chaque instant mes livres ou mes cahiers, tu iras me les chercher et tu me les apporteras, pour que je ne sois pas puni.

— Je le veux bien, dit Amyot. Je serai ici demain et tous les jours à votre service, et je serai content, si de temps en temps vous avez la bonté de m'expliquer un de ces mots latins que je ne peux comprendre.

Les collégiens rirent de bon cœur, et chacun d'eux promit ses bons offices à cet étudiant, dont la mise était si chétive, qu'on l'eût pris pour un mendiant plutôt que pour un savant en herbe.

Le lendemain, il était à son poste avant l'heure des classes. Il fit deux ou trois courses pour les écoliers, reçut quelques pièces de monnaie et attendit la sortie. On s'habitua peu à peu à le voir à la porte du collège ; les élèves l'employaient volontiers, et chaque jour il apprenait deux ou trois mots, grâce à l'obligeance des uns ou des autres. Il avait d'abord été fort satisfait de ses progrès ; mais il ne tarda pas à comprendre qu'il lui faudrait ainsi bien des années pour devenir savant, et il commençait à se désoler, quand la Providence, qu'il invoquait sans cesse, vint à son aide.

Un des collégiens qui lui donnaient le plus d'ouvrage l'envoya un jour chez sa mère, avec ordre de remettre à elle-même le billet dont il le chargeait. Jacques s'acquitta de la commission avec tant de politesse, que cette dame en fut charmée et lui adressa quelques questions auxquelles il répondit modestement et franchement.

— Puisque tu as un si grand désir de t'instruire, lui dit-elle, veux-tu accompagner mes enfants au collège ? Tu leur rendras quelques petits services et tu profiteras des leçons de leurs maîtres.

Jacques reçut cette proposition avec une joie si grande, qu'il ne se rappelait pas en avoir jamais éprouvé de pareille. Il sut se rendre agréable aux fils de sa bienfaitrice et aux autres élèves, par sa douceur, son obligeance, le soin qu'il mettait à s'effacer partout et la modestie avec laquelle il recevait les éloges des professeurs. C'était quelque chose d'admirable et de touchant que l'amour de cet enfant pour l'étude. Il ne perdait pas un instant, ne s'accordait pas le moindre plaisir, et ne se laissait distraire par quoi que ce fût, tant que duraient les leçons. La journée finie, tandis que les autres écoliers se livraient au repos, il repassait dans son esprit ce qu'il avait retenu de ces savantes leçons et s'efforçait de le classer dans sa mémoire. Ce travail ne lui suffisant pas encore, il étudiait à la lueur de quelques charbons embrasés; car il n'avait ni lampe ni bougie.

Sa seule récréation était d'écrire à sa bonne mère. Il lui rendait compte de ses progrès, lui confiait ses espérances, et ne manquait jamais de la charger de témoigner à son père le regret qu'il éprouvait encore de sa conduite passée.

Le mercier secouait la tête, quand Marguerite faisait voir ces belles lettres si bien dictées et si bien écrites, que personne à Melun n'était, disait-elle, capable d'en faire autant. Peut-être bien qu'intérieurement il était fier d'apprendre que son fils devenait savant; mais il se demandait si ce grand savoir ne le rendrait pas orgueilleux au point de le faire rougir de l'humble condition dans laquelle Dieu l'avait fait naître. Marguerite rassurait Amyot, en lui disant que c'était uniquement par la protection divine que Jacques, arrivé à Paris sans argent et sans amis, était parvenu au point où il en était, et que cette protection ne lui manquerait pas, puisqu'il était sage, laborieux et plein d'espoir en la Providence.

Le studieux écolier ne tarda guère à devenir la gloire de

son collége ; les maîtres s'attachèrent à lui et l'engagèrent à
suivre les cours des lecteurs royaux, chargés d'enseigner la
poésie et la philosophie grecques. Ils le recommandèrent à
ces illustres docteurs, comme celui de tous les étudiants qui
pourrait le mieux goûter leurs leçons, et Jacques justifia les
promesses qu'ils avaient faites en son nom.

A leur tour, les lecteurs royaux parlèrent de cet enfant du
peuple, dont l'intelligence était si merveilleuse et dont l'étude
était l'unique passion. Un homme influent, Guillaume de
Sacy-Boucherel, le choisit, d'après leur recommandation,
pour être le précepteur de ses enfants, et Jacques commença
dès lors à recueillir le fruit de ses travaux.

Il profita des premiers instants de liberté que lui laissa son
emploi pour faire le voyage de Melun, et, un soir, au
moment où la famille du mercier allait se mettre à table, le
jeune homme entra dans la boutique. Amyot ne reconnut
point son fils ; mais Jacques se jeta à genoux, et s'écria en
versant des larmes de joie :

— C'est moi, mon père, c'est moi qui viens implorer mon
pardon.

Le mercier lui tendit les bras, et Marguerite, accourue à
cette voix, qui résonnait encore dans son cœur, couvrit de
baisers son cher Jacques, dont elle avait si longtemps pleuré
l'absence. Ses sœurs vinrent ensuite, et jamais plus frugal
repas ne réunit de plus heureux convives.

Jacques était toujours pauvre ; car il avait à peine gagné
jusque-là de quoi acheter des livres ; mais il était sur le chemin de la fortune et des honneurs. M. de Sacy-Boucherel,
appréciant son rare mérite, parla de lui à Marguerite de
Valois, sœur de François Iᵉʳ. La princesse, fort savante
elle-même, se plaisait à encourager les savants ; elle voulut
voir le jeune précepteur et le présenta au roi, qui lui accorda
une chaire de grec et de latin à l'université de Bourges.

Pour témoigner sa reconnaissance au monarque, Amyot

lui dédia la traduction des premiers volumes des *Hommes illustres* de Plutarque; François, qui savait le grec, fut charmé de l'exactitude de cette traduction , aussi bien que de la douceur et de l'agrément du style ; il ordonna à Jacques de continuer ce travail et lui fit don de l'abbaye de Bellozane.

Après la mort de François Ier, Amyot fit, dit-on, présenter par ses élèves à Henri II, qui passait en Berry, une épigramme grecque de sa composition. Le chancelier de l'Hôpital, qui accompagnait le roi, trouva tant de mérite à cette petite pièce de vers, qu'il engagea Henri à choisir celui qui l'avait faite pour précepteur des enfants de France. Ce fait, toutefois, n'est pas prouvé. Des auteurs plus sérieux disent que Jacques, voulant passer en Italie , pour consulter les manuscrits de Plutarque, y accompagna M. de Morvilliers, ambassadeur de France , qui le choisit pour porter au concile de Trente une lettre du roi son maître.

Amyot s'acquitta de cette mission avec une rare intelligence et beaucoup de dignité, quoiqu'il n'eût point de caractère officiel et qu'il ne sût bonnement, comme il le dit lui-même , ce qu'il était ni comment il se devait appeler.

A son retour en France, Henri II le chargea de l'éducation de ses fils. Tout en y travaillant avec le plus grand zèle, Amyot continua la traduction des *Vies* de Plutarque, qu'il dédia au roi. Ce prince étant mort prématurément dans un tournoi, François II, puis Charles IX, tous deux élèves de Jacques Amyot, montèrent sur le trône. Ils estimaient et aimaient tant leur maître, qu'ils n'avaient rien à lui refuser. Charles IX, ayant un jour entendu dire que Charles-Quint avait fait donner le trône pontifical à son précepteur, répondit que, le cas échéant, il en ferait bien autant pour le sien.

Aussi la charge de grand aumônier de France étant devenue vacante, il en revêtit Amyot. Catherine de Médicis, qui la destinait à un autre , entra dans une grande colère, lorsqu'elle apprit que Charles en avait disposé, et elle dit au nouveau titulaire :

— J'ai fait bouquer les Guise et les Châtillon, les connétables et les chanceliers, les rois de Navarre et les princes de Condé, et il faut qu'un petit prestolet me fasse la loi !...

Jacques savait combien était à craindre le ressentiment de cette reine; il alla vers Charles IX, et le pria de trouver bon qu'il se démît de cet emploi, trop élevé pour lui, qui n'était ni seigneur ni même gentilhomme.

— Non, mon cher maître, dit le roi, je vous l'ai donné, vous le garderez; je ne crois pas que personne en soit plus digne que vous; si je pouvais faire mieux pour l'illustre savant qui m'a instruit, je le ferais de grand cœur.

En effet, quelque temps après, il lui donna l'abbaye de Saint-Corneille et l'évêché d'Auxerre. Un autre bénéfice s'étant aussi trouvé vacant, Jacques le demanda. Charles lui dit en riant :

— Ne vous rappelez-vous plus, mon maître, avoir dit autrefois que toute votre ambition serait d'avoir 1,000 écus de rente ?

— Ah! sire, répondit Amyot, l'appétit vient en mangeant.

Après Charles IX, Henri III, qui avait aussi été le disciple de Jacques Amyot, lui conserva les biens et les dignités dont l'avait revêtu son frère, et le nomma commandeur de l'ordre du Saint-Esprit, en récompense de ses grands talents et de ses bons services.

Arrivé à la vieillesse, l'illustre précepteur des enfants de France travaillait encore. Il donnait aux affaires de son diocèse la plus grande partie de son temps et il consacrait ses loisirs à revoir les différents ouvrages qu'il avait traduits à diverses époques. Il en préparait une nouvelle édition, lorsqu'il mourut à Auxerre, le 6 février 1593, à l'âge de soixante-dix-neuf ans.

Il laissait par testament à l'hôpital d'Orléans une somme

de 1,200 écus, en souvenir des soins qu'il en avait reçus et des 12 sous que les bonnes sœurs lui avaient remis, lorsqu'il partait pour Paris, sans autre fortune que son courage.

Sa traduction de Plutarque, très-estimée dans son temps, est encore regardée comme la meilleure que nous ayons. Racine en parle dans sa préface de *Mithridate;* il dit que cette œuvre a, dans le vieux style du traducteur, une grâce qu'il ne croit pas pouvoir être égalée dans notre langue moderne.

MARGUERITE MORUS.

Le chancelier Thomas Morus était l'homme le plus probe et le plus vertueux qu'on pût voir. Il rendait la justice avec un soin scrupuleux, et il terminait sans délai toutes les affaires portées devant lui. Les pauvres et les petits lui semblaient avoir surtout droit à un accueil plein de bonté; il s'efforçait de les rassurer, et les engageait à s'expliquer librement, même lorsqu'ils avaient à se plaindre des personnages les plus nobles et les plus haut placés.

Il regardait comme un devoir de tout entendre; et si lourde que fût sa tâche, il trouvait encore le temps de veiller à l'éducation de ses enfants, de leur inspirer de bonne heure la crainte de Dieu, le respect de la religion, l'amour de la vertu. Il s'occupait aussi de leurs progrès dans les sciences; car il était lui-même un savant distingué. Mais il n'avait pas la joie de voir également fructifier ses leçons. Sa fille Marguerite, douée d'un esprit vif et juste, d'une mémoire prodigieuse et d'un cœur excellent, recueillait toutes ses paroles avec un profond respect; elle les méditait et en conservait pieusement le souvenir. Rien n'était plus touchant que de la voir assise aux pieds de son père, écoutant ses conseils ou ses récits pendant que les autres enfants du chancelier se livraient bruyamment à leurs jeux. Ils l'appelaient alors en vain, elle leur répondait :

— Quel plaisir pourrait valoir celui que je goûte en apprenant comment il faut faire pour vivre sage et heureuse ?

Tout ce qu'étudient ordinairement les jeunes personnes ne put suffire au désir que Marguerite éprouvait de s'instruire ; son père lui enseigna le latin, le grec et les langues modernes ; mais il se plut surtout à développer dans cette jeune âme les nobles sentiments dont la sienne était remplie. Les frères et les sœurs de Marguerite, se trouvant humiliés de la supériorité de la charmante enfant, lui suscitaient, pour l'en punir, mille petites tracasseries; mais elle montrait autant de douceur et de patience que d'heureuses dispositions pour l'étude.

Thomas Morus reposait délicieusement ses yeux sur Marguerite, dont il voyait grandir chaque jour le savoir et la raison. Elle le comprenait si bien, que, quand une ombre de tristesse passait sur son front ou qu'il se croyait obligé de prendre envers ses fils un ton sévère, elle redoublait de tendresse et de docilité pour le consoler de ses ennuis paternels. Le chancelier évitait, avec une grande sagesse, de la citer trop souvent pour modèle à ses frères et à ses sœurs, car il craignait d'exciter leur jalousie; et quand elle-même les engageait à bien faire, elle s'y prenait avec tant de gaîté, de grâce et d'abandon, qu'ils ne pouvaient lui savoir mauvais gré de ses exhortations.

Mais Thomas Morus occupait une position élevée, et quoiqu'il fit régner dans son intérieur une simplicité extrême, ses enfants avaient entrevu les splendeurs de la cour; ils savaient déjà que la considération dont on entoure les hommes s'accorde plus souvent à la fortune qu'au mérite, et ils avaient entendu blâmer leur père, dont le désintéressement trouvait peu d'imitateurs.

Un jour qu'ils étaient réunis autour de lui, et qu'il leur vantait, comme le plus grand des biens, le contentement qu'on éprouve lorsqu'on a rempli son devoir, quelqu'un vint lui apporter, de la part d'un puissant seigneur, deux flacons d'argent finement ciselés. Ce seigneur avait un procès de l'issue duquel dépendaient de graves intérêts, et il avait cru trouver le moyen de se rendre favorable la décision du chancelier.

Les enfants s'approchèrent de la table sur laquelle venaient d'être déposés les deux flacons, et ils en admirèrent le travail.

— Ils sont fort beaux, en effet, dit Morus, et doivent avoir une certaine valeur artistique.

En même temps il sonna. Un domestique parut.

— Faites emplir ces vases du meilleur vin de ma cave et .rapportez-les, lui dit-il.

Le serviteur obéit. Le chancelier prit de ses mains les deux flacons, les remit à celui qui les avait apportés, et lui dit :

— Mon ami, vous saluerez votre maître de ma part et vous lui assurerez que tout mon vin est à sa disposition.

Marguerite mit un baiser sur les cheveux déjà blancs du chancelier, et elle lui dit en souriant :

— Il n'y a donc pas d'orfévrerie assez belle pour qu'on la mette dans la balance de la justice? Voilà une bien sévère leçon pour ce pauvre seigneur.

— Il ne faut pas qu'il croie que le poids de ces vases ait fait pencher le plateau en sa faveur, s'il vient à gagner sa cause, répondit Morus. Un juge ne doit rien accepter de qui que ce soit, et les offres qu'on lui fait sont autant d'injures.

— On devrait pourtant vous connaître, mon père, dit l'aîné de la famille; mais le désintéressement n'est pas la vertu de notre siècle, et je répondrais que personne ne le pratique comme vous.

— J'aime à penser que vous vous trompez, mon fils. Ce serait un véritable malheur pour la société, si l'ambition, l'égoïsme et la cupidité y dominaient comme vous semblez le croire. Que le ciel me préserve de me laisser gouverner par de tels sentiments et qu'il daigne permettre que vous ne les connaissiez jamais!

— Cependant, mon père, il me semble que, sans manquer aux principes de l'honneur et de la religion, vous pourriez acquérir des richesses et profiter de votre position pour nous ménager des protecteurs.

— Ah! mes enfants, s'écria le chancelier, laissez-moi rendre la justice à tous, sans me préoccuper de vils intérêts. Mon salut et votre gloire en dépendent; je dois avant tout les assurer. Mais ne craignez rien; vous aurez toujours une part digne d'envie : la bénédiction de Dieu et celle des hommes.

— Vous êtes le meilleur des pères, comme vous êtes le plus intègre des juges, dit Marguerite. Le nom et les exemples que vous nous laisserez valent un trésor.

Henri VIII régnait alors en Angleterre. Il avait l'estime la plus sincère pour Thomas Morus, qui l'avait servi avec autant de sagacité que de zèle dans plusieurs ambassades, et dont les lumières avaient surtout brillé lors des conférences ouvertes pour la paix de Cambrai, en 1529. Il l'en avait récompensé, en lui confiant les sceaux, après la retraite du cardinal Wolsey. Mais Thomas ne devait pas jouir longtemps de la dignité de grand chancelier.

Le roi, marié depuis vingt ans avec Catherine d'Aragon, veuve de son frère, Henri VII, feignit de concevoir des scrupules sur la légitimité de cette union; il demanda et fit prononcer le divorce. Catherine soutint ses droits et en appela au pape.

— Je souhaite, dit-elle, que Dieu veuille apaiser le roi mon époux; mais je suis sa femme légitime, et il n'y a que le saint-père qui puisse, par une sentence décisive, m'empêcher d'être toujours telle.

Henri tenait à faire rompre son mariage, afin d'épouser Anne de Boulen, dame d'honneur de la reine. Il acheta l'approbation des principales universités de l'Europe, et annonça l'intention de ne pas attendre l'arrêt de la cour de Rome pour placer Anne sur le trône. Les députés du clergé, qu'il avait su gagner par des promesses ou intimider par des menaces, le reconnurent pour le premier protecteur, le seul et suprême seigneur, et autant que le permettait la loi du Christ, le chef suprême de l'Église et du clergé.

Thomas Morus fut encore plus affligé qu'indigné de ce langage; il comprit qu'un schisme se préparait, et, fidèle à la voix de sa conscience plutôt qu'à celle de l'ambition, il pria le roi de trouver bon qu'il lui remît les sceaux et qu'il vécût désormais loin des fonctions publiques.

Il s'ensevelit dans la retraite et se consacra plus que jamais à sa famille; mais il devait payer bien cher sa noble conduite. Henri VIII fit rendre par le parlement un arrêt qui défendait tout appel au saint-siége, et le 13 mai 1533, il fit publier à son de trompe son mariage avec Anne de Boulen. En même temps il fit dire à Catherine d'Aragon que si elle ne renonçait pas à son titre de reine, il déshériterait sa fille Marie.

— Personne ne peut m'ôter le titre de reine, répondit Catherine, si ce n'est Dieu en me rappelant à lui, ou le pape en déclarant mon mariage nul.

Le roi passa outre, et Anne fut couronnée aux acclamations des grands et du peuple. Mais Clément VII prit hautement la défense de la reine injustement répudiée, et il menaça Henri d'excommunication, s'il ne se séparait d'Anne avant le 30 octobre. Cependant il patienta six mois encore; mais le 23 mars 1534, dix-neuf cardinaux sur vingt-deux ayant déclaré valable l'union du roi d'Angleterre et de Catherine d'Aragon, l'anathème fut prononcé contre Henri VIII et Anne de Boulen.

Les prévisions de l'ex - chancelier se réalisèrent alors : Henri VIII refusa de se soumettre, et les liens qui l'attachaient au saint-siége furent rompus. Le titre de protecteur et de chef suprême de l'Église d'Angleterre, qu'il s'était déjà fait donner, lui fut solennellement confirmé par son parlement ; le clergé et le peuple furent invités à lui prêter le serment de suprématie.

Thomas Morus devait à son mérite une trop grande autorité pour que le roi ne tînt pas à son obéissance. Il lui envoya dire qu'il n'attendait que son serment pour le combler de faveurs ; Thomas déclara que ni biens ni honneurs ne pourraient le décider à reconnaître un nouveau chef de l'Église.

Cette réponse irrita le monarque, et les amis de Morus, tremblant pour sa liberté et pour sa vie, vinrent le supplier de faire ce qu'on exigeait de lui.

— Songez, lui dirent-ils, que le Grand-Conseil d'Angleterre n'a pas refusé le serment de suprématie ; pourquoi donc seriez-vous d'une autre opinion que la sienne ?

— J'ai pour moi toute l'Église, qui est le Grand-Conseil des chrétiens, répondit l'ex-chancelier.

— Mais savez-vous, lui demandèrent-ils, où peut vous conduire tant d'obstination ?

— Je ne m'en inquiète point : fais ce que dois, advienne que pourra.

— Cela est bien beau, mon ami, s'écria sa femme ; mais je vous supplie de penser à vos enfants, et je vous conjure, par toute la tendresse que vous avez pour eux et pour moi, d'obéir aux ordres de Sa Majesté.

— J'aime trop mes enfants pour les forcer à rougir de ma lâcheté.

— Vous préférez nous abandonner, eux et moi, et nous condamner à vous pleurer. On peut bien céder à la force et se relâcher un peu de ses principes, quand il s'agit de sauver sa vie.

— Combien d'années pensez-vous donc que je puisse vivre encore? demanda Morus.

— Je ne sais.... Plus de vingt ans, peut-être.

— Cela est douteux; mais supposons que ce chiffre soit exact. Me conseilleriez-vous donc, ma chère femme, d'échanger mon éternité contre ces vingt années?

Les enfants de l'illustre chancelier joignirent leurs instances à celles de leur mère; mais Marguerite, qui se tenait auprès de lui, pâle comme une statue de marbre, se pencha sur son épaule en murmurant:

— Mon père, Dieu vous garde la belle couronne des martyrs.

Thomas fut mis en prison; et, pour comble de rigueur, on lui enleva ses livres, la seule distraction qui lui restât; mais on ne put lui ôter la plus puissante des consolations, la prière. On ne laissait pénétrer dans son cachot que les personnes dont le dévouement aux volontés du roi était bien connu, et chaque jour il avait à lutter contre leurs instances. Marguerite, qui désirait ardemment le voir, sollicita en vain cette faveur. Elle eut alors recours à un stratagème qui lui réussit. Elle écrivit à son père pour le supplier de renoncer à une résistance que le roi ne pouvait excuser et dont la punition laisserait sans appui une famille désolée. Elle lui citait les noms des personnages éminents qui avaient consenti à prêter le serment de suprématie, et elle employait toute l'éloquence de sa tendresse pour le décider à les imiter. Elle prit si maladroitement ses précautions pour faire parvenir cette lettre au prisonnier, que le geôlier parvint à s'en saisir. Il la lut et en donna connaissance en haut lieu, avant de la remettre à Thomas. Personne ne suspecta la sincérité des sentiments qu'exprimait Marguerite, et la permission de voir son père lui fut accordée.

Elle se hâta d'en profiter, persuadée qu'elle n'en jouirait pas longtemps. Lorsque la porte du cachot s'ouvrit, Morus, la tête appuyée sur sa main, paraissait plongé dans d'amères pensées. Il leva les yeux et reconnut sa fille, sans faire un mouvement pour aller à elle. Marguerite s'élança les bras ouverts ; mais en voyant l'air triste et sévère du chancelier, elle s'arrêta soudain.

— Mon père, dit-elle, c'est moi, c'est votre fille bien-aimée qui vient enfin pleurer et prier avec vous.

Le vieillard lui montra du doigt un papier placé devant lui.

— Cette lettre est-elle bien de vous, Marguerite ? lui demanda-t-il.

— Oui, mon père, répondit-elle. Vous en avez donc douté ?

— J'ai reconnu votre écriture, mais je n'ai pas reconnu votre âme. Dieu n'a pas béni comme je l'espérais les soins que je vous ai donnés, et sans doute pour qu'il ne manque rien à mon sacrifice, il m'enlève cet espoir, qu'il m'eût été si doux d'emporter en mourant.

— Mon père, interrompit la jeune fille, pardonnez-moi de vous avoir causé cette douleur. Ne fallait-il pas tromper vos ennemis pour qu'ils me permissent d'arriver jusqu'à vous ?

— Ainsi ces prières si tendres, si pressantes, que vous m'adressez, sont tombées de votre plume, et non pas de votre cœur ? Vous ne venez pas pour affaiblir mon courage par la vue de vos larmes et pour m'engager à trahir mon devoir ?

— Non, mon père, je viens vous dire que je vous aime, que je vous admire et que je voudrais mourir pour la noble cause que vous défendez.

— Oh ! vous êtes ma fille, ma vraie fille, la bien-aimée de mon cœur ; je vous reconnais et je vous bénis, Marguerite.

Marguerite s'inclina pieusement ; puis elle s'assit aux

pieds du prisonnier, comme aux beaux jours de son enfance, et elle reprit :

— Cette lettre a dû vous apprendre, mon père, que, pour
conserver leur rang et leur crédit, ceux que vous appeliez vos
amis ont juré fidélité au chef de l'Église d'Angleterre ; mais
il y en a aussi qui ont généreusement résisté jusqu'à la
fin.

— Que Dieu les récompense et qu'il permette que leur
exemple porte ses fruits ! Qu'est devenu l'illustre précepteur
du roi, le vertueux chancelier de l'université de Cambridge,
Jean Fischer enfin, le digne évêque de Rochester ?

— Il est prisonnier comme vous, mon père.

— Quoi ! son grand âge, ses vertus, ses services n'ont pu
désarmer le courroux de son ingrat élève ?

— Le roi brise tous les obstacles qui s'opposent à sa volonté. Il veut les biens des abbayes, et il a fait proposer à
l'évêque de Rochester, par plusieurs membres du clergé, la
suppression des petits monastères. Le saint homme a répondu
par un refus. «Rappelez-vous, a-t-il dit, la fable de la cognée qui
demande une petite branche d'arbre pour se faire un manche,
et qui, dès qu'elle l'a obtenue, s'en sert pour abattre toute
la forêt. » Le roi, le trouvant inébranlable, l'a fait jeter en
prison, et l'on instruit son procès.

— Dont l'issue n'est pas douteuse. Lui et moi, nous n'avons
à attendre que la mort ; mais je remercie le Seigneur, qui
envoie un de ses anges pour me soutenir et me consoler.

La voix du geôlier se fit entendre, l'heure accordée à
Marguerite était écoulée ; elle embrassa son père, en lui promettant de revenir le lendemain et tous les jours. L'austérité
des principes du vieillard était connue ; il devait falloir longtemps à sa fille pour l'amener à l'obéissance ; elle put donc
le voir souvent, et jamais elle ne cessa de l'engager à braver
les souffrances et la mort pour demeurer fidèle à sa conviction.

Thomas Morus manquait de tout dans sa prison ; ses biens avaient été confisqués, et sa famille était réduite à la misère. Marguerite cachait avec soin ces tristes détails à son père, et pour qu'il ne se doutât point des privations qu'elle endurait, elle venait à lui les mains pleines des aumônes qu'elle ne craignait pas de demander aux anciens amis de ce noble infortuné. Il s'informait souvent de l'évêque Fischer. Lorsqu'il apprit que le pieux évêque avait porté sa tête sur l'échafaud, il se prépara plus sérieusement à la mort.

Le courage de Marguerite ne se démentit pas un instant dans les cruelles entrevues qu'elle avait encore avec le prisonnier : elle semblait avoir hérité de toute sa force d'âme, et ils s'entretenaient de leur séparation prochaine comme deux amis qu'effraie le moment des adieux, mais qui sont sûrs de se revoir pour ne plus se quitter. Thomas fut enfin sommé, sous peine de la vie, de prêter au roi le serment exigé ; il répondit qu'il était prêt à tout, mais qu'il ne pouvait reconnaître d'autre chef de l'Église que le pape, et son arrêt fut prononcé.

On vint le lui signifier dans sa prison ; et comme on ajouta que le roi, dans sa clémence, le condamnait seulement à être décapité, il dit tranquillement :

— Je prie Dieu de préserver tous mes amis d'une semblable clémence.

Le jour de l'exécution n'ayant pas été fixé, il l'attendit en priant. Sa fille ne pouvait plus le voir ; il cherchait avidement les moyens de lui écrire. Le 5 juillet, il traça avec un charbon, sur du papier qu'il avait réussi à se procurer, quelques lignes qu'il lui fit parvenir.

« J'espère, lui disait-il, n'être bientôt plus à charge à personne ; je brûle d'envie de voir mon Dieu et de mourir demain, jour de grande consolation pour moi ; car c'est l'octave de saint Pierre, dont je défends la primauté, et c'est aussi la fête de la translation de saint Thomas de Cantorbéry, mon bienheureux patron. »

Ses vœux furent exaucés. On vint le chercher le lendemain pour le conduire à la mort. Il reçut cette nouvelle comme l'annonce de sa délivrance, et il marcha à l'échafaud sans rien perdre de sa sérénité.

— Aidez-moi à monter, dit-il à l'un des assistants; c'est le dernier service que vous me rendrez; car il n'y a pas d'apparence que vous m'aidiez à descendre.

Il s'aperçut, après avoir posé sa tête sur le billot, que sa barbe était engagée sous son cou; il la dégagea en disant:

— Ma barbe n'a pas commis de trahison, il n'est pas juste qu'elle soit coupée.

Ainsi finit l'un des hommes les plus vertueux de l'Angleterre. Il allait avoir soixante-deux ans. Marguerite fit enterrer son corps, et elle acheta de l'exécuteur sa tête, qu'on avait plantée sur le pont de Londres. La famille de Thomas Morus n'imita pas la constance de son chef; elle se soumit au roi; Marguerite seule sut résister aux épreuves de la misère. Elle montra tant de zèle, de courage et d'attachement à la religion, qu'on la fit arrêter. Elle parut devant ses juges avec autant de calme que son père; elle les intimida par son héroïque fermeté, elle les fit rougir d'eux-mêmes, et ils n'osèrent la condamner.

Elle chercha dans la pratique des vertus chrétiennes et dans l'étude des lettres une diversion à sa douleur; et tant qu'elle vécut, elle ne cessa de protester, par son attachement à l'Église romaine, contre l'intérêt et la faiblesse qui avaient jeté l'Angleterre aux pieds d'un roi schismatique.

HENRI IV.—SULLY.—AGRIPPA D'AUBIGNÉ.

Henri de Bourbon naquit au château de Pau, le 13 décembre 1553. Antoine de Bourbon, son père, était un prince faible, indolent, sans caractère ; mais Jeanne d'Albret, sa mère, avait le courage, l'énergie et la prudence qui font les grands hommes. Elle le mit au monde en chantant une chanson du pays, Henri d'Albret, roi de Navarre, l'en ayant priée, de peur qu'elle ne lui donnât un petit-fils pleureur et rechigné. Pour la récompenser, il lui fit présent d'une chaîne d'or et d'une boîte de même métal contenant des papiers précieux.

— Voilà qui est à vous, ma fille, lui dit-il, en les lui remettant ; mais voici qui est à moi.

En même temps il prit l'enfant et l'emporta dans sa robe. Il lui frotta les lèvres d'une gousse d'ail et lui fit avaler un peu de vin de Jurançon, sans que le nouveau-né criât trop fort. Le grand-père en augura bien ; il lui donna son nom, se chargea de sa première éducation, et, voulant lui faire une santé robuste, il lui prescrivit le régime le plus sévère.

L'enfance du jeune prince s'écoula au vieux château de Coarasse. Henri courait en liberté dans les montagnes, il grimpait aux rochers, comme les petits paysans des environs ; il allait avec eux à l'école et n'avait pas d'autres divertissements que les leurs. Il ne vivait que de pain bis, de bœuf et de fromage ; il sortait nu-tête en toute saison.

Il annonça de bonne heure un esprit vif, un caractère franc et gai, un cœur noble et généreux. Tout jeune encore, il aimait à lire la Vie des grands hommes ; le récit d'une belle action le transportait, celui d'une lâcheté l'indignait.

Un jour, la Gaucherie, son gouverneur, lui ayant dit qu'un prince de sa famille avait trahi la France, il s'écria que la chose était impossible.

— Non, lui dit la Gaucherie, elle est réelle, et je puis vous en donner la preuve.

Là-dessus, il lui raconta l'histoire du connétable de Bourbon, servant les Impériaux contre François Ier ; et pour achever de le convaincre, il lui fit lire le même récit. Henri, ne pouvant plus douter, se leva vivement ; il courut à l'arbre généalogique de sa maison, et en effaça le nom du connétable.

— Voilà qui est bien, dit la Gaucherie ; mais on ne peut laisser cette place vide, et il s'agit de savoir par quel nom vous allez remplacer celui-là.

— Je n'en suis pas embarrassé, répondit le petit prince. S'il y a dans l'histoire que vous m'avez racontée un chevalier félon, n'y a-t-il pas aussi le chevalier sans peur et sans reproche ? C'est lui que je veux mettre au nombre de mes aïeux.

Il prit une plume et écrivit le nom de Bayard à la place de celui de Charles de Bourbon.

Il n'avait pas dix ans, quand le roi Charles IX l'appela à sa cour. Il amusa beaucoup les dames par sa gentillesse ; mais il donna de l'ombrage à Catherine de Médicis. Dans une des loteries que cette princesse se plaisait à organiser et où chacun était invité à prendre une devise, il choisit quelques mots grecs qui signifiaient : Vaincre ou mourir. La reine en ayant demandé l'explication, Henri refusa de la lui donner ; et lorsqu'elle la connut, elle défendit qu'on enseignât de pareilles maximes à cet enfant. En 1564 et 1565, il accompagna Charles IX dans ses voyages et il se montra sous un jour si favorable, qu'on ne pouvait, dit un auteur, le vaincre d'honnêteté ni l'emporter de bravade. Le duc de Médina, l'ayant vu à Bayonne, trouva que ce jeune prince avait tout l'air d'un grand roi.

Jeanne d'Albret était bien fière de tous les éloges donnés à son fils ; elle rêvait pour lui un glorieux avenir ; mais comme elle se méfiait de la cour de France, et que d'ailleurs elle avait embrassé ouvertement le calvinisme, elle voulut avoir son fils auprès d'elle. Elle le rappela donc et chargea Florent Chrétien, l'un des beaux esprits de ce temps, d'achever son éducation.

Deux ans après, Charles IX députa Lamotte-Fenélon vers la reine de Navarre, pour la détourner de prendre part à la guerre civile qui se préparait. Henri, qui avait alors quinze ans, ne paraissait pas entrer dans les vues de l'ambassadeur.

— Mais songez, prince, lui dit l'envoyé du roi, que le feu de cette guerre peut désoler tout le royaume.

— Bah ! répondit Henri, c'est un incendie qu'on pourrait éteindre avec un seau d'eau. Il ne faudrait que la faire boire au cardinal de Lorraine, véritable boute-feu de cette guerre. Croyez bien, ajouta-t-il, que l'on n'accuse de rébellion le prince de Condé, mon oncle, que pour avoir un prétexte de détruire toute la branche royale de Bourbon. Mais nous voulons mourir tous ensemble, pour éviter les frais de deuil qu'autrement nous aurions à porter les uns des autres.

La guerre éclata donc, et le jeune Henri fut proclamé chef du parti protestant.

L'année précédente, il avait failli périr à la Rochelle pendant une promenade qu'il faisait en mer et n'avait dû son salut qu'au dévouement d'un capitaine de marine, nommé Lardeau. Henri voulait qu'on se pressât de se mettre en défense; mais les seigneurs de son parti prétendirent qu'on avait le temps; et lorsque le duc d'Anjou parut à Jarnac avec son armée, Henri dit, en voyant l'ennemi si supérieur en nombre :

— Nous allons exposer nos hommes à crédit. J'ai bien vu que nous nous amusions trop à jouer des comédies à Niort, au lieu d'assembler nos troupes.

Les huguenots perdirent la bataille, et le prince de Condé y fut tué de sang-froid, après s'être constitué prisonnier. Le duc d'Anjou fut encore vainqueur à la journée de Moncontour, et la paix se conclut à Saint-Germain le 11 août de l'année 1570.

Henri se rendit à la cour de France avec les principaux seigneurs de son parti; on lui promit la main de Marguerite de Valois, sœur du roi, et le mariage se fit en 1572. Au milieu des fêtes occasionnées par ce mariage, le massacre de la Saint-Barthélemy s'organisa. Henri fut épargné, mais il resta trois ans prisonnier d'État et ne parvint à s'évader que pour reprendre les armes à la tête du parti huguenot. La mort de Jeanne d'Albret, arrivée peu de temps avant la Saint-Barthélemy, l'avait fait roi de Navarre.

Il n'avait que peu de soldats, mais, en partageant toutes leurs fatigues, il doublait leurs forces et leur courage. Il couchait avec eux sur la terre, mangeait leur pain, travaillait à la tranchée, et ne se rappelait qu'il était leur général que pour s'élancer le premier au combat ou à l'assaut.

Au siége de Cahors, il reçut plusieurs blessures, et ses officiers alarmés le supplièrent de se retirer.

— Non, leur dit-il en riant, ce qui doit m'arriver est écrit là-haut. Mais ma retraite hors de cette ville sera la retraite de mon âme hors de mon corps. Il y va de mon honneur; ainsi, qu'on ne me parle plus que de combattre, de vaincre ou de mourir.

Avant la bataille de Coutras, il dit au prince de Condé et au duc de Soissons :

— Souvenez-vous que vous êtes du sang de Bourbon , et vive Dieu! je vous ferai voir que je suis votre aîné.

— Et nous, lui répondirent-ils, nous vous montrerons que vous avez de bons cadets.

Quelques-uns de ses capitaines se mettant devant lui pour le préserver, dans la chaleur du combat, il s'écria, en les écartant :

— A quartier, je vous prie! Ne m'offusquez pas, je veux paraître....

Après la victoire, on lui apporta les bijoux du duc de Joyeuse, tué pendant l'action. Il les regarda dédaigneusement et dit :

— Il ne convient qu'à des comédiens de tirer vanité des riches habits qu'ils portent. Les véritables ornements d'un général sont le courage, la présence d'esprit dans une bataille, et la clémence après la victoire.

Henri III, qui avait succédé à Charles IX sur le trône de France, n'ayant su ni se faire craindre ni se faire aimer de ses sujets, une ligue puissante se forma contre lui. Le duc de Guise en devint le chef, et Henri III ne vit d'autre moyen de se délivrer de ce redoutable ennemi que de le faire assassiner. Ce meurtre, commis à Blois, où les états étaient assemblés, ne désarma point la Ligue; le duc de Mayenne succéda au duc de Guise, son frère, et prit le titre de lieutenant général du royaume, et Henri III ne fut plus regardé que comme un traître et un parjure.

Ne pouvant plus rien attendre des catholiques, ce malheureux prince résolut de se rapprocher des huguenots, et il invita le roi de Navarre à venir se joindre à lui. Ils allèrent ensemble dégager Tours, où l'armée protestante était pressée par le duc de Mayenne, puis ils vinrent mettre le siége devant Paris. La ville n'était pas en état de défense, et sans doute elle eût succombé, si le couteau de Jacques Clément n'eût mis fin aux jours de Henri III. Ce prince ne laissant pas de postérité, le roi de Navarre devait lui succéder. Henri III le fit appeler près du lit où on l'avait transporté mourant, et lui dit :

— Je vous laisse mon royaume dans un grand trouble. La couronne vous appartient, je prie Dieu qu'il vous fasse la grâce d'en jouir plus paisiblement que moi. Plût à Dieu que je vous la remisse aussi brillante qu'elle l'a été sur la tête de Charlemagne !

A peine le roi eut-il rendu le dernier soupir, que la plupart de ses officiers quittèrent l'armée, ne voulant point combattre pour un prince hérétique. Cette désertion eût été imitée des huguenots eux-mêmes, si l'un d'eux ne se fût écrié :

— Sire, vous êtes le roi des braves; vous ne serez abandonné que des poltrons.

Henri n'avait ni argent ni places importantes, et l'on ne pouvait dire qu'il eût une armée; mais son activité, son courage, sa confiance en la justice de sa cause, suppléèrent à tout ce qui lui manquait. Le 22 septembre 1589, il gagna la bataille d'Arques sur le duc de Mayenne. Quelques minutes avant le combat, on amena au roi un prisonnier de distinction, qu'il accueillit avec sa bonté ordinaire. Celui-ci chercha des yeux l'armée et ne put s'empêcher de demander si Henri comptait attaquer Mayenne avec si peu de soldats.

— Bon ! dit le Béarnais, vous ne les voyez pas tous; car vous ne comptez pas Dieu et mon droit qui m'assistent.

Les Ligueurs tournant leurs principaux efforts contre son

artillerie, Henri courut au secours du colonel Galati, qu'il avait chargé de la défendre.

— Mon compère, lui dit-il en arrivant, je viens mourir ou acquérir de l'honneur avec vous.

Aussitôt après le combat, il écrivit à Crillon, l'un de ses plus vaillants capitaines : « Pends-toi, Crillon ! nous avons combattu à Arques, et tu n'y étais pas. Adieu, brave Crillon, je t'aime à tort et à travers. »

Au mois de mars suivant, Henri IV, sur le point d'attaquer les Ligueurs à Ivry, adressa à ses soldats ces nobles paroles :

— Enfants ! si les enseignes vous manquent, ralliez-vous à mon panache blanc, vous le verrez toujours au chemin de l'honneur.

S'il y a quelque chose de plus beau que cette harangue, c'est assurément ce cri sorti du cœur du Béarnais, après la victoire :

— Sauvez les Français !

Le soir, le maréchal d'Aumont étant entré pendant que le roi était à table, celui-ci se leva, vint au-devant du maréchal et le fit asseoir à son côté, en lui disant :

— Il est bien juste que vous soyez du festin, puisque vous m'avez si bien servi à mes noces.

Malgré ces succès, la guerre continuait, et Henri ne se décourageait point. Il s'exposait en toutes rencontres comme le dernier de ses soldats. Au siége de Rouen, il fut renversé deux fois et eut ses armes mises en pièces. Rosny vint le trouver, pour se plaindre, au nom de toute l'armée, de cet excès de valeur.

— Mon ami, lui dit le roi, je ne puis faire autrement. C'est pour ma gloire et pour ma couronne que je combats, ma vie et toutes choses ne sont rien en comparaison.

Puisque nous venons de nommer Rosny, disons quelques mots de ce gentilhomme qui devait être plus tard si célèbre sous le nom de Sully. Il n'avait pas douze ans, lorsque son père le présenta à la reine de Navarre et au prince de Béarn. Henri, qui était déjà un jeune homme, accueillit bien ce gentil compagnon; il lui fit donner des leçons par Florent Chrétien, son précepteur, et l'emmena à Paris quelque temps avant la Saint-Barthélemy. Lorsque le signal du massacre fut donné, Henri était au Louvre et Rosny dormait paisiblement dans l'hôtellerie où il était descendu. Il entend des cris furieux, il court à son épée, puis il s'informe de ce que signifie tout ce tapage, ou plutôt il le devine en entendant répéter sans cesse : « Tue! Tue! Mort aux huguenots! » Loin de s'effrayer et de fondre en larmes, comme l'eussent fait à sa place beaucoup d'enfants, il réfléchit un instant, puis il prend sous son bras un gros livre d'heures appartenant à son hôte, et il descend tranquillement l'escalier, que montaient déjà les massacreurs. Il gagne la rue et se sent le cœur navré; car ses pieds glissent dans le sang, et, à la lueur des torches, il ne voit autour de lui que des victimes et des bourreaux. Mais il ne presse pas sa marche, il ne témoigne pas la moindre frayeur, on dirait qu'aucun danger ne peut le menacer.

On l'arrête jusqu'à trois fois; on lui demande qui il est et où il va. Il montre le missel et dit qu'il va au collége de Bourgogne, on le laisse passer. Il arrive enfin à la porte de cet établissement; il se croit sauvé, il frappe avec confiance. Mais au moment où il entre dans la cour, deux professeurs qui le reconnaissent s'élancent sur lui en criant que l'ordre de n'épargner aucun huguenot a été donné. Le supérieur de la maison accourt au bruit, il arrache Rosny des mains de ces furieux, l'entraîne vers sa bibliothèque, qu'il referme vivement; puis, il fait jouer le ressort d'une porte cachée derrière de gros in-folio; un cabinet s'ouvre, il y pousse l'enfant et s'éloigne en lui recommandant le silence et l'immobilité.

Rosny demeura dans sa cachette pendant trois jours, après lesquels son sauveur le fit sortir de Paris. Le courage dont

10

le jeune compagnon du roi de Navarre avait fait preuve en
cette circonstance ne se démentit pas dans les combats. Henri
fut obligé de modérer son ardeur et de lui défendre de s'exposer dans des rencontres où sa mort eût été inutile. A
Coutras, à Fosseuse, à Arques, il fit vaillamment son devoir;
à Ivry, il eut deux chevaux tués sous lui et reçut deux blessures. Le roi se jeta à son cou et lui dit :

— Brave soldat et vaillant chevalier, j'ai toujours eu bonne
opinion de vous; mais vous avez aujourd'hui surpassé mon
attente; c'est pourquoi je vous veux embrasser des deux bras,
en présence des princes, capitaines et grands chevaliers qui
sont ici.

Henri, désirant vivement terminer la guerre, alla mettre le
siége devant Paris. En un seul jour, il emporta d'assaut tous
les faubourgs et serra la ville de si près, que la disette s'y fit
sentir et ne tarda point à devenir une horrible famine. Le pain
se vendait un écu la livre; encore n'en trouvait-on pas. On
imagina d'en fabriquer avec des os de morts réduits en
poudre; mais cette nourriture, empruntée au charnier des
Innocents, et dont Mme de Montpensier avait donné l'idée,
dut être abandonnée. Henri, ayant appris que chaque jour
une multitude de personnes succombaient à la faim, se sentit
touché d'une compassion profonde, et, chose unique dans les
annales de la guerre, on vit les assiégeants nourrir les assié-
gés. Il reçut dans son camp les bouches inutiles, leur fit dis-
tribuer des vivres et permit à ses capitaines d'en faire passer
dans la place.

— Je suis le vrai père de mon peuple, dit-il. Je ressemble
à la vraie mère de Salomon; j'aimerais mieux n'avoir point de
Paris que de l'avoir tout ruiné et tout dissipé par la mort de
tant de personnes.

Cependant des divisions éclatèrent au sein de la Ligue, le
duc de Mayenne fit échouer les prétentions de Philippe II,
roi d'Espagne, à la couronne de France; et quelque temps

après, l'abjuration du Béarnais vint enlever aux Ligueurs tout prétexte de révolte. Cette abjuration eut lieu à Saint-Denis, le 25 juillet 1593, et le 22 mars de l'année suivante, Henri fit son entrée à Paris, grâce aux efforts de Martin Langlois, prévôt des marchands, et du maréchal de Brissac, gouverneur de la place. Il n'y eut de victimes qu'un corps de garde espagnol et trois bourgeois. La perte de ces derniers affligea beaucoup le roi, et il témoigna souvent depuis le regret de ne pouvoir racheter leur vie, afin que la postérité pût dire qu'il avait pris Paris sans verser une goutte de sang.

Lorsqu'il se vit au Louvre, il dit à son chancelier :

— En vérité, je ne sais comment il se fait que je sois ici. Plus j'y pense, moins je le conçois. Il n'y a rien de l'homme dans tout ceci ; c'est un ouvrage du ciel.

Puis, sa joyeuse humeur reprenant le dessus, il s'écria, en regardant ses pieds avant de se mettre à table à l'hôtel de ville :

— Je me suis bien crotté en venant ici ; mais je n'ai pas perdu mes pas.

— Sire, lui dit un de ses courtisans, on n'a fait que rendre à César ce qui appartient à César.

— Ventre-saint-gris ! répondit le roi, on ne m'a pas fait comme à César ; on ne m'a pas rendu Paris, on me l'a bien vendu.

Il pardonna à tous ceux qui avaient été ses ennemis et sut les gagner à sa cause. Le lendemain de son entrée dans sa capitale, il alla voir la duchesse de Montpensier, qui s'attendait à une disgrâce.

— Ma tante, lui dit-il, vous faisiez autrefois de bien bonnes confitures ; je viens vous en demander, car je meurs de faim.

Mme de Montpensier, toute surprise, se fit apporter des confitures et voulut en faire l'essai, avant de les offrir au roi ; mais il l'en empêcha, lui témoignant une confiance à laquelle la duchesse n'avait pas le droit de s'attendre. Quand le duc de Mayenne fit sa soumission, il lui donna le gouvernement de l'Ile-de-France et le traita en ami. Un jour qu'ils se promenaient ensemble, Henri, qui était grand marcheur, fatigua beaucoup Mayenne, incommodé par son embonpoint. Lorsqu'ils rentrèrent, le duc était haletant et couvert de sueur. Le roi se tourna vers lui et dit, en lui tendant la main :

— Touchez là, mon cousin ; car voilà la seule vengeance que je tirerai jamais de vous.

Les Espagnols n'avaient pas renoncé à la guerre ; ils s'emparèrent d'Amiens par surprise.

— Allons, dit Henri IV, c'est assez faire le roi de France, il est temps de faire le roi de Navarre.

Il se mit à la tête de son armée, reprit Amiens, et conclut, l'année suivante, avec l'Espagne le traité de Vervins. Il tomba malade quelque temps après, et l'on craignit pour ses jours.

— Mon ami, dit-il à Sully, je n'appréhende nullement la mort, vous me l'avez vu braver tant de fois ! Mais j'ai regret de sortir de cette vie sans avoir témoigné à mes peuples, en les gouvernant bien et en les soulageant de tant de subsides, que je les aime comme mes propres enfants.

Il guérit et travailla, d'accord avec ce fidèle ami, devenu son ministre, à réparer les maux que la guerre avait faits à la France. On vit renaître partout l'ordre, la justice, l'agriculture, le commerce, l'industrie. Paris prit une nouvelle face ; aussi, quand don Pédro, ambassadeur de Philippe III, se retrouva dans cette ville qu'il avait quittée depuis quelques années, il eut peine à la reconnaître.

— C'est qu'alors, lui dit Henri IV, le père de famille n'y était pas ; mais aujourd'hui qu'il a soin de ses enfants, vous voyez comme ils prospèrent.

Quelques jours après, le même ambassadeur faisait sonner bien haut la puissance de Philippe III.

— Tout cela ne m'en impose pas, interrompit le Béarnais ;

si le roi votre maître continue ses attentats, je porterai le feu dans l'Escurial, et l'on me verra bientôt à Madrid.

— François Ier y a été aussi, répondit l'ambassadeur.

— C'est pour cela, répliqua le roi, que je veux y aller venger son injure, celles de la France et les miennes.

La gloire de la France lui était aussi chère que le bonheur de son peuple; aussi amassait-il, grâce à l'économie de Sully, des sommes considérables, dans la perspective d'une guerre ayant pour but l'abaissement de la maison d'Autriche; mais il unissait au courage d'un soldat la plus grande humanité.

— Je ne puis, disait-il après une victoire, me réjouir de voir mes sujets étendus sur la place; je perds lors même que je gagne.

Il faisait régner parmi les gens de guerre une exacte discipline. Des troupes qu'il envoyait en Allemagne ayant commis quelques dégâts dans les campagnes, il donna l'ordre à leurs capitaines, qui étaient encore à Paris, de partir sur-le-champ.

— Allez! dit-il, vous m'en répondez. Vive Dieu! s'en prendre à mon peuple, c'est s'en prendre à moi-même.

Il s'efforçait de ramener à lui par des bienfaits les esprits qu'avaient aigris les factions.

— Un roi sage, disait-il, est un habile apothicaire qui des poisons les plus dangereux compose des antidotes excellents, et qui fait de la thériaque avec des vipères.

Beaucoup de ses sujets ne croyaient pas à la sincérité de sa conversion; un marchand qui ne le connaissait pas dit à ce propos, devant lui :

— La caque sent toujours le hareng.

— Oui, mon ami, répondit le roi; mais c'est à votre égard et non au mien. Je suis, Dieu merci! bon catholique, et vous gardez encore du vieux levain de la Ligue.

Un jour qu'il s'était mis à genoux sur le passage d'un

prêtre qui portait le saint viatique, Sully lui demanda si cette démonstration était bien sincère.

— Oui, dit Henri, je crois tout ce que l'Église enseigne ; il faut être fou pour ne pas y croire. Je voudrais qu'il m'en eût coûté un doigt de la main et que vous y crussiez comme moi.

Il était, en effet, catholique de très-bonne foi, depuis qu'à la conférence de Fontainebleau, entre le cardinal du Perron et Mornay, celui-ci avait tronqué plusieurs passages des Écritures.

— Il faut que sa cause soit mauvaise, avait dit le roi, puisqu'il altère les pièces du procès.

De sourdes haines couvaient toujours entre les catholiques et les protestants : ceux-ci reprochaient au roi de les négliger pour combler les autres de ses faveurs ; ceux-là l'accusaient de favoriser secrètement leurs adversaires ; aussi presque chaque année il y eut des attentats contre la vie de cet excellent prince. Mais le vrai peuple l'aimait, comme il en était aimé, et l'on répète encore aujourd'hui dans les campagnes que le bon Henri IV voulait que chaque paysan pût mettre tous les dimanches la poule au pot.

Il eût sans doute vu se réaliser ce vœu, si le poignard de Ravaillac ne l'eût enlevé à la France, le 14 mai 1610. Henri IV fut vivement regretté ; il était, dit un auteur, la personnification la plus complète du caractère français. « Sa gaîté au milieu des combats, ses bons mots dans la pauvreté et le malheur, toutes ces saillies d'une âme vive et d'un cœur généreux, cette foule de traits que l'on cite et qui sont, à la fois, d'un homme d'esprit et d'un héros, semblaient peindre l'imagination française et le genre d'esprit national. » Mais ce qui surtout a rendu son nom populaire, c'est la grande bonté qui se révélait dans ses moindres actions, sa franchise, sa cordialité, le plaisir qu'il éprouvait à visiter les chaumières, à se mêler au peuple, à savoir ce qu'on pensait de lui et de son gouvernement. La France a eu de grands et sages monarques dont elle doit être fière; mais Henri IV sera toujours pour elle le plus glorieux et le meilleur des rois.

Nous ne pouvons terminer ce chapitre sans dire quelques mots d'Agrippa d'Aubigné, l'un des plus fidèles serviteurs du Béarnais. Sa place est marquée dans l'histoire des enfants célèbres; car aucun savant ne fut plus précoce. A six ans, il commençait à traduire des ouvrages grecs, latins et hébreux. Il aimait l'histoire des héros de l'antiquité, et, jaloux de les imiter, il partageait son temps entre l'étude et les exercices militaires. Il montait à cheval, faisait des armes, l'emportait sur ses camarades à la lutte et à la course, aussi bien qu'au travail.

Son père, zélé calviniste, voulait qu'il fût savant; mais il le destinait aussi à combattre pour sa croyance, et lui-même ne s'y épargnait pas. Lorsqu'il était à la guerre, le petit Agrippa restait au château, sous la garde de son précepteur, car sa mère était morte en lui donnant le jour, et les caresses de son père étaient les seules qu'il eût connues. Il l'aimait donc comme les autres enfants aiment à la fois leur père et leur mère; aussi, quand d'Aubigné partit pour défendre Orléans contre les troupes du duc de Guise, Agrippa le supplia avec tant d'instances de ne pas le séparer de lui, qu'il obtint enfin la permission de le suivre.

Agrippa n'avait alors que treize ans; mais il était si brave, si résolu, qu'il fit ses premières armes avec éclat, et que son père, mortellement frappé, lui légua le soin de le venger. Devenu orphelin, le jeune d'Aubigné alla achever ses études à Genève, puis il vint offrir ses services au roi de Navarre, qui l'accueillit avec distinction et lui accorda bientôt son amitié. Agrippa la méritait par son dévouement aux intérêts du prince, par sa valeur, par son caractère plein de franchise et de gaîté. Il aida puissamment Henri IV à parvenir au trône; mais quoique le roi ne fût point ingrat, la nécessité où il était de s'attacher les seigneurs nouvellement soumis à son autorité l'empêcha de récompenser comme il l'eût voulu ses anciens serviteurs. D'Aubigné s'en plaignait souvent. Un soir qu'il couchait dans le cabinet du roi, avec un gentilhomme de ses amis, il lui dit :

— Notre maître est un ladre vert, et le plus ingrat des hommes.

— Que dites-vous ? demanda le gentilhomme, qui sommeillait déjà.

— Sourd que tu es, répondit le roi, qu'Agrippa croyait bien endormi, il te dit que je suis un ladre vert, et le plus ingrat des hommes.

« Le lendemain, dit d'Aubigné dans son *Histoire,* le roi ne me fit pas plus mauvais visage ; mais aussi il ne me donna pas un sol de plus. »

Cependant d'Aubigné continuant à témoigner son mécontentement, on voulut inspirer à Henri IV des doutes sur sa fidélité ; mais le roi connaissait bien son ancien compagnon d'armes, et il le prouva en disant :

— La parole de d'Aubigné mécontent vaut la reconnaissance d'un autre.

A la mort de ce prince, d'Aubigné, persécuté pour avoir écrit une histoire très-satyrique de son siècle, se retira à Genève, où il mourut en 1630, à l'âge de quatre-vingts ans. Il laissait plusieurs enfants, dont l'un fut le père de Mme de Maintenon.

SAINT VINCENT DE PAUL.

Le mardi de Pâques de l'an 1576, dans une humble chaumière de ce pauvre pays qu'on nomme aujourd'hui les Landes, Bertrande de Moras, femme de Jean de Paul, donnait le jour à son troisième enfant. Ce n'étaient pas, comme leurs noms pourraient le faire supposer, des nobles ruinés par les guerres ou tombés dans la disgrâce de leur souverain; ils avaient toujours vécu du travail de leurs mains, et ils remercièrent le Seigneur qui leur envoyait dans ce fils une aide de plus pour leurs vieux jours.

Ils l'élevèrent pieusement; car ils craignaient Dieu et ils le servaient dans la simplicité de leur cœur. L'enfant se montra si docile à leurs enseignements, si doux, si bon, si reconnaissant, qu'on le cita pour modèle dans tout le hameau de Ranquines. Quand une querelle s'élevait entre les petits paysans, Vincent accourait pour les séparer et les réconcilier; il semblait avoir reçu du ciel une mission de paix et de charité, qu'on le trouvait toujours prêt à remplir. Il répondait aux injures par de bonnes paroles, aux coups par le silence ou par des reproches pleins de douceur ; aussi ne compta-t-il bientôt que des amis parmi ses jeunes compagnons.

Dès qu'il put se rendre utile, ses parents le chargèrent de mener paître leur troupeau. Cette occupation convenait à ses goûts simples et méditatifs. On lui avait appris que toutes les beautés du ciel et de la terre sont l'œuvre de Dieu; il les étudiait, les admirait, et ses journées de silence et de solitude s'écoulaient rapidement. Quelquefois ses camarades venaient le chercher pour partager leurs jeux.

— Viens avec nous, Vincent, lui disaient-ils, ton chien veillera.

— Non, répondait le petit pâtre ; si je m'éloignais, je désobéirais à mon père et j'offenserais le bon Dieu.

— Mais tu dois bien t'ennuyer là, tout seul, du matin au soir, à regarder les nuages ou les bruyères de la lande.

—Je les regarderais bien encore du soir au matin sans éprouver une minute d'ennui, répondait-il en souriant. D'ailleurs, je ne suis pas tout seul : mon chien, mes brebis, les oiseaux qui passent, les insectes qui chantent me tiennent compagnie. Puis j'ai mon bon ange qui me garde et Dieu qui me voit.

Vincent ne disait pas tout : il recevait aussi des visites ; les pauvres, les infirmes s'arrêtaient auprès de lui; il les consolait, il leur donnait son pain, ses vêtements; il leur eût donné son troupeau plutôt que de les renvoyer sans les assister. Ceux qui ne pouvaient aller le trouver dans la campagne l'attendaient à la chapelle de Notre-Dame de Buglosse, où chaque soir il allait prier, et jamais il ne passait près d'eux sans leur faire quelque aumône. Il n'était pas riche pourtant; mais il faisait deux parts du frugal souper que lui donnait sa mère, et la meilleure n'était pas pour lui.

Il se cachait de son mieux; mais la bonne Bertrande voyait tout sans qu'il s'en doutât, et souvent elle retranchait quelque chose de sa portion pour grossir celle dont Vincent faisait un si charitable usage. Quand il avait distribué tout ce qu'il possédait, il s'agenouillait au pied de l'autel et y demeurait longtemps plongé dans une fervente prière. Son visage s'illuminait d'un rayon d'en haut ; les paysans, revenant de leur travail, le regardaient avec respect et se le montraient en disant :

— Jean et Bertrande sont bien heureux ; car la bénédiction de Dieu est avec cet enfant.

Vincent grandit, et son amour pour les pauvres parut s'augmenter encore à mesure que sa raison se développait. Il demandait pour eux à son père, à sa mère, à ses voisins, aux inconnus qu'il rencontrait sur son chemin ; il les exhortait à la patience, et il pleurait avec ceux qu'il ne pouvait soulager.

Un jour qu'il rapportait du moulin la farine destinée à la subsistance de sa famille, des gens qui connaissaient la bonté de son cœur vinrent l'attendre au passage.

— Vincent, lui dirent-ils, nous avons faim.

Vincent leur donna les quelques pièces de monnaie qu'il avait dans sa poche ; mais il n'en avait jamais beaucoup, par la raison toute simple qu'il n'eût pas voulu garder une journée seulement ce qui pouvait être utile à quelqu'un. Le moyen donc de partager deux ou trois sous entre une dizaine de pauvres?... Pourtant on ne pouvait les renvoyer ainsi : ils étaient pâles, leurs joues étaient creusées par les privations, et l'on voyait briller dans leurs yeux fiévreux l'avidité du besoin. Vincent n'hésita guère à prendre un parti ; il mit à terre son fardeau, et, puisant à pleines mains dans le sac, il leur en distribua le contenu, en leur adressant à tous de tendres et consolantes paroles.

Cela fait, il songea seulement à son père et à sa mère, aux six enfants qu'ils avaient à nourrir. Il rentra chez lui tout confus et plaça en rougissant son sac vide sur la huche. Jean et Bertrande ne lui demandèrent point ce qu'il avait fait des provisions de la semaine, ne le savaient-ils pas ? Mais le laboureur tira sa femme à l'écart et lui dit :

— Croyez-vous que ce garçon soit appelé à travailler la terre comme nous ?

— Non, répondit Bertrande. Ses gerbes n'entreront jamais chez lui. Il ne se réservera pas même la semence de l'année suivante. Et puis il a tant de savoir et de piété, il parle si bien de Dieu, que je me mettrais volontiers à genoux pour l'écouter.

— Eh bien ! femme, faisons-en un prêtre, reprit Jean.

— Oui, dit Bertrande, le bon Dieu et les pauvres nous béniront.

Dès le lendemain, Vincent entrait chez les Cordeliers de Dax, qui, à la prière de son père, consentaient à se charger de son éducation. Doué d'autant d'intelligence que de sensibilité, le petit pâtre surpassa toutes les espérances qu'on avait conçues de lui ; à seize ans, il devenait précepteur, sans avoir rien perdu de sa modestie ni de sa simplicité. Il acheva ses études tout en instruisant les autres, reçut les ordres sacrés et subit avec honneur divers examens devant l'université de Toulouse.

Quelque temps après, un héritage étant échu à sa famille, il alla le recueillir à Marseille, et, cette affaire terminée, il voulut revenir par mer jusqu'à Narbonne. Aller de Marseille à Narbonne par mer, c'est chose facile et peu dangereuse aujourd'hui ; mais on avait alors à redouter un péril plus terrible que l'inconstance des flots : des corsaires turcs sillonnaient en tous sens la Méditerranée, guettant le passage des navires chrétiens, pour les attaquer et les piller.

Quand la mer ne leur offrait pas d'assez riche proie, ils s'approchaient des côtes de la Provence, y débarquaient à l'improviste et ne regagnaient leurs vaisseaux que chargés d'or et de butin. Malheur à l'enfant, à la jeune fille, à l'homme sans armes qui tombaient en leur pouvoir ! On faisait de l'enfant un renégat, de l'homme un esclave, et l'on envoyait la jeune fille dans les harems du sultan.

Le bâtiment sur lequel Vincent avait pris passage ramenait plusieurs négociants de la foire de Beaucaire ; trois felouques turques l'assaillirent et s'en emparèrent, malgré la résistance désespérée de ceux qui le montaient. Les survivants, blessés ou non, furent entassés à fond de cale et y restèrent jusqu'à ce que leurs maîtres se décidassent à rentrer à Alger.

C'était de Tripoli, de Tunis et surtout d'Alger, que ces hardis forbans s'élançaient au pillage, c'était là qu'ils revenaient déposer leur butin et vendre leurs prisonniers.

Vincent, conduit au marché comme les autres, fut acheté par un pêcheur, qui le revendit à un alchimiste. Ce dernier, qui cherchait depuis trente ans la pierre philosophale, ne manquait ni d'esprit ni de savoir ; il apprécia bientôt les talents de son esclave et lui offrit de l'associer à ses travaux, s'il voulait embrasser la religion de Mahomet. La réponse du jeune prêtre ne pouvait être douteuse.

L'alchimiste étant mort, Vincent tomba au pouvoir d'un de ses héritiers, qui l'employa à cultiver la terre. Son nouveau maître était Français et il avait été chrétien. Vincent sut lui inspirer un profond regret de son apostasie et le décider à renoncer aux biens par lesquels le sultan l'avait payée. Le renégat s'embarqua secrètement pour la France avec sa femme et avec le bon esclave qu'il servit dès lors avec autant de respect que de dévouement.

La fortune, à laquelle Vincent n'avait jamais songé, lui sourit alors : le vice-légat d'Avignon l'emmena à Rome, où il fut présenté au cardinal d'Ossat, ambassadeur du roi de France. Ce prélat le chargea pour Henri IV d'une mission que le Béarnais voulut récompenser par le don d'une abbaye. Vincent refusa cette preuve de la bienveillance royale et pré-

féra même au titre d'aumônier de la reine celui de curé de
Clichy.

ester dans cette pauvre paroisse était son vœu le plus
cher ; mais Pierre de Bérulle , qui lui avait inspiré une haute
vénération, l'engagea à la quitter pour se charger de l'éducation des fils d'Emmanuel de Gondi. Le jeune prêtre ne
tarda point à être regardé comme un saint dans cette noble
maison , et l'autorité qu'il devait à sa vertu devint telle, que
le père de ses élèves , sur le point de se battre avec un gentilhomme qui l'avait offensé, renonça à ce duel sur les instances de Vincent.

Cette aventure fit du bruit ; les plus grands personnages
voulaient voir le jeune précepteur , et son éloge était dans
toutes les bouches. Sa modestie s'en alarma : il lui semblait
d'ailleurs qu'en donnant ses soins aux fils d'un illustre seigneur, il faisait un vol aux pauvres et aux ignorants des campagnes. Il quitta donc furtivement le château de Folleville,
en Normandie, où ses élèves passaient la belle saison, et alla
prendre possession d'une cure que personne ne voulait des-
servir, parce que l'église et le presbytère y tombaient en
ruines.

Cette paroisse, qui était celle de Châtillon-lès-Dombes , située dans la Bresse, eut l'honneur de voir fonder la première
association de charité. Un vieillard infirme mourait de misère
dans une cabane isolée ; Vincent peignit aux fidèles assemblés la position de cet homme en termes si touchants, que
chacun s'empressa de lui apporter son offrande. La chaumière
du vieillard changea de face. Mais là ne se borna pas le zèle
du saint prêtre. Songeant aux misères à venir, il régla l'emploi des aumônes qu'il avait recueillies et qu'il pourrait recueillir encore. De pieuses femmes s'engagèrent à porter aux
malades la nourriture et les médicaments dont ils avaient
besoin, à les soigner, à les veiller, à servir de mères aux
petits orphelins.

L'association fondée à Châtillon-lès-Dombes n'était que le prélude de ce qu'un ardent amour de l'humanité devait inspirer à notre héros. Pendant son séjour chez M. de Gondi, alors général des galères, Vincent s'était souvent préoccupé du sort des forçats, et la pensée des maux qu'ils enduraient l'avait suivi au milieu de ses paroissiens. C'était à qui souffrait le plus qu'il croyait devoir ses soins ; ainsi, après avoir quitté ses riches élèves pour instruire et consoler de pauvres paysans, il quitta ceux-ci pour se dévouer au salut des galériens.

On dit encore quelquefois aujourd'hui les galères, lorsqu'on veut parler du bagne, parce que les forçats étaient employés jadis à ramer sur les galères de l'État. Vincent ne put voir sans être touché d'une immense compassion ces malheureux enchaînés nuit et jour à leur banc et sans cesse menacés du fouet de leurs surveillants ; mais ce qui surtout l'affligea profondément, ce fut d'entendre les blasphèmes que le désespoir leur arrachait.

— C'était, dit-il, une vraie image de l'enfer ; on n'y entendait parler de Dieu que pour le renier, et de la Providence que pour la maudire.

Faire pénétrer le repentir dans ces cœurs ulcérés, leur inspirer la patience, la résignation, leur rendre l'espoir en la miséricorde divine, c'était une noble tâche ; mais quel courage ne fallait-il pas pour l'entreprendre ! Vincent ne se laissa pas rebuter par le peu de succès de ses premiers efforts. Il gagna la confiance de ces misérables, en écoutant leurs plaintes, en compatissant à leurs souffrances et en n'épargnant ni remontrances ni prières pour obtenir qu'on les traitât avec moins d'inhumanité.

Ils se demandèrent bientôt quel était cet homme qui n'avait pour eux que des paroles de pardon, qui les appelait ses frères, ses amis, ses enfants, qui pleurait de leurs douleurs, qui baisait leurs fers pour en alléger le poids. En voyant le châtiment suspendu sur leurs têtes s'en détourner à sa voix, ils comprirent que ce jeune prêtre devait à une vertu sublime le respect des officiers pour lesquels eux-mêmes n'étaient qu'un objet de mépris et d'aversion. Ils prêtèrent donc l'oreille à ses exhortations, et, cessant de maudire leur sort, ils l'acceptèrent comme la juste punition de leurs crimes. Un seul refusait obstinément de l'écouter. Pourtant, un jour que Vincent avait parlé de la bonté de Dieu avec une conviction profonde, cet homme lui dit à voix basse :

— Si Dieu était miséricordieux, comme vous l'assurez, il aurait pitié, non pas de moi, car je ne le mérite pas, mais de ma femme et de mes enfants, qui sont innocents.

— Ont-ils donc été condamnés avec vous? demanda le saint.

— Hélas! oui, et leur supplice est encore plus terrible que le mien; car mon travail seul les soutenait, et il faudra qu'ils meurent de faim.

— Non, mon fils; Dieu ne permettra pas qu'il en soit ainsi, dit Vincent; mettez donc en lui votre confiance.

— Je le voudrais, mais je ne le puis. Ah! si, par un miracle de sa puissance et de sa bonté, je voyais mes chaînes se briser, je serais honnête homme et je vivrais en chrétien, je le jure devant lui et devant vous.

— Espérez donc, mon fils; car j'ai dit la vérité : Dieu est miséricordieux et tout-puissant.

Après avoir ainsi répondu, Vincent s'éloigna; mais la nuit venue, il remonta près des forçats; il se glissa sans bruit près de celui auquel il s'intéressait si vivement, lui recommanda le silence, puis, à l'aide d'un outil dont il s'était muni, il ouvrit l'anneau qui retenait le pied du galérien.

— Dieu a fait le miracle que vous lui demandiez, dit-il à voix basse. Allez, mon fils, vous êtes libre; mais n'oubliez pas votre serment.

Le criminel se jeta dans les bras de son libérateur, y renouvela ce serment et s'enfuit à la faveur des ténèbres. Le lendemain il ne manquait personne au banc des condamnés, Vincent avait pris la place de celui qu'il venait de délivrer.

Les historiens qui racontent ce fait disent que le saint prêtre porta toute sa vie la trace des chaînes dont l'avait chargé son héroïque dévouement. Nous ne le croyons pas; car il nous paraît impossible que cette substitution une fois reconnue, Vincent ait pu remplacer longtemps le coupable qu'il avait absous. La tradition s'est emparée de ce fait, les arts nous en ont transmis le souvenir, et si l'authenticité n'en est pas prouvée, ce récit, devenu populaire, témoigne hautement de la vénération inspirée par la charité du pieux apôtre.

Nommé par Louis XIII aumônier général des galères en 1619, Vincent étendit ses soins miséricordieux sur les condamnés qui attendaient à Paris le départ de la chaîne. Il obtint qu'on les transportât de la Conciergerie, où ils mouraient faute d'air, d'espace et de nourriture, dans une maison de la rue Saint-Honoré, où il s'installa avec eux, afin de pouvoir, à toute heure, leur offrir des secours et des consolations. C'était là qu'on le trouvait pendant son séjour à Paris, là qu'il donnait audience à tous ceux qui avaient à lui demander quelque service; car la tâche qu'il s'était imposée ne suffisait pas encore à son ardente charité.

Il avait reconnu, en s'efforçant d'amener les criminels au repentir, que l'ignorance avait été souvent la première cause de leurs chutes; or, la même ignorance régnait dans les campagnes : il résolut de s'associer quelques prêtres dévoués et d'aller avec eux instruire les pauvres paysans. Mme de Gondi lui donna 40,000 fr. pour l'aider dans cette belle œuvre. Bientôt des hommes savants et désintéressés vinrent à lui. Instruits par ses leçons et par son exemple, ils se répandaient dans les villages, instruisant, consolant, distribuant l'aumône avec la parole divine.

L'heureux résultat de ces missions inspira au saint prêtre

la pensée de fonder un collége où les jeunes gens qui se des-
tinaient à l'état ecclésiastique pussent éprouver leur vocation. Il y établit des conférences, où brilla sa simple et touchante éloquence. La persuasion coulait de ses lèvres, et l'on
ne pouvait assister à aucun de ses sermons sans devenir
meilleur. Bossuet, arrivé à la vieillesse, se rappelait encore
avoir cru, en l'écoutant, entendre Dieu lui-même; Fénelon
reconnaissait aussi Vincent de Paul comme son maître dans
l'art oratoire; mais l'humble serviteur des pauvres eût été
bien étonné des éloges de ces deux gloires du grand siècle;
car il songeait moins à éblouir ses auditeurs qu'à les instruire
et à les convaincre.

Les malheureux n'avaient pas cessé d'être l'objet de la sollicitude de l'homme de Dieu; mais ses ressources étant bor-
nées, il ne pouvait les soulager comme il l'eût voulu. Il trouva
le moyen d'y suppléer en fondant à Paris des confréries de
charité. Mme Legras (Louise de Marillac) lui offrit de se vouer
la première au service des pauvres et des malades. De pieuses
dames l'imitèrent, et plusieurs d'entre elles se chargèrent de
prendre un soin particulier de l'Hôtel-Dieu. Des pestiférés y
ayant été amenés, la charité de ces saintes femmes ne s'en
effraya pas plus que celle de Vincent, et ces infortunés furent
entourés jusqu'à la fin des plus généreuses consolations.

Cependant, malgré leur zèle, ces dames, se devant à leurs
familles, ne pouvaient donner aux pauvres qu'une partie de
leur temps. Vincent conçut le projet de confier la garde des
malades à des personnes qui en fissent leur unique occupation. C'est ainsi que fut créé l'ordre des Filles de la Charité.
N'ayant, suivant l'expression de Vincent de Paul, que la
crainte de Dieu pour grille et pour voile qu'une exacte modestie, elles se sont toujours trouvées et se trouvent encore
partout où l'on a besoin de leur courage et de leur dévouement.
On les admire, on les vénère, on les bénit, et l'institution des
Filles de la Charité suffirait seule à immortaliser son fondateur.

Toutefois, Vincent a bien d'autres titres à la reconnaissance de la postérité. En 1636, il entreprit une mission à
l'armée de Picardie, pour faire cesser les désordres des soldats et soulager la misère des campagnes envahies. Cette misère était telle, qu'après avoir distribué toutes les aumônes
qu'il avait recueillies, après avoir imploré le roi et les princes
pour ceux qui mouraient de faim, le saint prêtre alla trouver
le cardinal de Richelieu, et, se jetant à ses pieds, le supplia
de rendre la paix à ce pauvre peuple dont les souffrances lui
déchiraient le cœur.

Le grand ministre promit de hâter autant que possible
cette paix tant désirée. Vincent, peu rassuré par cette promesse, ne demeura point inactif. Il osa frapper à toutes les
portes, et, faisant partout la peinture des maux affreux qu'il
avait vus, il fut si persuasif, si pressant, qu'il put faire dis-
tribuer dans les provinces ravagées plus de 5 millions, tant
en argent qu'en linge, vêtements et provisions de toutes
sortes.

La Picardie, la Lorraine, la Champagne gardent encore le
souvenir de ces bienfaits, répandus avec autant d'intelligence
que de bonté. Des instruments aratoires, des chevaux, des
chariots, du grain pour ensemencer les terres, furent envoyés
par ses ordres dans les provinces ravagées, et l'on vit ce saint
homme mettre la main à la charrue, pour rendre le courage
aux laboureurs, fatigués de cultiver sans espoir de récolte.

Vincent de Paul s'était fait une si haute réputation de
sainteté, que Louis XIII, se sentant mourir, voulut recevoir
de lui les dernières consolations de la religion. Le roi,
presque abandonné de la cour, qui tournait déjà ses hommages vers la reine, était en proie à une mélancolie profonde. Il avait d'ailleurs passé tristement sa vie, toujours
courbé sous le joug de son ministre et toujours voulant le
secouer, malade, sombre, sauvage, insupportable à lui-
même et souvent aux autres. Que de soucis et de douleurs

s'étaient cachés sous son manteau royal ! Dieu seul le savait ; mais Vincent le devina, et sa charité fut à la hauteur de la mission qu'il avait acceptée.

Après la mort du roi, Anne d'Autriche exigea que ce digne prêtre fît partie du conseil chargé de la distribution des charges et des bénéfices ecclésiastiques. Il ne tarda point à en devenir le président ; il sut déployer dans ces nouvelles fonctions une loyauté, un désintéressement, une fermeté qui lui firent d'abord quelques ennemis, mais qui lui valurent ensuite un respect universel.

Les troubles de la Fronde lui fournirent une nouvelle occasion d'exercer son zèle pour le soulagement des malheureux. Il distribua aux environs de Paris, maltraités par la guerre, les mêmes secours qu'il avait déjà répandus dans les provinces envahies, et, tout en s'occupant de réparer tant de maux, il songeait à une œuvre non moins utile que celles qu'il avait entreprises jusque-là.

Le sort des enfants trouvés était trop malheureux pour n'avoir pas encore excité sa compassion. Ces pauvres abandonnés, dont le nombre était de trois à quatre cents chaque année, étaient portés dans une maison de la rue Saint-Landry, et y mouraient presque tous, faute de soins et de nourriture. Vincent pria les dames de Charité de se charger de quelques-uns, et il eut la joie de les voir revenir à la santé. Dès lors on le vit, presque chaque nuit, parcourir les rues de Paris, pour recueillir les innocents exposés sur les marches des églises. Il les réchauffait de ses baisers, les enveloppait dans son manteau et les portait aux saintes filles qui s'étaient empressées de lui offrir leur aide.

Mais le nombre des victimes ainsi arrachées à la mort devint si grand, que les ressources manquèrent pour les nourrir et les élever. Vincent eut recours au roi et put encore, pendant huit ans, continuer son œuvre. Au bout de ce temps, la même pénurie se fit encore sentir.

« Le père nourricier des orphelins ne se découragea point, dit l'abbé Maury. Bien loin de désespérer de la Providence, il convoqua une assemblée extraordinaire dans l'église Saint-Lazare. Il y fit placer un très-grand nombre de ces pauvres enfants, prêts à expirer dans les bras des Filles de la Charité, et, montant aussitôt en chaire, il prononça, les yeux baignés de larmes, cette allocution pleine d'âme, qui fait autant d'honneur à son éloquence qu'à son zèle :

« Or sus, Mesdames, la compassion et la charité vous ont
« fait adopter ces petites créatures pour vos enfants. Vous
« avez été leurs mères selon la grâce, depuis que leurs mères
« selon la nature les ont abandonnées. Voyez maintenant si
« vous voulez aussi les abandonner pour toujours. Cessez à
« présent d'être leurs mères pour devenir leurs juges : leur
« vie et leur mort sont entre vos mains. Je m'en vais donc,
« sans délibérer, prendre les voix et les suffrages. Il est
« temps de prononcer leur arrêt et de décider irrévocable-
« ment si vous ne voulez plus avoir pour eux des entrailles
« de miséricorde. Les voilà devant vous !... Ils vivront, si
« vous continuez d'en prendre un soin charitable ; et, je
« vous le déclare devant Dieu, ils seront tous morts demain,
« si vous les délaissez. »

« On ne devait répondre, on ne répondit à cette pathé-tique exhortation que par des pleurs et des largesses, et le même jour, au même instant, dans la même église, l'hôpital des Enfants-Trouvés de Paris fut fondé par acclamation et doté de 40,000 livres de rente. »

L'âge n'avait pas refroidi le zèle de Vincent de Paul; et quoique sa santé fût très-délicate, il trouvait dans ce zèle la force de veiller à la prospérité de toutes les institutions dont il était le père. Il répondait en outre aux demandes de toutes sortes dont il se voyait journellement assailli. Les villes, les provinces s'adressaient à lui, aussi bien que l'artisan sans travail, le laboureur ruiné par la grêle, ou l'orphelin sans asile.

La maison de Saint-Lazare, qui lui avait été donnée en 1632, resta jusqu'à sa mort ouverte non-seulement aux prêtres qui venaient y faire une retraite, mais à toutes les personnes qui s'y présentaient, quelle que fût leur condition. La guerre ayant de nouveau dévasté la Champagne et la Lorraine, en 1651, beaucoup d'habitants de ces provinces accoururent vers lui comme vers un libérateur. Il les reçut dans son couvent et obtint pour ceux qui ne purent y trouver asile une partie du village de la Chapelle, où il pourvut à tous leurs besoins avec une paternelle sollicitude.

Saisi de douleur à la vue de tant de maux, il engageait les prêtres à prier sans cesse pour la paix de l'Europe; lui-même s'écriait souvent, les larmes aux yeux : « O Sauveur ! ô Sauveur ! pour combien de temps encore nous menaces-tu de ces fléaux ?... »

Dieu l'écouta enfin et ne voulut pas qu'il mourût avant d'avoir vu la fin de ces guerres, dont il avait si cruellement souffert.

Les dernières années de ce saint homme furent marquées par la fondation d'un hospice pour les vieillards. Les fonds nécessaires à cet établissement lui furent fournis par un bourgeois de Paris, dont il promit de ne jamais révéler le nom. Cet asile de la vieillesse ne pouvait recevoir que quarante pauvres ; c'était bien peu ; mais Vincent fit appel à la charité publique en faveur des vieillards, comme il l'avait implorée pour les malades, pour les enfants trouvés, pour les victimes de la guerre. Le roi lui donna de vastes terrains, situés en face de l'Arsenal ; Anne d'Autriche lui remit une somme considérable ; les grands imitèrent cette générosité ; les bourgeois, les ouvriers même apportèrent leur offrande, et l'hospice de la Salpêtrière fut fondé.

Agé de plus de quatre-vingts ans et malade depuis long-temps, l'homme de Dieu retrouvait pour faire le bien toute l'énergie de sa jeunesse. Les retraites, les conférences, les missions occupaient tour à tour son attention, et, pour se délasser de tant de travaux, il veillait à ce que rien ne manquât à ses pauvres et à ses enfants trouvés.

Quand ses souffrances, devenues continuelles et terribles, le condamnèrent à ne plus quitter sa maison de Saint-Lazare, il ne renonça pas encore à son pieux ministère. Il se faisait porter au milieu de la foule qui encombrait cet asile, et là il instruisait, il consolait, il exhortait chacun à la pratique des vertus.

Sa résignation ne le cédait point à sa charité ; il ne se plaignait jamais, et les douleurs les plus atroces n'altéraient ni la sérénité de son visage ni l'égalité de son humeur. Enfin, le 27 septembre 1660, après avoir béni une dernière fois ses enfants rassemblés autour de lui, il rendit sa belle âme au Dieu qu'il avait si fidèlement servi. Il avait quatre-vingt-cinq ans.

Les peuples et les princes s'unirent pour demander au saint-siége la canonisation du père des pauvres, du héros de la charité, dont le nom passera de siècle en siècle, entouré du respect et des bénédictions de tous les amis de l'humanité.

JÉROME BIGNON.

⊲∘⊳

— J'ai bien travaillé aujourd'hui, je suis sûr que mon père sera content, disait, en rangeant les livres entassés devant lui, un enfant de neuf à dix ans, dont le visage déjà sérieux s'animait d'une douce gaîté. Dès demain je pourrai commencer la description de la terre sainte, à laquelle je rêve depuis si longtemps. J'ai étudié avec le plus grand soin tout ce qui concerne ce pays; j'ai pris des notes que je crois exactes, et je me réjouis de les mettre en ordre. Il me semble que je réussirai.... Mais si j'avais fait ce grand voyage, si j'avais vu Jérusalem, si j'avais pu fléchir les genoux devant le tombeau du Christ, si j'avais parcouru en pèlerin cette terre où s'est accompli le grand mystère de la Rédemption, je pourrais parler d'après mes impressions personnelles et je serais bien plus joyeux encore d'entreprendre cet ouvrage. Je me fais une idée de ce pays d'après ce que j'ai lu; mais est-elle bien exacte?... J'ai peine à le croire; et si plus tard je visitais les saints lieux, j'aurais sans doute à corriger beaucoup d'erreurs dans ma *Chorographie*....

— C'est probable, Jérôme, dit une voix douce et grave.

— Vous étiez là, mon père? demanda l'enfant, en voyant s'écarter la tapisserie qui fermait l'entrée de la bibliothèque. Ne pensez-vous pas, comme moi, que pour peindre la physionomie d'un pays, il faudrait l'avoir étudiée et n'être pas obligé de s'en rapporter aux récits d'autrui?

— Oui, mon ami; mais à votre âge, on ne peut avoir la prétention d'écrire quelque chose de parfait, et le travail que vous allez faire est bien moins destiné à vous créer une réputation qu'à vous servir d'exercice littéraire. C'est à ce titre seulement que j'ai approuvé votre projet, lorsque vous me l'avez confié.

— Je le sais, mon père, et je n'oublierai jamais ce que vous m'avez dit alors : «Le talent et le savoir sont de bonnes choses; mais la modestie vaut encore mieux. »

— Bien, mon enfant. J'aimerais mieux vous voir ignorant qu'orgueilleux; mais presque toujours l'ignorance et l'orgueil vont de compagnie, tandis que le véritable mérite s'ignore lui-même et cherche à se faire oublier.

— Mon père, dit Jérôme, j'ai votre exemple sous les yeux; c'est la meilleure des leçons; car je vous aime et vous vénère trop pour ne pas m'efforcer de vous imiter.

— Notre famille a déjà produit des savants et des magistrats illustres; mais j'espère que vous les surpasserez tous.

— Ils n'ont pas eu des maîtres aussi sages, aussi éclairés, aussi tendres que le mien, répondit Jérôme, en prenant avec respect la main de son père, qui se pencha vers lui et l'embrassa avec émotion, en lui disant :

— Je fais ce que je puis pour t'instruire et te former à la vertu; c'est un devoir sacré que ta docilité transforme en une tâche bien douce.

— Vous m'encouragez avec tant de bonté, qu'il faut bien que je travaille pour ne pas me montrer ingrat. Voici ce que j'ai fait aujourd'hui, dit Jérôme, en présentant ses cahiers à son père et en roulant au coin du feu son grand fauteuil.

L'avocat Bignon était un homme aussi distingué par son caractère que par ses talents. Il mettait son éloquente parole au service de toute cause dont la justice lui était démontrée, et jamais le désir de s'enrichir ou de se créer de puissants protecteurs n'eût pu le décider à transiger avec sa conscience. Son mérite bien connu lui fit offrir des emplois qu'il refusa pour se consacrer à l'éducation de son fils, dont il avait découvert de bonne heure les brillantes dispositions. Jérôme appréciait ce sacrifice, et il ne négligeait rien pour en profiter. Il écoutait son père comme un oracle ; il gravait pieusement dans son cœur les leçons de vertu, d'honneur, de dévouement, qu'il en recevait ; et quand même il n'eût pas aimé l'étude, il eût voulu s'y livrer, pour contenter un si bon maître. Mais on n'avait jamais vu d'enfant plus passionné pour le travail ; il prenait à peine quelques instants de récréation ; encore les passait-il le plus souvent à feuilleter les volumes qu'il ne lui était pas encore permis d'étudier, ou bien à lire la Vie des grands hommes et les curieux récits des voyageurs.

Debout près de son père, il suivait de l'œil les devoirs que celui-ci examinait ; et quand une faute lui était signalée, il s'en rendait compte avec beaucoup de soin pour être sûr de l'éviter à l'avenir.

— Voici une traduction grecque qui est d'une irréprochable fidélité, dit l'avocat, en lui rendant le dernier cahier. Vous faites des progrès surprenants, mon cher Jérôme ; aussi vous me voyez bien fier et bien heureux.

— Vous consentez donc, mon père, à ce que je commence ma description de la terre sainte ? demanda l'enfant.

— De grand cœur, puisque c'est la récompense que vous ambitionnez. Je vais encore vous en offrir une autre, à laquelle vous serez peut-être moins sensible....

— Puisque ce sera une récompense, je ne puis que la recevoir avec joie.

— Eh bien ! mon ami, le précepteur de Monsieur le Prince m'a demandé de vous faire partager les leçons de son élève, et je n'ai pu refuser cet honneur.

Jérôme baissa les yeux et garda le silence.

— Je pensais bien que cette nouvelle ne vous serait point agréable. Songez pourtant, mon ami, que les fils des plus grands seigneurs vont vous porter envie.

L'enfant demeura immobile et ne répondit point.

— Songez aussi que par votre application vous pourrez stimuler l'ardeur du jeune prince, que vous contribuerez ainsi à le rendre plus digne de sa haute naissance et plus capable de servir son roi et sa patrie.

— S'il en est ainsi, mon père, je ne dois plus m'affliger, dit Jérôme ; mais je n'ai pensé d'abord qu'au chagrin de ne plus vous avoir pour maître.

— Rassurez-vous, mon fils, je ne renonce pas ainsi au plus cher de mes droits. Je ne veux pas que vous puissiez dire un jour comme Alexandre : « Si je dois la vie à mon père, je dois la vertu à mon précepteur. » Vous suivrez les mêmes cours que le prince de Condé ; mais vous travaillerez chacun de votre côté ; je vous donnerai mes soins comme je l'ai fait jusqu'à présent ; et quand vous l'emporterez sur votre émule, j'aurai ma part de ce triomphe.

Les choses étant ainsi arrangées, Jérôme se trouva consolé.

Henri de Bourbon, prince de Condé, avait alors onze ans. Il était orphelin, même avant de naître, et le roi Henri IV, qui l'aimait beaucoup, veillait sur lui avec sollicitude. Le jeune prince avait besoin d'émulation, son gouverneur l'avait senti et n'avait pas cru pouvoir lui donner un plus digne compagnon d'études que Jérôme Bignon.

Jérôme redoubla de zèle ; car non-seulement il voulait

suivre les leçons du prince, mais encore il tenait à ne pas différer son travail sur la terre sainte. Il se mit à l'œuvre, et, sans que ses autres études en souffrissent, il acheva cet ouvrage, qui aurait fait honneur à un savant consommé. Ses progrès ne lui semblaient être qu'un encouragement; plus il apprenait, mieux il voyait ce qu'il lui restait à apprendre; et ses journées n'y suffisant pas, il consacrait encore à ses livres une partie des nuits.

Un jour qu'il était occupé à choisir chez un libraire quelques ouvrages scientifiques, le père Sirmond, jésuite très-célèbre à cette époque, entra dans la boutique. Nouvellement arrivé de Rome, où il avait étudié les monuments antiques, il venait demander aussi quelques livres savants. Jérôme, absorbé par sa lecture, n'avait pas remarqué le religieux; mais il l'entendit nommer, et, s'estimant heureux de voir un homme dont on parlait tant, il se rapprocha de lui sans affectation.

Le père Sirmond, ayant trouvé ce qu'il cherchait, en débattait le prix avec le libraire, quand un amateur, qui regardait l'étalage, l'ayant aperçu dans la boutique, profita de cette occasion pour y entrer.

— Il y a longtemps que je désire vous voir, mon père, lui dit-il; vous avez lu et vu tant de choses, que vous pourrez certainement éclaircir une question dont je suis fort préoccupé.

— Si je ne puis la résoudre tout de suite, je l'étudierai, et il faut espérer que nous en viendrons à bout, répondit le jésuite.

Il s'agissait d'une difficulté littéraire, dont le père Sirmond parut quelque peu embarrassé. Le jeune Bignon vit cet embarras, et, sans laisser au religieux le temps de l'avouer, il fit quelques pas au-devant de lui.

— Voulez-vous, mon père, lui dit-il, me permettre de répondre à la question qui vient de vous être posée? Je n'y

réussirai peut-être pas ; mais ce sera toujours un honneur
pour moi d'avoir essayé de la résoudre en présence d'un
homme d'un savoir aussi éminent que le vôtre.

Le jésuite, étonné de voir un enfant s'exprimer avec tant de
convenance, crut cependant avoir affaire à un écolier présomp-
tueux, comme on l'est souvent à cet âge. Il sourit et engagea
Jérôme à s'expliquer ; mais il passa de l'étonnement à l'admiration, lorsqu'il l'entendit traiter la question avec une clarté
et une érudition dont sa modestie doublait encore le prix. Il
le complimenta sincèrement, lui prédit de grands succès, et
le pria de lui dire son nom, qu'il promit de ne pas oublier.

En effet, le souvenir du jeune savant ne le quittait guère.

Quelque temps après cette rencontre, un de ses amis vint
le voir. C'était M. Le Fèvre, qui fut depuis précepteur de
Louis XIII. On parlait science, histoire, littérature, et M. Le
Fèvre témoignait au jésuite une grande déférence pour ses
opinions.

— Ne me louez pas tant, dit gaîment le père Sirmond ; car
vous me feriez rougir. Vous saurez que je me méfie beaucoup
de mon savoir, et que ce n'est pas sans cause. Figurez-vous
que j'ai vu, il y a quelques jours, dans la boutique d'un
libraire, un enfant de douze à quatorze ans qui m'est heureusement venu en aide pour éclaircir une question fort épineuse.
Sans lui, je n'aurais pu la résoudre ; mais il s'en est acquitté
de manière à ne rien laisser à désirer. Je vous assure que je
le reverrai avec plaisir ; et si cela peut vous être agréable, je
tâcherai de vous le présenter. C'est le fils d'un avocat de Paris.

— Je le connais, mon père, répondit M. Le Fèvre, et vous
êtes peut-être le seul des savants de France qui n'ait pas encore entendu parler de Jérôme Bignon. Il n'a que douze ans ;
mais il en remontrerait à plus d'un docteur en cheveux blancs.
Si nous vivons, et que Dieu le conserve, nous le verrons certainement devenir le maître des plus sages et des plus savants
hommes de son siècle.

Le président de Thou, le cardinal du Perron, Scaliger, Casaubon, et une foule d'autres personnages distingués, recherchaient Jérôme Bignon et se plaisaient à s'entretenir avec lui. Le père Sirmond fit comme eux ; et la réputation de cet enfant grandissant chaque jour, Henri IV voulut le voir. Jérôme fit preuve dans cette entrevue d'une si grande présence d'esprit, de tant de jugement et de tact, que le bon roi en fut enchanté.

— Ventre-saint-gris ! s'écria-t-il, que ne sera pas ce docteur, quand il aura barbe au menton ?

Il le plaça auprès du jeune duc de Vendôme, en qualité de professeur, et Jérôme, qui n'avait alors que treize ans, composa pour son élève un *Traité des Antiquités romaines*. L'année suivante, il écrivit sur l'élection des papes un ouvrage qui fit sensation dans le monde savant et dont on parla beaucoup à la cour. On y connaissait déjà très-avantageusement Jérôme Bignon. Henri IV voulut qu'il passât auprès du dauphin, depuis Louis XIII, en qualité d'enfant d'honneur. Le roi l'aimait beaucoup ; il se plaisait à le faire causer chaque fois que l'occasion s'en présentait, et se montrait toujours plus charmé d'avoir donné à son fils un si sage et si spirituel compagnon. Jérôme ne ressemblait pas à ces enfants que l'étude rend maussades et disgracieux ; il était gai, poli, enjoué, il plaisait à tout le monde par des manières aimables et une conversation pleine d'intérêt.

Bignon ne savait pas flatter ; il disait souvent la vérité au dauphin ; mais il la disait avec tant de douceur et de raison, qu'il avait gagné l'amitié du petit prince. Jérôme aimait d'ailleurs sincèrement le jeune Louis, il admirait le roi et il détestait les ennemis de la France. Ce dernier sentiment s'éveilla de bonne heure dans le cœur du fils de Henri IV. On vint lui annoncer un jour que le connétable de Castille, ambassadeur d'Espagne, demandait à lui faire la révérence et qu'il était accompagné d'un certain nombre de seigneurs de sa nation.

— Des Espagnols ! s'écria Louis. Çà ! qu'on me donne mon épée.

Vers la même époque, un auteur castillan s'étant avisé d'écrire un gros in-folio pour établir la préséance des rois d'Espagne sur les autres souverains de l'Europe, Jérôme Bignon se chargea de réfuter ce livre par un traité de l'*Excellence des rois et du royaume de France*. Il dédia cet ouvrage à Henri IV, qui en agréa volontiers l'hommage et s'en montra fort satisfait. Mais à peu de temps de là, le 14 mai 1610, le bon roi tomba sous le poignard de Ravaillac, et Jérôme, profondément affligé de cette perte, quitta la cour, où tout commençait à changer de face.

Il passa quelques années dans la solitude, heureux de se retrouver avec ses livres ; puis il partit pour l'Italie, que depuis longtemps il désirait visiter. Le pape Paul V, qui honorait d'une bienveillance toute particulière les artistes et les savants, l'accueillit avec distinction et lui donna des preuves de la plus haute estime. Le célèbre Fra Paolo retint à Venise le jeune Bignon, dont il avait lu les ouvrages, sans pouvoir se persuader qu'ils eussent été écrits par un enfant. Lorsqu'il vit Jérôme, il n'en douta plus, et il déclara n'avoir jamais rencontré personne dont la conversation fût plus sensée, plus instructive et plus agréable.

Le témoignage de Fra Paolo ne pouvait être suspect ; car lui-même était un prodige de science. Il connaissait les langues anciennes et plusieurs langues modernes, les mathématiques, la philosophie, la théologie, la médecine et l'anatomie. Entré à l'âge de quatorze ans chez les frères servites, il était devenu, tout jeune encore, provincial de son ordre, et sa réputation s'était répandue dans toute l'Italie (1).

Après avoir joui pendant quelques semaines de la société

____

(1) C'était un savant, il est vrai ; mais l'esprit de parti a beaucoup altéré en lui la rectitude du jugement.

de cet homme distingué, Jérôme revint en France et embrassa, comme son père, la carrière de la magistrature. Il s'y fit remarquer par ses talents et son intégrité. Avocat général du Grand-Conseil en 1620, il obtint, six ans après, le même titre au Parlement de Paris ; et la place de bibliothécaire du roi étant devenue vacante en 1642, Louis XIII la lui donna.

— Je crois, lui dit ce prince, vous faire un présent digne de vous. On a souvent voulu me persuader que vous n'étiez pas dans mes intérêts ; mais on n'y a jamais réussi. Je sais que vous m'aimez, et feu M. Le Fresne ne cessait de me dire de prendre confiance en vous, à cause de votre exacte probité.

On voit que, comme tous les hommes d'un mérite supérieur, Jérôme Bignon avait des ennemis. Il méprisait la calomnie et pardonnait aux calomniateurs ; car il était véritablement chrétien. Devenu bibliothécaire du roi, il crut pouvoir se livrer à sa passion pour l'étude, et, afin de n'en être pas distrait par les graves soucis de la magistrature il céda sa charge d'avocat général à son gendre ; mais celui-ci étant mort en 1645, Jérôme reprit possession de cet emploi et continua de l'exercer avec le même zèle et la même impartialité.

Louis XIII rendait enfin pleine justice à son mérite ; il avait confiance en lui et il prit plusieurs fois ses avis, après la mort du cardinal de Richelieu. Mais le roi ne survécut guère à ce grand ministre, qu'il n'avait jamais aimé, et qu'il avait pourtant toujours soutenu, parce qu'il le croyait utile à l'État.

Après la mort de Louis XIII, Anne d'Autriche, déclarée régente du royaume, appela souvent Jérôme Bignon dans son conseil ; car elle le regardait comme un homme sage, un magistrat incorruptible et un bon citoyen. Pendant les troubles de la Fronde, il fit preuve d'une grande fermeté, d'un sincère dévouement au roi, et contribua de toutes ses forces au rétablissement de la paix entre les princes et le cardinal Mazarin.

La religion, qui l'avait aidé à bien vivre, le consola sur son lit de mort ; aussi recommanda-t-il à ses enfants de la respecter et de la pratiquer. Il avait soixante-sept ans.

DESCARTES. — NEWTON. — LEIBNITZ.

René Descartes, élève du collége de la Flèche, en 1606, était si chétif et si délicat, qu'on n'avait pas cru devoir l'astreindre à la règle établie dans cette maison, célèbre alors par les bonnes études qu'on y faisait. Il couchait seul dans une petite chambre éloignée des dortoirs, afin qu'aucun bruit n'arrivât jusqu'à lui, et l'on en fermait soigneusement les volets, de peur que l'éclat du jour ne l'empêchât de prolonger son sommeil. Son père, Joachim Descartes, conseiller au parlement de Bretagne, avait demandé cette grâce au recteur, qui, dans l'intérêt de la discipline, avait d'abord hésité à l'accorder, mais dont les scrupules s'étaient évanouis, lorsqu'il avait interrogé le jeune René.

Jamais, en effet, il n'avait rencontré une raison si précoce, des dispositions si remarquables, un si ardent désir de tout savoir et de tout comprendre. Enchanté d'avoir pour élève un enfant doué d'une intelligence supérieure, le bon recteur avait accepté la condition posée par le conseiller, et

12

il s'était engagé à laisser René dormir en paix la grasse matinée. Pour colorer cette tolérance aux yeux des autres collégiens, il avait exigé du médecin la défense expresse d'é-
veiller le nouveau venu.

On en avait jasé, on avait raillé le jeune Descartes, on
l'avait surnommé *la Marmotte;* mais comme il était doux,
aimable, obligeant, qu'il ne se vengeait des railleurs qu'en
les aidant à faire leurs devoirs ou à éviter des punitions, on
avait fini par ne plus s'occuper de lui. Il se levait juste assez
tôt pour assister aux leçons des professeurs; il les écoutait
avec avidité et il les retenait à merveille. Il était donc toujours le premier de sa classe, quoiqu'il donnât à l'étude
beaucoup moins de temps que ses condisciples. Mais peu à
peu il parut apporter moins d'empressement à suivre les
cours, et il lui arriva de temps en temps de manquer à la
classe du matin. Ses maîtres s'en étonnaient; mais il était
si pâle, qu'ils le crurent fatigué par l'étude et l'engagèrent
à prendre sans crainte le repos dont il avait besoin.

Un jour cependant, midi sonna sans qu'il parût. Le recteur
inquiet courut à sa chambre.

— Êtes-vous donc malade, mon enfant? lui demanda-t-il
en ouvrant les volets.

Un flot de lumière inonda le lit, et René porta vivement la
main à ses yeux.

— Le soleil est levé, dit-il, je ne m'en doutais pas.

— Vous n'avez pas entendu sonner le dîner? reprit le
recteur en riant. J'avais tort de m'alarmer; vous dormez
trop bien pour qu'on doive s'occuper de votre santé.

— Il est vrai que je n'ai pas entendu sonner, dit René;
mais je ne dormais pas, je réfléchissais.

— Sur quoi donc, mon ami?

— Sur l'existence de Dieu, qu'on a essayé de nous démontrer ces jours derniers. Elle m'apparaît si claire, si indiscu-
table, que je ne puis croire qu'il se soit trouvé des hommes

capables de la nier. Si je n'étais pas destiné à porter l'épée, je voudrais plus tard écrire sur ce sujet et sur beaucoup d'autres. Je ne sais si mon esprit est mal fait; mais il me semble qu'il y a une autre manière d'arriver à la vérité que celle dont nos professeurs font l'éloge. Ils s'attachent trop à ce qu'on a écrit ou pensé avant eux; il me semble qu'ils pourraient suivre un chemin plus court que la route battue. C'est ce chemin que je cherche et que je trouverai, si Dieu daigne bénir mes efforts.

Le recteur l'écoutait avec étonnement.

— Et c'est de cela que vous vous occupez, dit-il, pendant qu'on vous croit endormi?

— De cela et de bien d'autres choses encore; je repasse mes leçons de mathématiques, je me pose des problèmes et je les résous. C'est une science admirable que les mathématiques; je voudrais en pousser bien loin l'étude.

— Mais puisque vous travaillez ainsi tous les matins, pourquoi ne vous levez-vous pas?

— Parce que l'obscurité qui m'entoure m'enlève tout sujet de distraction et que l'inaction de mon corps double l'activité de mon esprit.

— Eh bien! mon enfant, continuez à méditer ainsi, et faites-moi part de vos découvertes dans la voie de la vérité, dit le recteur en souriant. Mais ne critiquez point notre manière d'enseigner; car ce serait manquer à la reconnaissance. Je n'en suis pas non plus toujours satisfait, et j'espère, comme vous, qu'un homme de génie viendra tôt ou tard changer la face des études et substituer la vraie philosophie à nos vaines dissertations.

A dater de ce moment, René s'entretint souvent avec le recteur, qui se fit un plaisir et un honneur de lui donner des soins tout particuliers, et qui s'attacha d'autant plus à lui que cet élève joignait à un esprit transcendant les plus rares qualités du cœur.

Descartes quitta ce maître bienveillant pour aller servir en qualité de volontaire au siége de la Rochelle. Après la prise de cette ville, il passa en Hollande, dans l'armée du prince Maurice. Il était en garnison à Bréda, quand le principal du collége de Dorth proposa aux savants de l'Europe un problème de mathématiques des plus compliqués. Descartes en trouva la solution; ce qui prouve qu'en suivant la carrière des armes, il n'avait pas renoncé à l'étude. Quelque temps après, il résolut de s'y livrer entièrement, et il vint à Paris, où il comptait trouver plus de lumières. La passion du jeu qui s'empara de lui vers cette époque l'empêcha de donner suite à ses projets de travail; mais il la combattit et parvint à en triompher. La morale, la philosophie, les mathématiques se partagèrent tout son temps; mais il finit par ne vouloir plus lire que dans ce qu'on appelait le grand livre du Monde, et il se remit à voyager.

Il visita l'Italie, séjourna quelques mois à Rome. Plusieurs savants de Paris avaient fort mal accueilli ses idées; et comme il avait pour maxime : « Vivre caché, c'est vivre heureux, » il se retira en Hollande, pour s'étudier librement lui-même. Mais un si brillant génie ne pouvait être longtemps ignoré. Descartes trouva en Hollande, comme à Paris, des partisans et des ennemis. Il passa en Angleterre, espérant y trouver la paix; et quand il reconnut qu'il la chercherait inutilement, il revint en France.

Louis XIII et le cardinal de Richelieu essayèrent de l'attirer à la cour; mais il aimait trop la solitude pour la sacrifier à la faveur des grands. Il était d'ailleurs si désintéressé, qu'il ne voulut jamais toucher la pension de 3,000 livres dont le roi l'avait gratifié. Aussi disait-il quelquefois, en montrant le brevet de cette pension, que jamais parchemin ne lui avait coûté si cher. Pendant qu'il habitait la Hollande, plusieurs personnages distingués lui avaient fait des offres de service; le comte d'Avaux lui avait même envoyé une somme consi-

dérable ; il l'avait refusée, en protestant de sa reconnaissance.

— C'est au public, disait-il, à payer ce que je fais pour le
public.

Il n'avait cependant qu'un mince patrimoine ; mais il pro-
portionnait sa dépense à ses revenus. Sa table était des plus
frugales ; les fruits et les légumes qu'il cultivait de ses
propres mains en faisaient tous les frais, et dans ce temps où
le satin, le velours, les plumes et les dentelles n'étaient pas
plus dédaignés par les gentilshommes que par les élégantes,
il n'était jamais vêtu que de drap noir. Il avait peu de serviteurs ; il les regardait comme des amis malheureux, et les
instruisait avec bonté. L'un d'eux, nommé Gillot, devint,
grâce à ses soins, un excellent professeur de mathématiques.
Ses amis trouvaient en lui le plus entier dévouement, et ses
ennemis ne pouvaient parvenir à lui inspirer le moindre désir
de vengeance.

— Quand on me fait une offense, disait-il, je tâche d'élever mon âme si haut, que l'offense n'arrive pas jusqu'à
elle.

Cependant ses ouvrages lui avaient suscité tant d'envieux
et tant d'adversaires, qu'il refusa d'abord de publier ses
Méditations métaphysiques, qui devaient, pensait-il, lui donner une vingtaine d'approbateurs et des milliers d'ennemis.
Les admirateurs de son talent combattirent cette résolution ;
il céda, mais seulement après avoir communiqué son manuscrit aux plus savants hommes de l'Europe et à plusieurs
théologiens célèbres.

— Je veux, dit-il, m'appuyer sur l'autorité, puisque la vérité est si peu de chose, quand elle est seule.

La reine Christine de Suède souhaitait vivement voir ce
philosophe à sa cour ; elle le fit supplier de s'y rendre.
Descartes répondit à l'ambassadeur chargé de cette négocia-
tion qu'un homme né dans les jardins de la Touraine ne pou-

vait facilement se résoudre à quitter une retraite délicieuse pour aller vivre au pays des ours, entre des rochers et des glaces. L'ambassadeur insista, et Descartes partit pour Stockholm, bien décidé à garder sa liberté au milieu de cette cour ou à n'y faire que paraître.

Christine lui fit l'accueil le plus flatteur ; elle le dispensa de toute étiquette et ne lui demanda que de vouloir bien conférer chaque jour avec elle dans sa bibliothèque. Elle le pria de dresser les statuts d'une académie dont il devait être le directeur. Il obéit et porta ce règlement à la reine le 1er février 1650. Christine en prit lecture ; elle approuva toutes les dispositions prises par le philosophe et promit de hâter la constitution de cette société, qui manquait à la gloire de son règne.

Descartes excita ce jour-là plus que jamais l'envie des courtisans ; mais en rentrant chez lui, il se sentit indisposé, et dès le lendemain les médecins constatèrent une grave inflammation des poumons. L'ambassadeur, qui avait eu récemment la même maladie, voulut le faire saigner comme lui-même l'avait été ; mais Descartes ne voulut point entendre parler de saignée. Il répétait à chaque instant, dans une espèce de délire : « Messieurs, épargnez le sang français ! » Et lorsqu'on parvint à le calmer, il était trop tard pour que ce remède le sauvât.

Il expira le 11 février 1650, à l'âge de cinquante-trois ans. Christine voulut le faire inhumer auprès des rois de Suède ; mais l'ambassadeur la supplia de permettre qu'il fût enterré dans le cimetière des catholiques, et elle y consentit. Six ans après, Dalibert, trésorier de France, fit ramener à Paris le corps de l'illustre savant, qui fut placé, en grande pompe, dans l'église de Sainte-Geneviève-du-Mont. On y mit son buste, avec cette inscription :

> Descartes, dont tu vois ici la sépulture,
> A dessillé les yeux des aveugles mortels,

Et, gardant le respect que l'on doit aux autels,
Leur a du monde entier dévoilé la structure.
Son nom, par mille écrits, se rendit glorieux ;
Son esprit, mesurant et la terre et les cieux,
En pénétra l'abîme, en perça les nuages.
Cependant, comme un autre, il cède aux lois du sort,
Lui qui vivrait autant que ses divins ouvrages,
Si le sage pouvait s'affranchir de la mort.

Les ouvrages de Descartes portent l'empreinte d'un génie créateur. Avant lui, la philosophie était un labyrinthe sans issue ; il indiqua le fil grâce auquel on en pouvait parcourir les détours. Il jeta les fondements de la bonne physique et sut faire l'application de l'algèbre à la géométrie. S'il ne perfectionna point son système, il eut du moins la gloire de porter le premier coup aux préjugés, à la barbarie, et d'ouvrir aux efforts de l'esprit humain la carrière dans laquelle Newton devait s'immortaliser.

Isaac Newton, né en 1642, dans le comté de Lincoln, en Angleterre, se distingua dès son enfance par le même amour de l'étude, le même besoin de solitude et de méditation que René Descartes. Comme lui encore, il prit goût aux mathématiques, à la géométrie, et s'y adonna de telle sorte, que, tout jeune encore, il avait déjà fait de grandes découvertes. Il est vrai de dire que les ouvrages de Descartes et de Keppler contribuèrent à le guider dans ces sciences. Il se tourna ensuite vers l'étude de la nature, il calcula le mouvement des planètes, perfectionna le télescope, analysa la lumière et publia de savants traités qui produisirent en Angleterre une sensation profonde. On le regarda comme le plus grand génie de son siècle, et personne ne contesta son triomphe. Les maîtres célèbres s'inclinèrent devant lui, et, par une acclamation unanime, ils le regardèrent comme leur chef. L'Angleterre tout entière s'honora de sa gloire, la reine Anne le fit chevalier, le roi Georges le combla de témoignages de son admiration, la princesse de Galles déclara qu'elle s'estimait heureuse de vivre en même temps que cet homme illustre.

Au milieu de tant d'honneurs, il sut prouver qu'il était vraiment philosophe : il resta doux, modeste, simple, accessible à tout le monde. Il ne cherchait qu'à se faire oublier ; il préférait de beaucoup à toute sa gloire les joies de l'amitié et le bonheur de faire du bien. Créé maître des monnaies en 1699, il exerça cet emploi jusqu'à sa mort avec une scrupuleuse intégrité. Riche de son patrimoine et du revenu de cette place, il savait être magnifique, lorsque la bienséance l'exigeait ; mais hors de là, il vivait avec une extrême simplicité, réservant ses épargnes au soulagement des malheureux. Personne n'était moins courtisan que lui. Un jour qu'il donnait à dîner à quelques savants, l'un d'eux proposa, suivant l'usage anglais, de boire à la santé des princes.

— Buvons, répondit Newton, à la santé de tous les honnêtes gens, de quelque pays qu'ils soient. Ils sont ordinairement tous amis, parce qu'ils tendent au seul but digne de l'homme, la connaissance de la vérité.

En étudiant la nature, il s'était pénétré d'un si grand respect pour l'auteur de tant de merveilles, que jamais il n'entendait prononcer le nom de Dieu sans s'incliner profondément.

Il conserva jusqu'à quatre-vingts ans une santé parfaite et l'usage de ses facultés. Mais alors il commença à souffrir de la pierre, et, après avoir langui pendant cinq ans, il fut enlevé à sa patrie et à la science. La cour de Londres ordonna que son corps, exposé sur un lit de parade, comme ceux des princes, fût ensuite transporté à Westminster. Le célèbre Pope lui fit une épitaphe, dont voici la traduction :

> L'épaisse nuit régnait sur le monde encore brut.
> Dieu dit : Que Newton soit.... Soudain le jour parut.
> Pour second créateur tout l'univers le nomme.
> Interrogez le ciel, la nature, le temps :
> C'est un Dieu, diront-ils, il ne craint rien des ans....
> Hélas ! ce marbre seul atteste qu'il fut homme.

Pendant que Newton réformait la philosophie de Descartes et faisait faire un pas immense à la géométrie et à la physique, l'Allemagne possédait aussi un homme d'un rare et profond génie.

Guillaume-Godefroi Leibnitz, fils d'un professeur de morale de Leipsick, a sa place marquée dans l'histoire des enfants célèbres. Les livres furent ses premiers jouets : il apprit les langues anciennes, les mathématiques, l'histoire, avec une facilité si merveilleuse, qu'on avait peine à fournir assez d'éléments à sa passion de savoir. Aucun de ses condisciples ne put lutter avec lui, et bientôt, n'ayant plus besoin de maître, il s'enferma dans la bibliothèque de son père, pour achever de s'instruire par la lecture des poëtes, des orateurs, des théologiens, des jurisconsultes et des philosophes. Il ne se borna point à une spécialité, il embrassa tout, et il devint un homme universel.

Les princes de Brunswick le choisirent pour écrire l'histoire de leur maison, et le chargèrent de parcourir l'Allemagne et l'Italie pour en rassembler les matériaux. Ces voyages profitèrent à Leibnitz, qui les accomplit en observateur et en philosophe. Rentré dans sa patrie, il publia ses premiers ouvrages, qui le placèrent au rang des savants les plus renommés. L'électeur de Saxe, le czar, l'empereur d'Allemagne l'honorèrent des distinctions les plus flatteuses, et chacun d'eux essaya de le fixer à sa cour. Mais vers cette époque, le bonheur de Leibnitz fut troublé par une grande querelle que lui suscitèrent les admirateurs de Newton.

Ils l'accusèrent d'avoir dérobé au grand génie de l'Angleterre l'invention du calcul différentiel. Leibnitz repoussa cette accusation et porta plainte à la Société royale de Londres. La Société se prononça en faveur de Newton, et cet arrêt causa au philosophe allemand un chagrin qu'il ne put jamais oublier. L'opinion des savants fut partagée : les uns pensèrent que Leibnitz s'était en effet approprié la découverte de l'illustre

Anglais; mais les autres dirent que Newton et Leibnitz avaient saisi et développé la même vérité; ce qu'on pouvait facilement expliquer par la conformité de leur génie.

Leibnitz conserva jusque dans sa vieillesse la passion que, tout enfant, il avait eue pour les livres : il lisait même les ouvrages les plus médiocres et les plus bizarres. Il aimait aussi à s'entretenir avec toutes sortes de personnes, les gens de cour, les artisans, les laboureurs, les soldats; il disait que dans ces conversations il se trouvait toujours quelque chose dont on pouvait faire profit. Il écrivit sur un grand nombre de sujets, mit au jour des idées excellentes et des rêveries impossibles à réaliser. Ainsi, il voulait créer une langue universelle et placer l'Europe sous le sceptre d'un seul homme. Il désirait aussi, il est vrai, qu'elle n'eût qu'un chef spirituel; et lorsqu'il mourut, il était en correspondance avec Bossuet, pour aviser aux moyens de réunir les protestants aux catholiques.

Ce philosophe était très-gai, prompt à se mettre en colère, mais aussi prompt à s'apaiser; il savait être aimable et se dépouillait parfaitement dans le monde de la raideur du philosophe et du savant. Sa mémoire était prodigieuse; il répondait sur-le-champ à toutes les questions qu'on pouvait lui adresser; aussi le roi d'Angleterre l'appelait-il son dictionnaire vivant.

Il mourut à l'âge de soixante-dix ans, au milieu d'une dissertation sur la chimie. Vingt ans auparavant, il avait été sur le point de se marier; mais la personne qu'il devait épouser ayant demandé un certain temps pour faire ses réflexions, il en fit aussi de son côté; et lorsqu'elle fut décidée, il dit qu'il croyait le mariage bon, mais qu'un homme sage devait y penser toute sa vie.

On a souvent comparé les trois célèbres philosophes que nous avons réunis dans ce chapitre. Nous lisons dans un Éloge de Descartes, couronné par l'Académie française en

1765 : « Descartes avait l'éclat et l'immensité du génie de Leibnitz, mais bien plus de consistance et de réalité dans sa grandeur ; il a mérité d'être mis à côté de Newton, parce qu'il a créé une partie de Newton et qu'il n'a été créé que par lui-même ; parce que si l'un a découvert plus de vérités, l'autre a ouvert la route de toutes les vérités. Géomètre aussi sublime, quoiqu'il n'ait point fait un aussi grand usage de la géométrie ; plus original par son génie, quoique ce génie l'ait souvent trompé ; plus universel dans ses connaissances comme dans ses talents, quoique moins sage et moins assuré dans sa marche ; ayant peut-être en étendue ce que Newton avait en profondeur ; fait pour concevoir en grand, mais peu fait pour suivre les détails, tandis que Newton donnait aux plus petits détails l'empreinte du génie ; moins admirable sans doute par la connaissance des cieux, mais bien plus utile pour le genre humain par sa grande influence sur les esprits. »

« Newton et Descartes, dit le savant jésuite Castel, se valent par l'invention ; mais celui-ci avait plus de facilité et d'élévation ; l'autre, avec moins de facilité, était plus profond. Tel est à peu près le caractère des deux nations : le génie français bâtit en hauteur, et le génie anglais en profondeur. Tous deux eurent l'ambition de faire un monde, comme Alexandre eut celle de le conquérir. »

Nous n'ajouterons plus qu'un mot. Les plus beaux génies ont prouvé que la raison humaine est sujette à l'erreur ; car ils ont vainement cherché dans les idées philosophiques les solutions qu'ils auraient trouvées sans effort dans la religion, dépositaire de l'éternelle vérité.

LE CAVALIER BERNIN.

La veille de Pâques de l'an 1608, la foule se pressait dans l'église de Sainte-Praxède à Rome, pour y admirer le travail d'un enfant nouvellement arrivé de Naples, et dont la renommée racontait des merveilles. Les offices étaient terminés, et chacun se dirigeait vers une chapelle latérale où avait été déposée une tête en marbre que les connaisseurs avaient beaucoup admirée. Cette tête était l'œuvre de Giovanni Bernini, que l'on pouvait voir assis dans un des coins de la chapelle. L'œil mutin, le sourire aux lèvres, Giovanni regardait avec une curiosité joyeuse tout ce monde que lui seul mettait en émoi, et il recueillait avidement les éloges et les critiques du vulgaire et des amateurs.

Il allait avoir dix ans, et il paraissait plus jeune encore avec ses longs cheveux bouclés, ses joues roses, sa taille mignonne et fluette. On n'eût pas dit, à voir ses mains, que des doigts si délicats pussent tenir le ciseau ; cependant c'était bien Giovanni qui avait fouillé cette tête, animé ce morceau

de marbre. Ce n'était pas une œuvre finement achevée ;
mais il y avait de l'avenir dans ces lignes hardies, dans cette
physionomie saisissante. Tel était l'avis de chacun, et l'enfant
se disait à part lui :

— Oui, je deviendrai un habile artiste, un grand sculpteur, comme Michel-Ange.

Rome est la patrie des beaux-arts ; c'est là qu'ils ont toujours trouvé asile et protection. Le pape Paul V entendit
parler du jeune Napolitain qui annonçait de si heureuses
dispositions. Il voulut le voir et chargea l'un de ses cardinaux
de le lui présenter. Giovanni tremblait un peu ; le pontife le rassura par d'affectueuses paroles.

— Relevez-vous, mon enfant, lui dit-il, après lui avoir
donné son anneau à baiser ; regardez-moi comme votre père,
comme votre ami, et parlez-moi en toute confiance. J'ai vu
l'essai que vous avez exposé à Sainte-Praxède et j'en ai été
satisfait. Mais est-il bien vrai que personne ne vous ait aidé
dans ce travail ?

— Personne, saint-père ; je n'aurais pas voulu qu'on y
touchât, répondit Giovanni. Ce serait un odieux mensonge
que de présenter l'ouvrage d'un autre pour le sien, et je ne
suis pas un menteur.

— Je vous crois, mon fils, dit Paul, souriant à la fierté
de l'enfant ; mais je voudrais avoir le plaisir de vous voir travailler sous mes yeux. Pourriez-vous dessiner tout de suite et
sans modèle une tête quelconque ?

— Quelle tête désire Votre Sainteté ? demanda Giovanni,
sans le moindre embarras. Me voici prêt à vous obéir.

— Puisque je n'ai qu'à choisir, reprit le pontife au cardinal, c'est qu'il les sait faire toutes. Courage, mon enfant, je
vous crois appelé à de grandes choses, ajouta-t-il ; vous y ar-
riverez par le travail ; et si vous avez besoin d'un appui, vous
le trouverez toujours en moi ou en mes successeurs.

Giovanni se retira pénétré de reconnaissance, et, suivant

le conseil du saint-père, il se livra courageusement à l'étude de son art. Il aimait la peinture autant que la sculpture, et la vue des monuments dus au génie des grands architectes lui causait une vive admiration. Il passait des journées entières devant les tableaux de Raphaël; mais les statues de Michel-Ange et les sublimes proportions de l'église Saint-Pierre le ravissaient.

Un jour qu'il examinait les magnifiques voûtes de cette immense basilique, il vit plusieurs artistes, au milieu desquels se trouvait Annibal Carrache, examiner la place où devait être le maître-autel. Bernini ne voulut pas laisser échapper cette occasion de voir de près ce peintre dont on parlait tant. Louis Carrache et ses deux cousins, Augustin et Annibal, avaient fondé à Bologne une école célèbre; ils avaient remis en honneur l'étude de la nature, trop négligée depuis que Raphaël et Jules Romain, son élève, avaient cessé de vivre ; et si leurs œuvres n'atteignaient pas à la perfection des maîtres du grand siècle, du moins elles réunissaient des qualités qu'on n'était plus habitué à rencontrer dans la peinture, alors tombée en décadence.

Giovanni s'approcha d'Annibal, sans en être remarqué.

— Croyez-moi, mes amis, disait le peintre bolonais, il viendra quelque jour un génie supérieur qui élèvera sous la coupole et dans le fond de l'église deux monuments proportionnés à la grandeur de ce temple superbe.

— Plût à Dieu que ce fût moi! s'écria Giovanni.

Tous les yeux se tournèrent vers lui; il baissa la tête en rougissant, car cette exclamation lui était échappée sans qu'il s'en aperçût.

— Êtes-vous donc artiste, mon jeune ami? lui demanda Carrache.

— J'espère du moins le devenir, répondit-il; car j'y travaille sans cesse.

— Vous êtes le Napolitain Bernini? reprit Annibal. J'ai

entendu parler de vous, et il y a longtemps que je désire vous connaître.

— Moi, dit Giovanni, j'ai souvent admiré vos belles fresques de la galerie Farnèse; et si je n'étais plus occupé de sculpture que de peinture, je vous aurais supplié de m'accepter pour élève. Mais puisque vous me témoignez tant de bienveillance, permettez-moi d'aller quelquefois vous voir travailler.

— Quand il vous plaira, répondit Annibal. Je serais heureux de contribuer au développement d'un génie précoce comme le vôtre. Ah! si j'avais commencé d'étudier mon art à l'âge que vous avez, je serais peut-être aussi devenu un grand peintre; mais j'ai appris à coudre avant d'apprendre à dessiner.

— A coudre!... répéta Giovanni, tout surpris.

— Mais oui, dit Annibal. Mon père n'était qu'un pauvre tailleur d'habits; et comme il s'était imposé de grands sacrifices pour mon frère Augustin, il me destinait pour héritage son aiguille et ses ciseaux. Je n'aurais donc jamais quitté l'établi, si Louis Carrache, mon cousin, ne se fût avisé de me donner quelques leçons de dessin. Il fut étonné de ma facilité à saisir les ressemblances et il décida mon père à me confier à lui. Voilà comment je suis devenu peintre; mais on se ressent toujours de sa première éducation, et je ne serai jamais un poëte, un philosophe, un élégant comme mon frère. Étudiez donc, mon ami, tandis que vous êtes jeune; un peintre, un sculpteur ne sauraient avoir des connaissances trop variées; l'histoire, la mythologie, la poésie leur offrent des ressources auxquelles les ignorants ne peuvent puiser.

Il y avait tant d'amertume dans les paroles d'Annibal, que Giovanni en fut frappé.

— Permettez-moi de vous faire observer, signor, lui dit-il, que vous avez enrichi la galerie Farnèse d'une suite de sujets mythologiques dont l'exécution est de la plus grande beauté.

— Il y a des jours où je me le persuade, répondit Annibal; mais si mon frère les voyait, il y trouverait certainement quelque chose à reprendre. J'ai peut-être autant de talent que lui, j'ai plus de hardiesse et plus de feu ; mais nous ne comprenons pas l'art de la même manière. Lequel de nous deux a raison? Je le saurai bientôt; car mon œuvre touche à sa fin, et je la jugerai d'après les éloges que le cardinal Farnèse me donnera.

— Il vous récompensera magnifiquement, signor, vous pouvez y compter, dit Giovanni, en entrant dans la galerie à laquelle Annibal travaillait depuis huit années, et qui pouvait réellement passer pour un chef-d'œuvre.

Carrache prit plaisir à voir l'enthousiasme du jeune artiste et à lui faire admirer les unes après les autres les scènes les plus remarquables de ce grand travail. Pendant quelques semaines, Bernini fut assidu au palais Farnèse : il pouvait bien négliger un peu la sculpture pour profiter des conseils de son nouvel ami. Un jour qu'il se disposait à aller donner un dernier regard à ces belles peintures enfin terminées, Annibal entra chez lui pâle, effaré, hors d'haleine, et se laissa tomber plutôt qu'il ne s'assit sur la chaise que lui présentait Giovanni.

— Qu'y a-t-il donc? demanda l'enfant tout ému.

— Ce qu'il y a!... dit Annibal d'une voix entrecoupée. Il y a que je me croyais artiste et qu'on vient de me traiter comme un vil mercenaire.

— Que voulez-vous dire, mon cher maître ?

— Moi, maître!... Allons donc! Je te dis que je ne suis qu'un manœuvre. On m'a payé tout à l'heure, Giovanni. Devine à combien on a estimé cette galerie que tu trouvais si remarquable....

— Ne dites pas qu'on vous a payé. La fortune du cardinal n'y aurait pas suffi.

— Tu railles, enfant.... Le cardinal m'a fait remettre par son intendant 500 écus d'or....

— Cinq cents écus d'or.... C'est vous qui raillez, maître....

— Attends donc, tu n'es pas au bout! Le signor intendant m'a invité à lui payer là-dessus ma nourriture de huit années.... Qu'en dis-tu, Giovanni?

L'enfant demeura consterné.

— Tu vois bien, reprit Annibal, que je me faisais illusion en me supposant peintre. Je ne suis qu'un misérable barbouilleur qu'on paie à la journée et à qui l'on a soin de compter le pain qu'on lui donne.... Ah! quel affront! Je n'y survivrai pas....

Giovanni comprenait cette grande douleur de l'artiste méconnu. Ne sachant que dire pour consoler son ami, il le serrait dans ses bras et pleurait avec lui.

— Je sais ce que c'est que de souffrir, dit Annibal. Les Carrache ont eu des ennemis, quand ils ont voulu faire sortir la peinture de l'ornière où elle se traînait; on les a honnis, persécutés, méprisés; j'ai soutenu leur courage; mais je viens de recevoir un coup dont je ne guérirai point. Mon cœur est brisé, mes espérances sont détruites.... Il ne me reste qu'à mourir.

— Croyez-moi, mon cher maître, il est impossible que le cardinal sache de quelle manière on vous a traité; il faut vous adresser à lui et faire châtier cet intendant.

— Non, répondit Carrache, il n'a fait qu'obéir, j'en suis sûr. Je n'ai pas su plaire à ceux qui entourent Son Éminence. Je suis trop fier et trop franc. La vérité n'est pas la bienvenue dans le palais des grands. Écoute-moi, Giovanni, et profite du dernier conseil que je vais te donner. Si tu veux faire ton chemin dans le monde, si tu veux que la fortune et les honneurs viennent à toi, prends garde à ton caractère vif et brusque; pour réussir, il faut être courtisan. Adieu, ami! Je quitte Rome, nous ne nous reverrons plus.

En effet, Annibal se retira dans une campagne, puis il partit pour Naples, et il ne revint à Rome que pour y mourir. Bernini se souvint de ses avis, et, sans devenir courtisan, il prit des formes douces, polies, aimables, et s'efforça de réprimer son impétuosité naturelle. Il ne négligea rien non plus pour orner son esprit de toutes les connaissances utiles à son art.

Il n'avait que vingt-quatre ans, quand le pape Grégoire XV, charmé de son talent, l'honora du titre de chevalier. La reine Christine de Suède, voyageant en Italie, lui fit plusieurs visites; enfin Louis XIV l'invita à venir à Paris, pour travailler aux dessins du Louvre.

Bernini ayant répondu qu'il se rendrait volontiers aux ordres d'un si grand prince, l'ambassadeur de France mit à sa disposition des équipages magnifiques. Le roi le reçut avec une bienveillance toute particulière, et, voulant honorer en lui le triple génie qui avait immortalisé Michel-Ange, il le pria non-seulement de s'occuper du Louvre, mais aussi de faire son buste et son portrait.

Le cavalier Bernin (ainsi appelait-on notre artiste en France) commença par les dessins du palais et les soumit aux juges nommés par le roi. Mais un médecin français, nommé Claude Perrault, qui avait beaucoup de goût pour l'architecture, envoya au concours le projet d'une façade que chacun admira et qui fut préférée à celle du célèbre Italien.

Selon les uns, Giovanni se montra fort sensible à cet échec, et fit tout ce qu'il put pour que ses dessins fussent exécutés, malgré la décision du conseil; selon d'autres, il félicita sincèrement son heureux rival et se contenta de dire à ceux qui lui parlaient de Claude Perrault :

— Quand on a de tels hommes chez soi, il est inutile d'en demander aux pays étrangers.

Perrault donna le plan de l'Observatoire et de plusieurs

autres monuments. Il fut nommé membre de l'Académie des sciences; le roi l'honora de son affection et de ses bienfaits; mais il se reconnut dans la satire que Boileau fit peu de temps après d'un mauvais médecin de Florence devenu bon architecte. Il se montra fort sensible à cette critique et s'en plaignit à Colbert. Ces plaintes lui valurent une nouvelle épigramme plus cruelle que la première.

> Oui, j'ai dit dans mes vers qu'un célèbre assassin,
> Laissant de Galien la science infertile,
> D'ignorant médecin devint maçon habile.
> Mais de parler de vous je n'eus jamais dessein,
>   Perrault, ma muse est trop correcte.
> Vous êtes, je l'avoue, ignorant médecin,
>   Mais non pas habile architecte.

Boileau avait tort; mais il se vengeait de Perrault, qui s'était permis, comme beaucoup de gens sages et éclairés, de blâmer sa verve satirique.

Revenons au cavalier Bernin. Le roi lui rappela qu'il s'était engagé à faire son portrait et lui fit dire qu'il l'attendait à Versailles. Giovanni s'y rendit et sut, dès la première séance, adresser à Louis XIV un compliment délicat. Il releva sur la tête de ce prince les boucles de ses cheveux, en disant :

— Votre Majesté peut montrer son front à tout l'univers.

Le portrait achevé fut trouvé magnifique; la reine surtout ne se lassait pas de l'admirer.

— Votre Majesté loue le portrait, dit Bernini, parce qu'elle en chérit l'original.

Le roi, enchanté, donna à l'artiste napolitain un autre portrait, enrichi de diamants, et le pressa de faire son buste. Le sculpteur ne réussit pas moins bien que le peintre; il sut non-seulement donner au marbre les traits du monarque, mais leur imprimer un caractère de grandeur et de noblesse dans lequel l'âme de Louis XIV semblait se refléter tout entière.

Ce prince résolut de s'attacher l'illustre étranger. Il lui fit offrir 3,000 louis par an, pour le décider à rester en France; le Bernin répondit qu'il ne pouvait vivre loin de sa patrie, mais qu'il garderait toujours le souvenir des bontés du roi, et qu'il serait heureux de lui envoyer un témoignage de sa reconnaissance.

La veille du jour fixé pour son départ, Louis XIV lui fit remettre un brevet de 12,000 fr. de pension, un autre de 3,000 pour son fils. Une somme considérable était jointe à cet envoi.

Le cavalier Bernin était resté huit mois en France. Le pape Urbain VIII, qui l'aimait beaucoup, le revit avec une grande joie et le chargea du maître-autel et de la chaire de l'église Saint-Pierre. Ainsi se trouva rempli le vœu formé, en présence d'Annibal, par Giovanni, alors âgé de quatorze ans. Il est facile de comprendre avec quelle joie et quel orgueil il s'occupa de ce travail. Admirateur passionné de Michel-Ange, il regarda comme un immense honneur de pouvoir s'associer à son œuvre et compléter la basilique dont ce maître incomparable avait doté la capitale du monde chrétien.

L'autel achevé, Bernini sculpta le tabernacle; et quand il n'eut plus rien à faire à l'intérieur, il entoura d'une splendide colonnade la place sur laquelle s'élève cette église.

Urbain VIII mourut. Giovanni se chargea de son tombeau, puis de celui d'Alexandre VII. Clément IX ne témoigna pas moins d'estime et d'affection au cavalier Bernin que ses prédécesseurs. Arrivé à la vieillesse, l'artiste, qui avait commencé si jeune, travaillait encore. La fontaine de la place Navone, la statue équestre de Constantin, l'extase de sainte Thérèse et le beau théâtre de Parme lui sont dus.

La bienveillance des papes ne lui fit point oublier celle de Louis XIV. A son retour à Rome, il commença une statue équestre, qu'il destinait à ce prince. Il y consacrait ses loisirs et voulait en faire un chef-d'œuvre. Elle ne fut achevée qu'au bout de quinze ans ; mais tous les connaisseurs la comparèrent aux plus beaux morceaux de l'antique. Le jugement qu'on en porta en France ne fut pas moins favorable ; seulement, comme on trouva qu'elle ne ressemblait pas parfaitement à Louis XIV, on lui donna le nom de Marcus-Curtius.

Bernini mourut à Rome en 1680, à l'âge de quatre-vingt-trois ans.

TURENNE.

⟨∞⟩

— Êtes-vous content de votre élève, monsieur de Vassi-gnac? demandait un soir le duc de Bouillon au précepteur de son second fils, Henri de la Tour d'Auvergne, vicomte de Turenne.

— Oui, Monseigneur, répondit le chevalier de Vassignac. Monsieur le vicomte étudie avec ardeur, et je suis vraiment émerveillé de ses progrès; l'histoire surtout lui plaît tant, qu'il faut le forcer à quitter ses livres, quand vient l'heure de la récréation.

— A moins que monsieur le chevalier ne m'invite à faire des armes ou ne me propose une partie de chasse, dit en souriant le jeune Henri. Mais je préfère de beaucoup aux autres récréations le récit des grandes actions des héros, de leurs victoires, de leurs conquêtes. J'ai tant de plaisir à les suivre dans les pays qu'ils soumettent, à assister aux combats qu'ils livrent, que je ne m'arrache pas sans peine à cette intéressante lecture. Je regrette seulement de n'y pas trouver plus de détails sur la position et le mouvement des armées, et je voudrais en tête des chapitres de belles gravures qui pussent me donner une idée de ce que je désire voir depuis longtemps : une vraie bataille.

— Patience! mon fils, dit le duc; vous en verrez assurément. Vous êtes d'une famille pour laquelle les hasards de la guerre ont plus de charme que les loisirs de la paix; et comme bon sang ne peut mentir, j'espère que vous porterez dignement le nom de vos aïeux.

— Ce n'est pas le courage qui manque à ce cher enfant, interrompit la duchesse de Bouillon; mais je crains qu'il ne soit jamais assez fort pour mener la vie des camps. Voyez donc, Monseigneur, comme il est pâle et chétif!... Il se fatigue trop, et j'ai grande envie de lui ôter pour quelque temps ses livres et ses armes.

— N'en faites rien, ma bonne mère, je vous en prie. Que voulez-vous que je devienne, si vous m'enlevez la seule occupation et le seul plaisir que j'aime? L'ennui me fera plus de mal que le travail. D'ailleurs je suis fort, quoique je sois petit, et je pourrais mieux que beaucoup d'autres supporter la fatigue et les privations auxquelles sont exposés les gens d'épée.

— Vous le croyez, mon enfant, reprit la duchesse ; mais si vous étiez seulement obligé de passer en plein air une nuit comme celle-ci, je suis sûre que vous en mourriez.

— Voulez-vous que j'essaie, mon père? demanda Henri.

— Quelle folie! s'écria la duchesse. Il fait un froid glacial et la neige tombe à gros flocons.

— C'est un temps à souhait pour tenter l'expérience qui doit vous rassurer, ma mère; laissez-moi sortir; M. de Vassignac m'accompagnera.

Le chevalier frissonna : il était brave et résolu comme pas un ; mais il ne voyait pas la nécessité d'aller se morfondre au grand air pendant qu'un bon feu flambait joyeusement dans la cheminée du salon.

— Voilà une excellente idée, mon cher Henri, reprit la duchesse en riant ; par malheur je m'oppose formellement à ce que vous la mettiez à exécution. Quand il fera doux et beau, vous irez, si bon vous semble, vous promener au clair de la lune, pourvu que monsieur le chevalier consente à vous accompagner ; mais pour aujourd'hui il n'y faut pas songer.

— C'est dommage, répliqua l'enfant ; je voudrais savoir si je suis aussi délicat que vous le croyez. Vous m'aimez trop, Madame ; c'est votre tendresse extrême qui vous fait trembler pour moi.

— Le vicomte a peut-être raison, ma chère amie, dit le duc à sa femme ; nous nous sommes souvent alarmés sur sa faible santé, sans toutefois l'avoir jamais vu gravement malade.

— Sans doute, répondit la duchesse ; mais c'est grâce à des soins continuels qu'il a échappé à tous les dangers qui menacent l'enfance, et je redoute l'instant où je devrai cesser de veiller sur lui. Que ne donnerais-je pas pour qu'il eût des goûts paisibles et studieux ! Je serais sûre de le voir demeurer longtemps auprès de moi ; mais j'ai grand'peur de ne pouvoir pas l'y retenir, quand il sera d'âge à manier une épée.

— Ma bonne mère, vous m'avez trop gâté, dit Turenne, vous me gâtez encore tous les jours ; vous me rendez la vie si douce, que je voudrais ne vous quitter jamais, si je n'avais pas, comme me le rappelle souvent mon père, un noble nom à porter et la gloire d'une illustre maison à soutenir.

— Vous parlez bien, mon fils, reprit le duc, en attirant l'enfant sur ses genoux et en l'embrassant avec orgueil. Mais vous êtes encore bien jeune, faites ce que veut votre mère et contentez-vous de rêver aux dangers et aux fatigues de la guerre, sans essayer de les braver avant que l'heure en soit venue. Comptez sur moi, d'ailleurs : votre honneur est le mien, et j'en suis trop jaloux pour vous laisser dans l'inaction plus longtemps qu'il ne sera nécessaire. Étudiez la vie des grands hommes, pénétrez-vous de leurs sentiments, afin d'agir comme ils ont agi, si quelque jour vous êtes appelé à combattre et à commander.

— J'y travaillerai, mon père, je vous le promets. Mais puisque M. de Vassignac est content de moi, ne me raconterez-vous pas ce soir quelque belle histoire guerrière, comme vous en savez tant? J'aime encore mieux vous entendre que de lire les plus beaux récits, parce que vous avez la bonté de m'expliquer les choses que je ne comprends pas. Puis il me semble que vous avez vu tout ce que vous me racontez, tant vous le dites bien.

— Petit flatteur, murmura le duc, vous perdrez aujourd'hui vos peines. Voici qu'il est huit heures, et je n'ai pas le temps de causer avec vous. Je vais faire un tour dans la place; et quand je rentrerai, vous dormirez profondément

— Vous sortez, mon père?

— Oui; il faut que je m'assure de l'exactitude avec laquelle mes ordres sont exécutés; je veux faire cette nuit la visite de tous les postes et voir comment ma ville est gardée.

Le duc de Bouillon était prince souverain de Sedan, et cette petite principauté faisant envie à ses voisins, rien n'était négligé, même en temps de paix, pour mettre la place à l'abri d'une surprise.

— Emmenez-moi, Monseigneur, je vous en supplie, dit Henri, pendant que le duc prenait ses armes et s'enveloppait de son manteau. Je serais si joyeux d'aller avec vous voir nos braves soldats!

— Non, mon enfant, répondit le duc, le temps est trop rigoureux. Vous tiendrez, en mon absence, compagnie à votre mère, et M. de Vassignac vous consolera de mon refus par quelque curieux récit.

Henri, comprenant que ses instances seraient inutiles, souhaita le bonsoir à son père et alla s'asseoir en soupirant près de la duchesse. Il était triste et soucieux ; mais bientôt son front s'éclaircit, un sourire malin glissa sur ses lèvres, et il demanda d'un ton enjoué au chevalier de Vassignac s'il était disposé à tenir la promesse que le duc venait de faire en son nom. Le précepteur, trop heureux d'être quitte à ce prix d'une promenade nocturne, commença l'histoire de Bertrand du Guesclin, à l'enfance duquel le faisaient souvent songer les belliqueuses dispositions de son élève.

Turenne parut enchanté de voir que ce petit Breton, batailleur et indiscipliné, était devenu le plus grand homme de guerre de son temps, et qu'après plusieurs siècles écoulés, on le citait encore comme un des plus vaillants défenseurs de la couronne de France. La duchesse ne partageait pas le ravissement de son fils et elle s'étonnait de ce que le chevalier eût fait choix d'un semblable héros. Cependant elle ne put s'empêcher de rire, quand il dit comment Bertrand s'était enfui du donjon où le retenait l'inquiète tendresse de son père et de sa mère. Henri battit des mains et déclara qu'il eût fait comme du Guesclin. Il applaudit plus vivement encore au récit de la lutte dans laquelle Bertrand demeura vainqueur, et son enthousiasme ne connut plus de bornes, quand il le vit remporter le prix du tournoi.

La soirée était avancée ; la duchesse donna à son fils le baiser du soir et se retira chez elle. Henri sortit d'un autre côté, suivi de son gouverneur. Ils échangeaient encore quelques réflexions sur le caractère du jeune Breton, quand une bouffée de vent, s'engouffrant dans le corridor qu'ils avaient à traverser, fit vaciller la flamme de la bougie qu'un valet portait devant eux. Au même instant, Turenne s'approcha de la lumière, l'éteignit d'un souffle, et s'enfuit à la faveur de l'obscurité.

Pendant qu'on allait rallumer le flambeau, il gagna l'extrémité opposée du couloir, descendit l'escalier, traversa le vestibule, ouvrit la porte de sortie et prit sa course vers la place, où les sentinelles le laissèrent entrer, croyant qu'il avait à parler au duc son père.

Le chevalier, ne voyant plus son élève à ses côtés, et le croyant caché dans quelque coin, rit d'abord de cette espièglerie; puis il l'appela, le chercha de chambre en chambre, et, ne le trouvant pas, il fini par se sentir inquiet. Il mit sur pied plusieurs domestiques, fit fouiller le manoir de haut en bas; et quand il ne resta plus à visiter que l'appartement de la duchesse, il la fit prévenir de la disparition de son fils.

Elle se leva fort alarmée, fit recommencer les recherches, et s'assura par elle-même que le vicomte n'était pas au château. Elle se rappela alors le désir qu'il avait témoigné de passer dehors cette froide nuit, et elle voulut courir sur les remparts; mais le chevalier l'en empêcha.

— C'est moi, dit-il, qui suis chargé de la garde de monsieur le vicomte; soyez tranquille, Madame, je vous le ramènerai.

Il sortit du château, suivi de plusieurs valets portant des torches, et demanda aux soldats de garde s'ils n'avaient pas vu le fils du prince. Les sentinelles venaient d'être changées, il n'y avait qu'un instant, et ne purent en conséquence lui donner aucun renseignement. La peur le prit : un accident pouvait être arrivé à son élève, dont il répondait et qu'il aimait tendrement. Il entra dans la ville, alla trouver le duc et lui fit part de ses craintes.

— Rassurez-vous, chevalier, dit le père en souriant, je vais aller avec vous, et nous retrouverons le fugitif. Il aura voulu essayer ses forces, malgré la défense de sa mère, et il écoute sans doute en ce moment quelque histoire de bivouac. Une seule chose m'étonne, c'est qu'il ne soit pas venu me trouver; car il connaît mon indulgence et il doit savoir que je ne l'aurais pas renvoyé.

Le duc entra dans les divers postes devant lesquels il passa; on n'avait pas vu son fils; mais une sentinelle qui veillait au pied des remparts lui dit que le vicomte était passé depuis près d'une heure.

— J'ai cru qu'il était envoyé par monseigneur, ajouta le soldat; et comme il avait le mot d'ordre, je l'ai laissé passer.

Le prince ne manquait jamais, lorsqu'il devait rester long-temps en ville, de donner le mot d'ordre à la duchesse, afin qu'on pût le faire prévenir, si sa présence était nécessaire au château. Henri avait retenu ce mot et n'avait pas manqué d'en faire usage.

Quelques soldats se chauffaient plus loin, pendant que celui d'entre eux qui était de faction se promenait de long en large sur la plate-forme du rempart. Le vicomte s'était arrêté près d'eux pendant quelques minutes, puis il s'était éloigné, en défendant qu'on le suivît.

Le duc n'était pas sans quelque inquiétude; car le froid était glacial, et son fils était parti sans autres vêtements que ceux qu'il portait à la maison; il pressait le pas, lorsqu'il crut voir une forme noire se détacher sur la neige dont était couvert l'affût d'un canon. Il s'approcha et reconnut Henri. L'enfant dormait aussi paisiblement que s'il eût été dans son lit.

Le duc le prit par le bras et le secoua en criant :

— Alerte! alerte! voici l'ennemi....

— L'ennemi! dit Turenne, en se levant soudain et en ti-rant son épée. Qu'il vienne! nous nous battrons !

— Vous êtes prisonnier! reprit le duc d'une voix forte.

— C'est vous, Monseigneur! c'est vous, mon père! s'écria le dormeur, en se jetant à son cou.

— Oui, c'est moi, Henri. Je n'ai pas le courage de vous gronder; car vous êtes un brave enfant, et je suis fier de vous; mais vous avez commis une faute en quittant le châ-teau, où votre mère pleure en vous attendant.

— Retournons-y bien vite, dit Turenne. Oh! ma mère,

ma bonne mère, je n'ai pas pensé à son chagrin. Vous la prierez de me le pardonner, n'est-ce pas, mon père? Et vous aussi vous me pardonnerez, monsieur de Vassignac, l'inquiétude que je vous ai causée et la promenade que je vous ai fait faire.

— Il le faut bien, répondit le chevalier; mais à l'avenir mettez-moi de moitié dans vos complots, plutôt que de me donner une semblable frayeur.

Turenne promit tout ce qu'on voulut; il passa des bras de son père dans ceux de son gouverneur, et il courut vers le château, où il arriva, précédant toute son escorte, tant il avait hâte de revoir et de rassurer sa mère.

— J'ai dormi sur la neige, lui dit-il le lendemain, et je ne m'en porte pas plus mal; vous voyez bien, ma bonne mère, que je puis faire un soldat.

— Nous verrons, répondit la duchesse, persuadée qu'il serait inutile de contrarier une vocation si prononcée. Je ne voudrais pas, mon fils, vous empêcher d'acquérir la gloire à laquelle vous paraissez être appelé.

Peu de jours après, un brave officier, que le duc de Bouillon estimait beaucoup, vint le voir à Sedan et passa quelque temps au château. Il remarqua dans le fils de son ami un courage dont il fut surpris, et voulut savoir jusqu'à quel point irait la fermeté de cet enfant. Il prit plaisir à le faire causer et lui laissa exprimer son admiration pour les héros de l'anti- quité. Turenne lisait alors la *Vie d'Alexandre le Grand;* il s'était passionné pour ce jeune vainqueur et ne se lassait pas de vanter ses exploits, son audace et sa magnanimité.

— Oui, dit l'officier, tout cela est beau; mais qui nous dit que ce ne soit pas un conte fait à plaisir?

— Un conte!... interrompit l'enfant, c'est impossible, Monsieur.

— Et pourquoi donc, mon petit ami?

— Parce que l'histoire ne raconte rien qui ne soit vrai.

— Vous croyez cela, vicomte? Eh bien! nous ne sommes pas du même avis, et je vous dirai franchement que Quinte-Curce, votre auteur favori, ne m'inspire aucune confiance. Il a trop flatté son héros pour qu'on puisse s'en rapporter à ce qu'il dit.

— Mais il me semble, reprit Turenne, que s'il fait l'éloge des grandes qualités d'Alexandre, il parle aussi de ses défauts.

— Cela est vrai; mais vous conviendrez avec moi que le récit des conquêtes du roi de Macédoine ne peut qu'être fabuleux. On n'accomplit pas de si grandes choses avec de si faibles moyens.

— Alexandre n'avait que peu de soldats; mais où serait sa gloire, s'il n'avait triomphé que d'ennemis plus faibles que lui.

— Vous pensez donc que c'est le courage qui donne la victoire?

— J'en suis certain, dit vivement Turenne, et je vous plains, Monsieur, si vous ne le croyez pas.

— Je le crois, parce qu'il m'est arrivé quelquefois de voir l'armée la moins nombreuse demeurer maîtresse du champ de bataille; mais je persiste à croire aussi que les grands exploits d'Alexandre peuvent fort bien n'avoir existé que dans l'imagination de son historien. Qui sait même s'il y a jamais eu un roi de Macédoine du nom d'Alexandre?

— Moi, répondit l'enfant. Ce héros que j'aime a existé, j'en réponds.

— Et si je soutenais le contraire, mon petit ami, qui donc pourrait nous mettre d'accord?

Les yeux de Turenne brillaient de colère, et sa main caressait la poignée de son épée; mais il jeta un regard sur la duchesse, et il ne répondit point. Il se leva, embrassa sa mère, salua froidement l'officier et sortit du salon.

— Vous venez de vous faire un ennemi, Monsieur, dit en

riant la duchesse. Henri ne vous pardonnera pas d'avoir douté des belles actions de son héros.

— Nous ferons la paix, Madame, répondit l'officier ; mais je voulais savoir comment ce brave enfant soutiendrait la contradiction. Il a autant de fermeté de caractère que de hardiesse, et je vous félicite d'avoir un tel fils ; car ce sera certainement un homme remarquable.

La veillée se prolongea quelque temps encore, puis l'officier prit congé de la duchesse et se retira dans sa chambre. Il fut fort étonné d'y trouver le vicomte.

— Que faites-vous donc là, mon ami ? lui demanda-t-il.

— Je ne suis pas votre ami, Monsieur, répondit Turenne ; mais je suis gentilhomme comme vous, et je suis venu vous attendre ici pour vous demander réparation de l'offense que vous m'avez faite.

— En quoi puis-je vous avoir offensé ? reprit l'étranger, qui riait sous cape de l'air provocant du jeune vicomte.

— En doutant des hauts faits et même de l'existence d'Alexandre, pour lequel vous avez pu voir mon admiration.

— Je vous assure, monsieur le vicomte, que mon intention n'était pas de vous blesser.

— Cependant vous m'avez blessé, Monsieur ; et si vous me refusiez de m'en rendre raison, vous ne seriez pas digne de porter une épée.

— Vous ne voulez pas sans doute que nous nous battions ici ? C'est un duel que vous me demandez, je suis à vos ordres ; mais il me paraît sage de prendre quelques précautions pour qu'on ne puisse venir troubler cette partie d'honneur. Madame la duchesse accourrait certainement au premier bruit, et nous serions forcés de mettre bas les armes.

— Vous avez raison, Monsieur, et je ne veux, ce soir, que vous prier de fixer vous-même l'heure et le lieu du rendez-vous.

— Le parc est grand, dit le gentilhomme; qui nous empêche d'aller y faire un tour demain à notre réveil? Quand nous serons assez loin pour ne pas craindre les importuns, nous nous arrêterons.

— Il y a justement, à la rencontre de deux allées, un endroit couvert où nous serons à merveille. Je vous y conduirai, si vous voulez bien descendre au jardin vers cinq heures. Nous serons sûrs de n'être pas aperçus; car on ne se lève pas de si matin dans ce château.

— Comptez sur mon exactitude, répondit l'officier, en s'inclinant devant son adversaire.

Turenne le salua courtoisement, lui souhaita une bonne nuit et rentra chez lui tout joyeux, pendant que le gentilhomme retournait au salon, où se trouvait encore la duchesse.

— Vous ne vous trompiez pas, Madame, je me suis fait un ennemi, lui dit-il, et je viens de recevoir une provocation. Je me bats demain de grand matin, dans le parc, avec monsieur le vicomte de Turenne. Voulez-vous nous servir de témoin?

La duchesse se fit raconter les détails de la scène précédente et promit de se cacher près de l'endroit désigné par Turenne. Elle était curieuse de savoir jusqu'où irait le sang-froid de cet enfant, et elle s'attendait à le voir changer de contenance devant l'épée du gentilhomme. Le duc, étant absent, ne put assister au duel; mais bien avant le jour la duchesse était éveillée, car l'ombrageuse fierté qui se révélait chez son fils la préoccupait et lui inspirait pour l'avenir de sérieuses inquiétudes.

Elle précéda les deux adversaires au lieu indiqué, et les vit arriver froids et graves comme il convenait à deux gentilshommes prêts à laver dans le sang une tache faite à l'honneur.

N'oublie jamais mon fils, qu'un homme de cœur ne doit verser son sang,
que pour son prince et pour son pays.

— Je crois que nous serons bien ici, dit Henri. Que vous en semble, Monsieur?

— On ne pouvait mieux choisir, répondit l'officier, en ôtant son habit.

Turenne l'imita, puis, ayant mesuré les épées qu'il avait apportées, il en offrit une à son adversaire et se mit en garde. Les fers se croisaient déjà quand la duchesse parut.

— Ma mère! dit Henri, en laissant retomber son bras. Qui donc vous a prévenue?

— Moi-même, répondit le gentilhomme. J'ai voulu que madame, qui a été hier présente à notre discussion, entendît ce que j'ai à vous dire aujourd'hui. Je n'ai jamais douté de l'existence d'Alexandre, ni de ses exploits; j'admire autant que vous ses grandes actions, et je crois qu'un jour vous lui ressemblerez; car vous n'avez que neuf ans et vous êtes brave comme un lion. Embrassez-moi, mon cher enfant, et pardonnez-moi de vous avoir contredit, pour savoir jusqu'où irait votre courage.

— Ah! Monsieur, dit Turenne avec regret, vous avez trop tôt rompu la partie, j'étais si content de me battre.

— Nous nous battrons tant que vous voudrez, mais à armes courtoises; vous êtes un homme par le cœur, mais vous n'avez encore que la taille et les forces d'un enfant. Grandissez en paix, sous l'œil de votre mère, et comptez sur ma parole : vous serez un brave soldat et un grand capitaine.

— Pourvu que vous ne vous fassiez pas tuer avant l'heure, ajouta la duchesse. Vous n'avez donc pas pensé à moi, méchant enfant, quand vous avez provoqué notre ami? Quelle douleur, si je vous avais vu blessé, mourant!... Je ne m'en serais jamais consolée.

Henri se jeta dans les bras de la duchesse; il vit ses yeux humides et lui demanda tendrement pardon.

— Soyez brave, dit la bonne mère, en le serrant sur son cœur; mais rappelez-vous que le véritable courage se montre

14

sur les champs de bataille et que l'homme sincèrement dévoué à son prince doit ménager son sang pour sa défense.

Turenne perdit son père quelque temps après. La peine qu'il en ressentit le rendit plus calme; mais elle n'endormit point ses instincts belliqueux, et la duchesse de Bouillon ne crut pas devoir lutter contre son goût pour les armes. Dès qu'il eut atteint l'âge de treize ans, elle l'envoya en Hollande, où était déjà son fils aîné.

Le prince Maurice de Nassau, frère de la duchesse, y commandait une armée et passait à juste titre pour un habile capitaine. Il accueillit bien le jeune Henri, dont sa sœur lui avait fait l'éloge; mais il crut ne pouvoir mieux lui témoigner son affection qu'en l'admettant à servir comme simple soldat.

— Quand on veut savoir commander un jour, lui dit-il, on doit apprendre à obéir.

Turenne avait autant de raison que de courage; loin de murmurer contre la sévérité de son oncle, il lui en témoigna de la reconnaissance, et se plia gaiment à tout ce qu'exigeait la discipline militaire. Il fit de longues marches à pied, coucha sur la terre nue, s'endurcit à supporter le froid et la faim, se montra plein de respect et de soumission envers ses chefs, et s'appliqua avec tant d'ardeur à l'étude des manœuvres, que le prince ne tarda point à lui prédire un glorieux avenir.

Mais le prince ne vit pas la réalisation de ces promesses; la mort l'enleva un an après l'arrivée de Turenne en Hollande, et Frédéric-Henri de Nassau, qui lui succéda, conféra au jeune vicomte le grade de capitaine.

Turenne s'était distingué comme simple soldat par un grand respect pour la discipline; devenu officier, il se fit remarquer par sa patience et sa bonté. Il dressait lui-même ses soldats, les instruisait avec douceur et leur donnait, dans les combats, l'exemple d'un courage admirable. Il travaillait comme eux à la tranchée et les précédait à l'assaut, quoique le chevalier de Vassignac, qui l'avait suivi à l'armée, lui recommandât sans cesse la prudence.

Ne se voyant pas écouté, le bon gouverneur alla trouver le prince Frédéric et le supplia de ne pas permettre que le vicomte s'exposât ainsi. Frédéric, à qui la duchesse de Bouillon écrivait souvent dans le même sens, fit venir son neveu et le blâma sévèrement de s'être laissé emporter par sa valeur dans une rencontre où il avait failli périr.

— Ne faut-il pas, répondit Turenne, que ceux auxquels je commande d'exposer leur vie me voient à leur tête? Je ne sais d'ailleurs comment il se fait qu'en présence de l'ennemi, j'oublie le danger pour ne songer qu'à la victoire.

Turenne n'avait que dix-huit ans lorsque la duchesse sa mère, soupçonnée d'entretenir des intelligences avec les ennemis de la France, l'envoya comme otage à la cour de Louis XIII. Richelieu, qui connaissait déjà le mérite de ce jeune homme, l'éleva au rang de colonel et récompensa, peu de temps après, ses services par le titre de maréchal de camp.

Henri se montra digne de ce nouveau grade, non-seulement par sa valeur, mais par la sagesse avec laquelle il conjura les dangers que l'imprudence des autres généraux avait attirés sur l'armée. Dans une retraite désastreuse, il vendit ses équipages pour nourrir les troupes; il les soutint, les encouragea par son exemple, par ses paroles, et les défendit sans relâche contre l'ennemi qui les harcelait. Il recueillait dans ses chariots les malades forcés de rester en arrière, et un jour même il plaça sur son propre cheval un soldat qu'il avait trouvé mourant au pied d'un arbre.

Les campagnes qu'il fit en Piémont, puis en Roussillon, achevèrent de lui donner la réputation d'un grand capitaine. Anne d'Autriche, régente à la mort de Louis XIII, le nomma maréchal de France et lui confia le commandement de l'armée d'Allemagne. Il trouva cette armée sans chevaux, sans habits, et la remit à ses frais en bon état. Il seconda le duc d'Enghien à Fribourg et à Nordlingue, fit une savante marche de cent quarante lieues (560 kilomètres) pour opérer sa jonction avec l'armée suédoise, et força le duc de Bavière à demander la paix. Ce prince s'étant de nouveau déclaré contre la France, Turenne le chassa de ses États.

Pendant les troubles de la Fronde, Turenne prit parti pour les princes contre Mazarin, dont le duc de Bouillon, son frère, croyait avoir à se plaindre; le maréchal du Plessis, qu'on lui opposa, le battit près de Rethel. Malgré cet échec, les Espagnols, heureux de le voir abandonner la cause de la France, lui donnèrent dans leur armée un pouvoir absolu. Mais Turenne ne pouvait longtemps servir l'étranger contre son propre pays; il fit sa paix avec le cardinal et fit oublier un moment d'erreur par le plus complet dévouement.

Il triompha du prince de Condé, qui s'était allié aux Espagnols, vainquit partout les rebelles et se couvrit de gloire par la prise de Dunkerque et la bataille des Dunes, qui amenèrent le traité des Pyrénées, conclu en 1660. Ce traité donna à la France le Roussillon, l'Artois, une partie de la Flandre, du Hainaut et du Luxembourg.

Turenne profita de la paix pour étudier la religion catholique, dans laquelle il n'avait pas eu le bonheur d'être élevé. Bossuet, dont le rare mérite commençait alors à se révéler, acheva de porter la lumière dans cette belle intelligence, et l'illustre général, qui agissait en toutes choses avec une parfaite droiture, abjura le protestantisme.

Louis XIV, ayant déclaré la guerre à la Hollande, choisit Turenne pour commander ses armées. De grands succès signalèrent cette campagne; mais l'Europe entière se ligua contre la France, et le maréchal de Turenne fut envoyé sur le Rhin. Il repoussa l'électeur de Brandebourg, favorisa la conquête de la Franche-Comté, passa en Allemagne, et fit trente lieues en quatre jours pour atteindre le duc de Lorraine, qu'il rejeta au delà du Mein.

Pendant cette marche forcée, il entendit de jeunes soldats se plaindre de la fatigue qu'il leur imposait; mais il n'eut pas besoin de se justifier devant eux.

— Vous ne connaissez pas notre père, leur dit un vieux grenadier criblé de blessures ; il nous aime comme ses enfants, et s'il nous fait marcher ainsi, c'est qu'il le faut absolument. Buvons à sa santé, mes amis, et à la réalisation de ses desseins.

Turenne n'éprouva jamais un plus vif plaisir, si ce n'est peut-être un jour que s'étant endormi dans un ravin, il vit, en se réveillant, les soldats élever au-dessus de sa tête, pour le préserver du froid et de la neige, une hutte de branchages recouverte de leurs manteaux.

Les Allemands, ayant reçu des renforts, passèrent le Rhin et s'établirent en Alsace. Turenne feignit de leur abandonner cette province et se retira en Lorraine. Mais il avait son projet. Il partagea son armée en un grand nombre de petits corps qu'il fit partir les uns après les autres, à travers les montagnes des Vosges, et leur donna rendez-vous à Béfort. Les ennemis avaient pris tranquillement leurs quartiers d'hiver en Alsace, Turenne fondit sur eux à l'improviste, les battit à Mulhouse, à Turkeim, et les rejeta dans leur pays, après leur avoir fait éprouver de grandes pertes.

Une si habile manœuvre étonna toute l'Europe, et le roi écrivit à Turenne de venir recevoir ses remercîments. Le voyage de ce grand capitaine fut un véritable triomphe. Les populations se pressaient sur son passage pour voir celui qui venait de les délivrer des horreurs de la guerre. Les hommes s'approchaient pour toucher ses vêtements et baiser la trace des pas de son cheval, les femmes s'agenouillaient et le montraient à leurs enfants, en disant : « Voilà notre sauveur. »

Paris lui fit une royale réception. Louis XIV lui témoigna

sa satisfaction en présence de toute la cour; et si Turenne n'eût pas été aussi modeste que brave, tant d'éloges l'eussent certainement enivré.

Dès que le printemps revint, ce grand homme alla rejoindre son armée. L'Empereur fit un dernier effort pour lui résister : il mit sur pied tout ce qui lui restait de soldats et choisit pour les commander le comte de Montécuculli, le seul adversaire digne de Turenne. Les deux généraux s'observèrent longtemps; ils étaient l'un et l'autre si habiles, qu'ils devinaient réciproquement leurs plans, leurs marches, leurs contre-marches, et ne pouvaient se faire aucun mal sérieux. Turenne parvint cependant à s'emparer des hauteurs de Saltzbach, d'où il découvrit l'armée de Montécuculli.

— Je le tiens enfin, dit-il, et cette fois il ne m'échappera pas.

Toutes ses dispositions étant prises (27 juillet 1675), il voulut donner un dernier coup d'œil aux batteries qu'il avait fait élever; mais pendant qu'il en expliquait le jeu aux officiers qui l'accompagnaient, un coup de canon tiré par les Impériaux vint le frapper au milieu du corps. Il avait soixante-quatre ans.

La nouvelle de cette perte jeta la douleur dans l'armée et la consternation dans les provinces. Les soldats pleuraient leur père, et le peuple se demandait avec épouvante qui le défendrait maintenant des invasions de l'ennemi. Les paysans quittaient leurs travaux; les artisans, leurs ateliers; les marchands, leurs comptoirs, pour suivre le triste cortége qui ramenait à Paris les restes du héros; le clergé des villes et des campagnes allait au-devant de lui, et depuis la mort de Bertrand du Guesclin, jamais on n'avait vu un deuil plus général.

Louis XIV pleura Turenne comme Charles le Sage avait pleuré le bon connétable, et il ordonna que son corps fût

inhumé à Saint-Denis, dans la chapelle de la maison de Bourbon.

Turenne a son tombeau parmi ceux de nos rois,
Il obtint cet honneur par ses fameux exploits.
Louis voulut ainsi couronner sa vaillance,
Afin d'apprendre aux siècles à venir
Qu'il ne met point de différence
Entre porter le sceptre ou le bien soutenir.

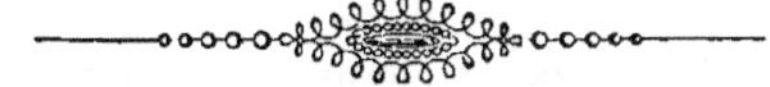

MURILLO ET SON MULATRE.

❦

— Lève-toi, Esteban, disait une jeune femme pauvrement vêtue à un bel enfant qui dormait, le sourire aux lèvres, dans son petit lit, au-dessus duquel était placée une madone grossièrement enluminée. Lève-toi, mon chéri; c'est aujourd'hui dimanche, et bientôt la messe va sonner.

L'enfant ouvrit les yeux, entoura de ses bras le cou de sa mère et lui mit sur chaque joue un tendre baiser.

— C'est dimanche, dit-il, quel bonheur ! Habille-moi bien vite, mère, pour que nous arrivions des premiers à l'église, que je puisse m'avancer jusqu'aux marches de l'autel, et voir tout à mon aise le tableau que j'aime tant.

— Tu le trouves donc bien beau ?

— Oh ! oui, mère, bien beau. Il me semble que tu pleurerais comme pleure la vierge Marie et que tu me regarderais comme elle regarde son cher fils, si tu m'avais vu souffrir et mourir. Est-ce mon oncle Juan qui a fait cette peinture-là ?

— Non, mon ami. Je le voudrais; car si mon frère faisait

de pareils tableaux, on les lui paierait bien; et, comme il a
bon cœur, il nous aiderait à vivre; mais quoiqu'il soit plus
riche que nous, il ne l'est pas assez pour se charger de deux
familles.

— Puisqu'on lui paierait bien cher des tableaux comme
celui-là, pourquoi donc n'en fait-il pas? demanda naïvement
le petit garçon, dont la toilette était achevée.

— Ah! pourquoi? répondit la mère. C'est qu'il paraît
qu'il n'y a pas beaucoup de peintres qui sachent faire aussi
bien que cela, et Juan n'a peut-être pas encore essayé.

— Moi, si j'étais peintre, j'essaierais, et je suis bien sûr
que j'en viendrais à bout. Qu'est-ce que tu dirais, mère, si
je te rapportais beaucoup d'argent? Serais-tu bien contente,
dis?

— Oui, parce que Murillo ne serait plus obligé de se tuer
au travail.

— Pauvre père! c'est pour moi qu'il prend tant de mal.
Mais patience! Mon tour viendra. Quand je serai grand et
fort, vous vous reposerez tous les deux.

— Ce n'est pas la bonne volonté qui te manquera, mon
cher enfant; mais on gagne si peu, quand on n'est qu'un
artisan.

— Pourquoi ne serais-je pas autre chose..., peintre, par
exemple? Tu verrais comme j'apprendrais bien tout ce qu'on
m'enseignerait.

— Je le crois, mon fils; mais nous sommes si pauvres....
Ah! voici la messe qui sonne, partons vite.

— Oui, partons. Mais dis-moi, mère, quand les autres
enfants vont à l'église, ils ont un livre; d'où vient donc
que je n'en ai pas?

— Qu'en ferais-tu, cher petit? Tu ne sais pas lire.

— C'est vrai; mais je voudrais bien savoir. Si tu me
mettais à l'école, pour que je devienne savant?...

— Nous y pensons, ton père et moi, depuis longtemps.

Nous voulons aussi que tu saches lire et écrire ; mais comme nous ne pourrons pas te laisser des années en classe, nous avons attendu, en nous disant que plus tu serais raisonnable, mieux tu profiterais des leçons des maîtres.

— Eh bien ! mère, j'en profiterai, je t'assure ; vous n'avez pas besoin d'attendre encore.

— Dès aujourd'hui j'en parlerai à ton père.

— Et moi, je vais prier de tout mon cœur pour devenir bientôt un bon écolier.

Murillo et sa mère entraient à l'église de Santa-Cruz. Ils se dirigèrent vers la chapelle où ils se plaçaient ordinairement, et l'enfant put s'approcher de l'autel, comme il le désirait. Il se mit à genoux, joignit les mains et récita pieusement les prières qu'il savait par cœur ; puis il leva les yeux vers le tableau qu'il avait remarqué le dimanche précédent. C'était une *Descente de croix*, de Pierre de Champagne, peinture remarquable par une grande vérité d'expression. Le petit Esteban n'en pouvait détacher ses regards; et quand, la messe achevée, sa mère l'appela pour retourner au logis, il ne la suivit qu'avec regret.

Il revint à l'heure des vêpres, reprit sa place et contempla de nouveau le Christ et surtout la Vierge, dont la douleur le frappait. L'office terminé, il ne songea point à sortir; il n'entendit pas les cris joyeux des enfants qui jouaient aux abords de l'église, il ne compta pas les heures dont le tintement troublait seul à intervalles égaux le silence de l'édifice sacré. Quelques rares fidèles priaient encore çà et là, quand le sacristain parcourut l'église, en agitant bruyamment ses clefs, pour annoncer qu'il allait fermer les portes; chacun s'empressa de sortir; Murillo seul resta debout dans la chapelle, sans prêter la moindre attention à ce qui se passait autour de lui.

— Que fais-tu donc là ? lui demanda le sacristain, qui

l'aperçut en faisant sa ronde. Pourquoi ne sors-tu pas comme les autres? Est-ce que tu veux passer la nuit ici?

— J'attends que ces saints personnages aient achevé de descendre Notre-Seigneur de la croix, répondit l'enfant.

— Tu reviendras demain, dit l'homme. Je pense bien qu'ils n'auront pas encore fini.

Et, prenant Murillo par le bras, il le mit rudement à la porte.

Esteban ne revint pas le lendemain : il entra à l'école, et pendant toute la semaine il ne s'occupa de rien autre chose que de l'alphabet qu'on lui avait mis en main. Mais le dimanche suivant, on put le voir encore au pied de l'autel, longtemps après la fin des offices; toutefois, comme le sacristain l'avait un peu rudoyé et s'était évidemment moqué de lui, l'enfant ne s'oublia plus jusqu'à l'heure où l'on avait été obligé de le congédier.

Il apprit à lire et à écrire en quelques mois; il était si doux, si docile, si studieux, qu'il n'y avait pas meilleur élève. Sa mère eût bien désiré en faire un savant; mais il fallait pour cela beaucoup d'argent, et le pauvre ménage avait à peine le pain quotidien. Quand elle le voyait assis dans un coin, son livre sur les genoux, elle ne pouvait s'empêcher de le regarder avec autant de tristesse que d'amour, et elle ne manquait jamais de dire :

— Quel dommage qu'il soit condamné à vivre aussi misérablement que nous! Si la bonne sainte Vierge voulait nous venir en aide, nous pourrions faire de lui quelque autre chose.

Un jour que le petit garçon paraissait encore plus occupé que de coutume, elle s'approcha doucement de lui et le vit essayant d'esquisser sur la table, avec un morceau de craie, la *Descente de croix* de l'église de Santa-Cruz.

— Seigneur! s'écria-t-elle en se signant, c'est le tableau qu'il aime tant. C'est cela, c'est bien cela, rien n'y manque....

Embrasse-moi, Esteban! Je crois que le bon Dieu veut que tu sois peintre. J'irai trouver ton oncle Juan et je tâcherai de le décider à t'apprendre son état.

— Oh! oui, mère, je t'en prie. Je serais si heureux, si j'avais des crayons et des couleurs! Dis à mon oncle que je l'aimerai beaucoup, s'il veut me donner des leçons, et que j'écouterai si bien tout ce qu'il me dira, qu'il sera content de moi.

— J'y vais de ce pas, dit la jeune femme; et s'il ne me croit pas, je l'amènerai pour qu'il voie ce que tu as fait.

— Non, dit vivement Murillo, il ne faut pas montrer cela à personne. Le tableau est là, ajouta-t-il en se frappant le front; mais mes doigts ne veulent pas obéir à ma pensée.

En même temps il effaça l'ébauche, et pour que sa mère ne le grondât point, il la combla de caresses, qu'elle lui rendit de bon cœur. Elle fit à la hâte un peu de toilette, et alla trouver Juan del Castillo, son frère.

Juan sourit en l'entendant parler des rares dispositions de son fils; mais il ne voulut pas lui enlever ses illusions, seule richesse qu'elle possédât, et il consentit à prendre Esteban pour élève.

L'enfant accueillit cette bonne nouvelle avec des transports de joie. L'atelier de son oncle lui semblait être le paradis terrestre, et jamais, dans ses plus beaux rêves, il n'avait osé s'arrêter à la pensée d'y entrer un jour. Ce fut donc avec une vive reconnaissance et un ardent désir de profiter des leçons qui lui étaient offertes que Murillo devint l'élève de Juan del Castillo.

Juan était un peintre comme il y en a beaucoup; cependant Murillo fit chez lui de grands progrès: il travaillait avec tant d'ardeur, dans l'espoir de venir bientôt en aide à son père et à sa mère.... Son oncle l'encourageait; car il était impossible de ne pas reconnaître dans cet enfant d'excellentes dispositions.

Tous les dimanches, Esteban assistait aux offices dans l'église de Santa-Cruz; tous les dimanches il revoyait la belle *Descente de croix;* mais il n'essayait plus de la dessiner : il comprenait que ce n'était pas à un novice comme lui d'entreprendre une pareille tâche.

Un jour qu'il entrait gaîment comme d'habitude dans l'atelier, il y trouva son oncle occupé, non pas à peindre, mais à lire une lettre qu'on venait de lui remettre. Il s'assit, sans lui rien dire, pour ne pas le troubler. Juan replia la lettre, la mit dans sa poche et s'approcha de Murillo en souriant et en se frottant les mains avec une satisfaction évidente.

— Vous avez reçu de bonnes nouvelles, mon oncle? dit Esteban.

— Très-bonnes, mon garçon, très-bonnes. Tu m'en vois tout réjoui.

— Quelque belle commande, n'est-ce pas, mon oncle ? Votre talent perce enfin, et l'on vous rend la justice qui vous est due ?

— Ce n'est pas tout à fait cela. Les peintres qui font fortune sont en petit nombre, et je ne vois guère dans toutes les Espagnes que don Diégo Vélasquez dont le pinceau soit en faveur. Mais un de mes amis, qui habite Cadix, m'engage à aller me fixer auprès de lui et me promet d'user de tout son crédit pour me faire un nom. Il est lié avec de puissants seigneurs qui, dit-il, aiment les arts et se feront un plaisir de me protéger.

— Quel bonheur, mon oncle, si vous réussissiez comme vous le méritez ! Je le demande à Dieu tous les jours ; car vous êtes non-seulement mon parent, mais mon bienfaiteur; et si plus tard je suis capable de soutenir ma famille, c'est à vous que je le devrai.

— Oui, si j'étais resté à Séville, j'aurais pu faire quelque chose de toi, mon ami ; mais puisque je pars....

— Et moi qui n'y pensais pas.... Mais vous ne partirez pas sans moi, mon oncle ?

— Que ferais-je de toi là-bas, mon garçon ? On me donne des espérances, il est vrai ; mais qui sait si elles se réaliseront ? L'homme sage ne compte jamais sur la moitié de ce qu'on lui promet ; encore lui arrive-t-il bien des déceptions. Ah ! si j'étais sûr du succès, je t'emmènerais volontiers ; mais dans l'incertitude où je suis encore, je n'y dois pas songer. J'ai une femme, des enfants, et je ne suis pas riche.

— Emmenez-moi, mon oncle, dit Murillo, en retenant ses larmes, je serai votre domestique, et vous me traiterez comme il vous plaira, pourvu que de temps en temps vous me donniez encore quelques leçons.

— Je n'ai pas besoin de domestique, et je ne peux pas me charger d'un enfant de plus. Si ton père pouvait me payer une petite pension, je ne dis pas....

— C'est impossible, et je vous prie même de ne pas leur en parler.

— Sois tranquille, je connais aussi bien que toi leur position. Je t'assure que je regrette, pour eux et pour toi, que les circonstances m'obligent à m'éloigner, et que si tout va bien là-bas, comme je l'espère, je t'écrirai de venir m'y retrouver.

Murillo soupira ; il n'avait pas grande confiance en cette promesse ; et comme il ne manquait pas de fierté, il ne voulut pas importuner son oncle par de nouvelles prières. Mais des pensées bien amères se pressaient dans son cerveau : qu'allait-il faire, puisque son maître l'abandonnait ? Sa pauvreté ne lui permettait pas d'en chercher un autre, et il se sentait trop ignorant pour s'en passer. Pourtant il ne pouvait se décider à renoncer à la peinture ; car il l'aimait avec passion, et quelque chose lui disait que là seulement était pour lui l'avenir.

Il confia ses ennuis à sa mère ; mais la pauvre femme ne

put que pleurer et prier avec lui. Juan del Castillo était parti, et Murillo ne savait encore quel parti prendre, lorsqu'en passant devant la boutique d'un marchand d'estampes, il y vit entrer un capitaine de vaisseau, sous les yeux duquel le marchand s'empressa d'étaler une grande quantité de saintes et de madones grossièrement enluminées. Esteban s'approcha de la porte demeurée ouverte; il entendit débattre le prix de ces peintures; et quand les deux interlocuteurs furent d'accord, le capitaine dit qu'il lui fallait deux cents madones pour la semaine suivante.

— Je ne m'engage pas à vous les fournir, répondit le marchand; mais je ferai de mon mieux pour que vous puissiez emporter une bonne provision.

— Je compte sur vous, reprit le capitaine. Vous ne devez pas être en peine de trouver des artistes capables de ce beau travail.

— Encore est-ce quelque chose que tout le monde ne peut pas faire, objecta le marchand, et je ne crains pas que vous trouviez mieux chez aucun de mes confrères.

Le capitaine sortit; Murillo le remplaça aussitôt dans la boutique.

— Je suis apprenti peintre, dit-il; je travaillais chez Juan del Castillo; voulez-vous que je vous fasse des madones?

Le moment était bon, l'offre fut acceptée, et Murillo reprit, tout joyeux, le chemin de la maison paternelle : il allait pouvoir gagner son pain.... Avec quelle ivresse il toucha le premier argent que lui rapportait son pinceau ! avec quel empressement il l'offrit à sa mère !

— Patience ! lui dit-il, bientôt je serai riche, et tu ne manqueras plus de rien.

Mais le bonheur d'Esteban ne fut pas de longue durée. Il travaillait depuis quelques mois, quand il apprit qu'un peintre de talent venait d'arriver à Séville. C'était Pédro de la Moya, élève de Van-Dyck. Murillo voulut voir les ouvrages de cet artiste, et il demeura consterné. Il y avait aussi loin des ouvrages de Juan del Castillo à ceux de Pédro de la Moya que de ses madones aux plus beaux tableaux de l'oncle Juan.

Murillo comprit alors ce que c'est que la peinture; il eut honte de ses enluminures, et quoiqu'on ne les lui payât pas plus cher qu'auparavant, il y apporta un soin extrême. Ses progrès, que lui-même put constater, le dédommagèrent des peines qu'il se donnait; il résolut de mieux faire encore, et il prit sur son sommeil le temps qu'il sacrifiait à perfectionner son travail.

Il venait d'achever une image dont il n'était pas trop mécontent, lorsqu'il prit la résolution de se présenter chez Pédro de la Moya. Il endossa ses vêtements du dimanche, et, son ouvrage en main, il alla frapper à l'atelier du peintre. Son air timide, sa figure intelligente, sa grande jeunesse, inspirèrent de l'intérêt à Pédro, qui lui demanda avec bonté qui il était et ce qu'il désirait.

— Je suis un de vos admirateurs, répondit Esteban, et je désirerais être votre élève.

— Avez-vous déjà quelques notions de dessin et de peinture? reprit Pédro.

— Un de mes parents m'a donné quelques leçons, seigneur; mais il est parti trop tôt, et la nécessité m'a décidé à peindre des images pour la Guadeloupe. Voici ce que je sais faire, dit Murillo en montrant la madone qu'il avait apportée.

Pédro examina ce travail avec attention.

— Ce n'est pas mal; il y a de l'avenir dans cette petite toile, et tant que je resterai à Séville, je me ferai un plaisir de vous aider de mes conseils, répondit l'artiste. Venez donc tant que vous voudrez, mon enfant.

Murillo ne se fit pas prier; mais il ne devait pas jouir longtemps des soins de ce maître. La Providence ne le lui avait envoyé que pour lui faire comprendre la distance qui séparait de l'art le métier qu'il avait embrassé. Le départ de Pédro le laissa plus triste et plus découragé que jamais. Il ne pouvait plus se remettre à barbouiller des images, et il n'avait aucun autre moyen d'existence. Mais il était à l'âge où le découragement ne dure guère. Il songea bientôt que tout n'était pas perdu, puisqu'il ne lui manquait, pour devenir peintre à son tour, que d'étudier les œuvres des maîtres et d'en trouver quelqu'un qui voulût bien le recevoir dans son atelier.

— Je vais travailler beaucoup, se dit-il; et quand j'aurai une bonne bourse, je partirai pour l'Italie, où Pédro de la Moya assure qu'il y a tant de chefs-d'œuvre et tant de peintres en renom.

Murillo ne se rendait pas compte de ce qu'il pouvait falloir d'argent pour aller de Séville à Rome; après quelques semaines d'une activité prodigieuse, il se crut riche, et, disant adieu à son père et à sa mère, il se mit en route pour Madrid, d'où il se proposait de passer en Italie.

Il arriva dans cette ville sans avoir beaucoup écorné son petit trésor: l'espérance le nourrissait. Son oncle lui avait souvent parlé de la haute fortune de Diégo Vélasquez, né comme lui à Séville, et devenu premier peintre du roi. Murillo voulut voir les ouvrages de ce grand artiste, et son admiration fut si sincère, que, pour les étudier et les copier, il ajourna son voyage d'Italie. Quand il n'eut plus d'argent, il vendit ces copies, afin de pouvoir rester encore quelques jours à Madrid. De bons religieux, témoins de la persévérance avec laquelle il demeurait du matin au soir dans leur chapelle, occupé à reproduire un tableau donné par le roi, lui offrirent l'hospitalité et lui adressèrent quelques encouragements.

— Pourquoi ne chercheriez-vous pas à voir le seigneur Vélasquez? lui demanda le prieur; c'est un grand peintre, et, de plus, c'est un homme modeste, bienfaisant, accessible à tout le monde. Qui sait si vous ne trouveriez pas en lui un protecteur ?

— Je n'oserais solliciter cette protection, répondit Murillo ; mais je ne voudrais pas quitter Madrid sans voir, ne fût-ce que de loin, l'auteur des belles toiles que j'ai tant admirées.

— Il est facile de vous satisfaire, dit le religieux : la cour va demain à Aranjuez ; Vélasquez suivra la cour, car le roi ne peut se passer de lui. Tenez-vous sur le passage du cortége, et demandez à qui vous voudrez lequel de ces beaux seigneurs est don Diégo Vélasquez ; on vous le désignera, car il n'y a personne à Madrid qui ne le connaisse.

Dès le grand matin, Murillo était aux portes du palais, et il n'y était pas seul. Il lia conversation avec un de ses voisins, qui promit de lui montrer le peintre du roi, et qui l'aida à prendre patience en lui racontant plusieurs traits à la louange de Vélasquez. Enfin, le signal fut donné, et le cortége se mit en marche.

— Attention ! voici le roi, dit à Murillo son obligeant voisin. Maintenant, voyez-vous ce beau seigneur en pourpoint de velours noir, brodé de pierreries, et dont la poitrine est couverte de décorations? C'est don Diégo Vélasquez. Cet autre seigneur en pourpoint vert et argent, qui cause gaîment avec lui, c'est le poëte Calderon. Regardez-les bien l'un et l'autre, vous aurez vu les deux favoris de Sa Majesté le roi Philippe IV.

Murillo ne jeta sur le poëte qu'un coup d'œil distrait ; mais il concentra toute son attention sur Vélasquez ; il crut voir rayonner une belle âme sur ce vaste front éclairé des reflets du génie, et il se sentit rassuré par le sourire doux et gracieux du grand artiste.

— Je lui demanderai une audience, dit-il ; mais si je ne veux pas qu'on me mette à la porte comme un mendiant, je ne dois pas me présenter en si triste équipage.

Il se remit donc à la besogne et ne s'accorda point de relâche qu'il n'eût économisé de quoi se faire cadeau d'un vêtement convenable ; alors il se rendit au palais et fit prier Vélasquez d'admettre un jeune peintre sévillan à l'honneur de le saluer. Vélasquez avait gardé de sa ville natale un tendre souvenir ; il aimait d'ailleurs à encourager les débutants ; il donna l'ordre d'introduire son compatriote.

Murillo parut ; mais à la vue des magnifiques toiles, des bronzes, des marbres antiques, des étoffes précieuses, entassés dans l'atelier du grand peintre, il demeura cloué sur le seuil et ne put trouver un mot à dire. Vélasquez, touché de son embarras, lui adressa de bienveillantes paroles, qui mirent le comble à son émotion.

— Vous êtes de Séville, mon jeune ami, dit Vélasquez, après avoir laissé à Murillo le temps de se remettre, et vous venez à Madrid pour vous perfectionner dans la peinture ?

— Ah ! seigneur, répondit Esteban, j'ai la passion de la peinture ; mais à peine ai-je fait les premiers pas dans cet art, et la nécessité m'a réduit à l'exploiter comme un métier. Pendant plusieurs années, j'ai barbouillé des images, pour ne pas mourir de faim. Maintenant encore, je dessine et je peins pour ne pas mendier ; car je vais en Italie, où l'on m'a dit que je trouverais des maîtres et des modèles.

— Avez-vous là quelque toile qui puisse me faire juger de votre savoir ? demanda Vélasquez.

— Pardonnez-moi, seigneur, d'étaler sous vos yeux, habitués à ne rencontrer que des chefs-d'œuvre, une si grossière ébauche, dit Murillo en tirant de son sein une petite image de Notre-Dame. Peut-être ne suis-je qu'un misérable enlumineur, que l'orgueil et l'ambition tourmentent ; Votre Excellence en décidera.

Vélasquez prit la madone des mains de Murillo.

— Vous serez peintre, mon enfant, lui dit-il ; et la lutte que vous avez soutenue contre l'adversité touche à son terme.

Dès aujourd'hui, vous ne manquerez plus de maître ni de modèles. Votre maître, ce sera moi ; et toutes les toiles que le roi a fait venir à grands frais de Hollande et d'Italie seront à votre disposition. Étudiez ces chefs-d'œuvre, et plus tard vous irez visiter Rome.

Murillo se jeta aux pieds de Vélasquez, qui le releva et le serra dans ses bras. Le peintre du roi avait deviné dans le jeune Sévillan, si cruellement éprouvé par la misère, un talent qui ne demandait qu'à se développer, un cœur tendre et généreux, un grand et noble caractère. Il ne s'était point trompé ; plus il connut Murillo, plus il l'aima, et, sans crainte de se donner un rival dans la faveur du roi, il enseigna à son compatriote tous les secrets de son art. Habitué à vivre au milieu des courtisans, qui le flattaient pour obtenir les bonnes grâces du prince, Vélasquez retrouvait toujours avec bonheur son jeune élève, dont les louanges étaient si franches et la reconnaissance si profonde et si sincère.

Murillo, uniquement occupé de son art, n'avait cependant oublié ni Séville, où s'était écoulée son enfance, ni son père qui avait tant travaillé pour lui, ni sa mère dont les tendres caresses avaient si souvent séché ses pleurs. Il alla cacher dans sa ville natale sa réputation naissante ; mais il n'y demeura pas longtemps inconnu. Trois tableaux qu'il fit pour le couvent des Franciscains suffirent à le mettre en relief, et les commandes lui arrivèrent de toutes parts.

Deux ans après, il épousa une riche et noble dame, qui le décida à se fixer pour toujours à Séville. Il eut une maison montée sur un grand pied ; le monde le rechercha ; mais il demeura esclave de son art et regarda toujours comme perdues les heures qu'il dérobait au travail. Un grand nombre de jeunes gens briguaient l'honneur de recevoir ses leçons ; il vivait au milieu d'eux comme un père, et il jouissait du bonheur de se voir aimé autant qu'admiré.

La gloire et la fortune ne lui avaient point fait oublier les souffrances de sa jeunesse ; et s'il enviait quelque chose à Vélasquez, ce n'était ni la faveur royale, ni le faste de la cour ; c'était plutôt la joie de faire pour un pauvre enfant, doué d'heureuses dispositions, ce que Vélasquez avait fait pour lui.

Il avait à son service un nègre nommé Gomez, et un petit mulâtre qu'il avait acheté par pitié, pour que le père et l'enfant ne fussent point séparés. Il les avait fait instruire et baptiser ; il les traitait avec humanité ; cependant il y avait entre eux et les autres serviteurs de la maison une distance que ceux-ci avaient soin de ne pas laisser franchir. Le vieux Gomez était chargé par eux des travaux de rebut, et le petit Sébastien, dont Murillo avait reconnu l'intelligence, avait à s'occuper de l'atelier. Il y entretenait une minutieuse propreté, il broyait les couleurs, nettoyait les pinceaux, et devait obéir aux élèves aussi bien qu'à leur maître.

Les deux fils de Murillo, Gabriel et Gaspard, aimaient Sébastien ; mais ils ne parvenaient pas toujours à lui épargner les railleries et les dures paroles de leurs camarades. Les deux Gomez n'étaient pas des serviteurs ordinaires, c'étaient deux esclaves qu'on ne songeait pas à ménager. Le vieux nègre regrettait amèrement la liberté ; son fils ne l'avait pas connue ; mais sans cesse rebuté, il était devenu d'une timidité excessive, et se tenait à l'écart autant qu'il le pouvait. Mais quand Murillo expliquait à ses élèves les principes du dessin ou les secrets de la peinture, lorsqu'il leur détaillait les beautés d'un ouvrage ou leur en faisait remarquer les imperfections, pas un d'entre eux n'était plus attentif que le petit Sébastien. Son âme tout entière passait dans ses yeux ; il dévorait les paroles du maître, et son attention ne manquait guère d'exciter le rire de ceux qui en étaient les témoins.

— Ne dirait-on pas que le mulâtre comprend la leçon ? disait l'un.

— Viens ici, esclave, et répète-nous ce qu'a dit le seigneur Murillo, ajoutait l'autre. Tu ne dois pas en avoir perdu un mot.

— Veux-tu mon pinceau, Sébastien? Je te le prêterai pour que tu fasses à ma *Sainte Famille* les corrections que le maître m'a indiquées hier.

— Effacez d'abord ce que vous avez fait depuis, sênor Antonio, dit Sébastien ; car cela ne vaut pas mieux que le reste.

— Tu trouves, mauricaud?... reprit Antonio en riant du bout des lèvres. Que manque-t-il donc à mon saint Joseph ?

— Il lui manque la sainteté. C'est une belle tête qui n'a pas d'expression.

— Le mulâtre a raison, s'écrièrent Villavicemio et Tobar, deux des meilleurs élèves de Murillo. Est-ce que tu te connaîtrais en peinture, Sébastien?

— Me connaître en peinture, Messeigneurs, moi! un mulâtre, un esclave! Le seigneur Antonio ne vous a-t-il pas dit hier qu'un mulâtre n'est qu'un singe parlant?

— Antonio avait de l'humeur, parce que le maître n'était pas content de son travail; c'est pour cela qu'il t'a rudoyé.

— C'est tout simple, n'est-ce pas, Messeigneurs, puisque je suis l'esclave de chacun de vous, le souffre-douleur de tous? dit Gomez.

— Oui, pauvre petit, tu es bien notre souffre-douleur, répondit Villavicemio, frappé de la tristesse de Sébastien ; mais je te jure que tu ne seras plus le mien ; car c'est une injustice à nous de te faire souffrir de nos ennuis.

— Une injustice et une lâcheté, ajouta Tobar. Je n'y ai jamais songé ; mais je reconnais qu'il n'est pas généreux de maltraiter qui ne peut se défendre. Compte sur nous, Sébastien : désormais, loin de t'accabler, nous te soutiendrons.

— Merci, Messeigneurs, votre bonté me touche, et je vous prouverai combien j'en suis reconnaissant.

— Comment t'y prendras-tu ? demanda Antonio en ricanant.

— Je n'en sais rien, sênor ; mais ne vous en inquiétez pas : un jour ou l'autre, j'en trouverai le moyen.

— Prie Dieu pour que je puisse achever mon Christ aussi
bien que je l'ai commencé, dit Villavicemio. Le maître en a
fait l'éloge; mais la tête n'était qu'ébauchée, et je ne suis pas
content de ce que j'y ai fait aujourd'hui. Le front n'a
pas assez de majesté, les yeux sont vifs et beaux; mais ils
n'ont pas assez de .douceur; les joues sont trop rondes, le
sourire trop humain. Qu'en dis-tu, Tobar?

— Je dis que je voudrais l'avoir fait; mais tu es bien difficile, ami.

— Il n'y a que le maître qui sache donner à ses personnages la force et la grâce, la douceur et la majesté.... Passe-
moi de l'huile, Sébastien, que j'efface toute cette tête.

Sébastien obéit.

— C'est dommage, dit Antonio, qui s'était approché, tu ne
pourras pas faire mieux. A ta place, je n'y toucherais pas.

— Le maître dit qu'il ne faut pas craindre de recommencer, murmura Gomez : c'est en s'efforçant de corriger les défauts qu'on reconnaît dans son travail qu'on arrive à la perfection.

— Merci, répondit Villavicemio, l'avis est bon, j'en profite.

Il effaça la tête du Christ et se remit résolûment à l'œuvre.
Des lignes d'une pureté divine remplacèrent les premières, le
front et les yeux rayonnèrent, et quand Murillo examina le
travail de chacun, il dit, en contemplant cette tête commencée :

— Courage, ami! il y a de bons peintres qui ne désavoue-
raient pas cette toile.

L'élève et le mulâtre échangèrent un regard joyeux; et
quand les jeunes artistes se retirèrent, Villavicemio serra furtivement la main du pauvre Gomez. Celui-ci, demeuré seul
dans l'atelier, se hâta d'y mettre tout en ordre, pour aller
aider son père, qui commençait à n'être plus si alerte ni si
fort que lorsqu'il avait été acheté par Murillo. Mais Sébastien
était bon fils, et il n'hésitait pas à se charger d'une double

tâche pour épargner au vieux nègre les réprimandes et les corrections.

La nuit était venue, lorsqu'il rentra dans le cabinet où il couchait, près de l'atelier. Il se jeta sur son lit, après avoir fait sa prière, et il dormit pendant quelques heures d'un sommeil paisible. Mais au moment où minuit sonnait à l'église voisine, le mulâtre s'éveilla. Il fut aussitôt sur pied, ralluma sa lampe, sortit de sa chambrette, et, après s'être assuré qu'il était bien seul dans l'atelier, il s'assit devant le chevalet d'Antonio.

— Non, dit-il, ce n'est pas saint Joseph ni la vierge Marie qui contemplent l'enfant Jésus. Oh! je me les figure bien autrement, la vierge Marie surtout.... Elle doit être si belle, si sainte et si bonne! Mais Antonio a le cœur dur, c'est pourquoi il ne voit pas que son pinceau manque de sentiment. Ce n'est peut-être pas sa faute, s'il est moins bon que ses amis; aussi je lui pardonne de tout mon cœur la manière un peu hautaine dont il me parle. Il est le fils d'un riche seigneur, moi je ne suis qu'un esclave.... J'appartiens à mon maître comme ce tableau qu'il a payé de son argent et que rien ne l'empêche de déchirer ou de brûler, si bon lui semble. Il ne le fera pas, parce que ce tableau est un chef-d'œuvre et que le seigneur Murillo est un grand artiste; il ne me rendra pas non plus trop malheureux, parce que son cœur est plein d'humanité; mais il pourrait, s'il le voulait, nous infliger, à mon père et à moi, de cruels traitements.... Pauvre père! comme il regrette son pays et sa liberté.... Moi, je ne regrette rien. Si j'étais resté libre, je n'aurais pas connu le plus grand peintre de l'Espagne, je n'aurais jamais entendu ses leçons, je ne saurais pas ce que c'est que l'art, l'art qui vaut encore mieux que la liberté.

Tout en parlant ainsi, Gomez avait saisi la palette d'Antonio, et, sans s'apercevoir de ce qu'il faisait, il avait retouché la tête de saint Joseph.

— Voilà qui est mieux, dit-il, oubliant que cette toile ne
lui appartenait pas, le maître sera content. Reste la Vierge.
Si je pouvais la peindre telle que je la vois quand je la prie,
comme elle serait belle! Marie, la mère de Dieu et des
hommes, la mère des pauvres comme des riches, ma mère à
moi.... Fleur de beauté, reine de bonté, espoir de tous! je
vous salue et je vous aime! Je vous aime de toutes les forces
de mon cœur, et je vous ferais aimer du monde entier, si
j'avais le talent du maître. Oh! les belles vierges, les beaux
anges, les grands saints qui sortent de son pinceau! Il faut
qu'il les ait vus dans le ciel pour les peindre ainsi....

Les premiers rayons du jour surprirent le mulâtre à la
même place. Sa tête de vierge était presque achevée, et il la
contemplait avec bonheur.

— Je la voudrais encore plus belle et plus sainte, mur-
murait-il; mais je ne suis pas maître Murillo, je ne suis pas
même le dernier de ses élèves; pourtant j'ai mieux fait que le
seigneur Antonio. Mais voici le jour, il faut effacer tout cela
avant qu'on vienne frapper à cette porte.... Effacer, ce n'est
pas difficile; mais, malheureux que je suis! je ne pourrai
pas rendre au seigneur Antonio son saint Joseph et sa Vierge.
Que dira-t-il en ne les voyant plus? Il sera furieux; il accu-
sera quelques-uns de ses compagnons de lui avoir joué ce
mauvais tour; il le prendra pour un affront; il y aura du
bruit, du sang versé peut-être, et j'en serai la cause. Que
faire? mon Dieu! que faire?... Décidément il ne faut pas
effacer. Ou le seigneur Antonio s'apercevra qu'on a touché à
son ouvrage, ou il ne s'en apercevra pas; s'il ne s'en aperçoit
pas, personne ne se doutera de rien; et s'il s'en aperçoit, il
ne pourra pas se plaindre du tort qu'on lui aura fait; car mon
travail vaut bien le sien.

Là-dessus, Sébastien se hâta de nettoyer la palette et les
pinceaux dont il s'était servi; puis il s'assura que tout était
en ordre dans l'atelier et il en ouvrit les portes.

Les élèves arrivèrent par petits groupes et causèrent quelques instants avant de se mettre au travail. Les deux fils de Murillo, Gabriel et Gaspard, entrèrent les derniers en compagnie d'Antonio, qu'ils avaient rencontré chemin faisant. Ni Gabriel ni Gaspard n'avaient hérité du talent de leur père ; ni l'un ni l'autre n'aimaient la peinture ; Gabriel n'avait de goût que pour les voyages, Gaspard voulait être prêtre. Cependant, pour plaire à Murillo, qu'ils aimaient tendrement, ils assistaient à ses leçons et s'efforçaient d'en profiter, tout en regrettant de ne pouvoir mieux faire. Tous deux s'approchèrent du chevalet d'Antonio, qui se plaignait aussi de son peu de succès ; mais ils ne purent retenir un cri de surprise quand il découvrit sa *Sainte Famille*.

Antonio lui-même fit un pas en arrière : il ne reconnaissait plus son tableau.

— Vous dites que mon père a sévèrement critiqué cette Vierge ? demanda Gaspard. En vérité, j'ai peine à vous croire ; car elle me paraît bien belle.

— Recevez tous mes compliments, cher Antonio, dit Gabriel. Antolinez et Villavicemio ne font pas mieux que vous. Non-seulement cette Vierge est d'une pureté de lignes et d'une suavité remarquable ; mais voilà un saint Joseph qui ne lui est pas inférieur.

Sébastien s'était retiré à l'écart ; mais il entendait ce que disaient ses jeunes maîtres et il sentait le feu lui monter au visage.

— Messieurs, répondit Antonio, vous me voyez aussi émerveillé que vous-mêmes. La Vierge et le saint Joseph que vous admirez ne sont pas ceux que j'ai regardés hier avec découragement et que je m'effrayais de revoir aujourd'hui.

— Il m'est déjà souvent arrivé d'être moins mécontent de mon ouvrage le lendemain que la veille, dit Gaspard ; mais vous ne pouvez avoir été mécontent de ceci ; car c'est vraiment quelque chose de beau.

— Oui. Par malheur, ce n'est pas moi qui l'ai fait.

— Qui serait-ce donc ? Vous êtes trop modeste, Antonio.

— Non, Gabriel, ce n'est pas par là que je pèche ; j'ai même une très-forte dose d'amour-propre ; et si je dis que ces deux têtes ne sont pas de moi, vous pouvez le croire. D'ailleurs, voici Tobar et Villavicemio, qui ont vu hier mon saint Joseph et qui, j'en suis sûr, ne le reconnaîtront pas mieux que moi.

Les deux jeunes gens, qui avaient entendu déjà quelques mots de ce débat, vinrent serrer la main des fils de leur maître, et regardèrent le tableau de leur condisciple avec une surprise égale à la sienne.

— Est-ce moi qui ai fait ces deux têtes ? leur demanda Antonio.

— Peut-être, répondit Tobar. Je me suis laissé dire qu'un peintre médiocre, affligé ou plutôt doué de somnambulisme, faisait en cet état d'assez bons tableaux. Donc, mon cher Antonio, je suppose que tu es somnambule, et que tu es venu cette nuit, tout en dormant, corriger ton ouvrage d'hier.

— C'est la seule supposition admissible, dit en riant Villavicemio, à moins que ce ne soit quelqu'un de nos camarades qui ait pris ton chevalet pour le sien.

— Il n'y a que toi et Antolinez qui puissiez faire aussi bien, à moins que ce ne soit le maître lui-même, répondit Antonio. Or, le seigneur Murillo n'est pas encore arrivé.

— Le voici, mes amis, dit le grand peintre, en promenant sur ses élèves un regard tout paternel. Qui donc m'appelait ?

— Personne, mon père ; mais il se passe quelque chose que nous ne pouvons expliquer. Antonio prétend ne pas reconnaître comme étant de lui les deux principales figures de sa *Sainte Famille*, dit Gabriel.

— Si quelqu'un s'était permis de gâter le travail d'Antonio, celui-là cesserait immédiatement d'être mon élève ; car, si j'encourage l'émulation , je hais la jalousie.

— Pardon, mon père, je me suis mal exprimé, reprit Gabriel ; on n'a pas gâté le travail d'Antonio, on l'a perfectionné.

— Voyez plutôt, maître, ajouta Antonio. Vous m'avez dit hier que ma Vierge était manquée, je n'ai pas eu le temps de la retoucher ; comment la trouvez-vous ?

— Elle n'est pas finie ; mais elle sera bien belle. Celui qui l'a faite sera peintre. Et vous dites que ce n'est pas vous, Antonio ?

— Hélas ! non, maître.

— Mais qui donc alors ? Que le coupable se nomme, Messieurs, reprit Murillo, s'adressant à tous les élèves réunis en cercle autour de lui ; il a mal fait de toucher à l'ouvrage d'un de ses camarades ; mais me voici tout prêt à lui pardonner en faveur de son talent.

Les jeunes gens se regardèrent les uns les autres, mais ils demeurèrent silencieux. Murillo renouvela son invitation sans plus de succès.

— Je dois vous dire, Messieurs, reprit-il, sans trop savoir s'il devait prendre un ton de plaisanterie ou de sévérité, qu'il ne me faudra pas un bien long examen pour reconnaître la touche de celui qui a corrigé cette Vierge, et je puis vous assurer que si vous voulez me soumettre à cette épreuve, j'en sortirai triomphant. A l'ouvrage donc, mes amis !

Les élèves prirent leurs places, en protestant de leur confiance illimitée dans le coup d'œil du maître, et en disant que celui d'entre eux qui avait été assez heureux pour mériter ses éloges ne devait pas craindre de se nommer. Murillo examina longuement le travail de ses plus habiles disciples, puis celui de ses fils, et enfin celui des élèves les moins avancés. Il revenait de temps en temps près d'Antonio et chaque fois il se retirait plus soucieux.

— Eh bien! maître, lui demanda le jeune homme, à qui dois-je céder mon tableau? Il faut que celui qui a fait ces deux figures se charge de l'achever; car je ne puis me parer d'une gloire qui ne m'appartient pas.

— Celui-là n'est pas parmi vous, dit Murillo; pourtant il doit être ou avoir été mon élève; car il n'a pas d'autre manière que la mienne.

— Mais comment un autre que nous aurait-il eu la hardiesse de pénétrer dans votre atelier, mon père? demanda Gabriel.

— Je ne sais, répondit Murillo. Il faut pourtant qu'un étranger s'y soit introduit. Viens ici, Sébastien!

Le mulâtre s'approcha en tremblant : il se croyait déjà découvert.

— Où as-tu couché cette nuit? demanda Murillo.

— Ici, maître, comme toujours. Je dois garder l'atelier et je le garde.

— Puisque tu le gardes si bien, tu dois savoir qu'il y est entré quelqu'un, et tu nous diras qui c'était.

— Je n'ai vu personne, maître.

— Prends garde, Gomez, le mensonge est un vice odieux, un vice d'esclave, que je ne te pardonnerais pas.

— Maître, il n'est venu personne, je vous dis la vérité, s'écria l'enfant en joignant les mains.

— C'est impossible; car j'ai la preuve du contraire. On t'aura payé pour te taire; mais je saurai bien te contraindre à parler.

— Maître, je vous jure que je n'ai rien reçu, et que, quand on m'offrirait de l'or, beaucoup d'or, je ne voudrais pas mentir; car le mensonge offense Dieu.

— Ou tu dis vrai, ou tu es un hypocrite consommé, dit Murillo, frappé de la manière dont Gomez se défendait. Tu es encore trop jeune pour être si habile, j'aime mieux croire que tu dormais profondément et que tu n'as rien entendu.

— L'esclave qui garde le trésor de son maître doit avoir le sommeil léger, comme un chien fidèle ; le craquement d'un cadre me fait ouvrir les yeux, et j'entends sonner les matines au couvent des Franciscains.

— Explique-moi donc, si tu le peux, comment il se fait qu'on ait travaillé ici toute la nuit sans que tu te sois aperçu de rien. Je t'avais trouvé une excuse, tu la rejettes maladroitement. Puisque tu ne dors qu'à demi, tu dois savoir qui a mis la main au tableau du seigneur Antonio. Le sais-tu, oui ou non? ajouta Murillo en remarquant l'embarras du mulâtre.

— Je le sais, maître, murmura le pauvre enfant d'une voix étouffée.

— Et tu me laisses t'interroger si longtemps?... s'écria le peintre. Tu seras châtié comme tu le mérites.

— Ah! maître, je vous en supplie, pardonnez-moi! dit Gomez, en se jetant à genoux. Je craignais votre colère ; car celui qui a eu l'audace de toucher au pinceau du seigneur Antonio, ce n'est pas un de vos élèves ni même de vos serviteurs, c'est.... c'est moi!

— Toi! s'écria Murillo. Tu dis que c'est toi qui as fait ces deux têtes?

— Non, seigneur, elles étaient faites ; mais vous aviez dit hier comment on devait s'y prendre pour les rendre plus belles, et, comme je les examinais, pour mieux m'en souvenir, j'ai pris la palette et j'ai travaillé, sans même savoir ce que je faisais. Je n'ai pensé que trop tard à ce qui pourrait résulter de ma hardiesse.

— Mais qui donc t'a donné des leçons? demanda Murillo, dont l'étonnement allait croissant.

— Maître, c'est vous-même. J'écoutais ce que vous disiez, et la nuit je travaillais. Je cachais bien mes dessins et mes peintures, mais aujourd'hui je ne sais comment j'ai pu oublier toute précaution.

— C'est Dieu qui l'a permis, et nous devons l'en remercier. Tu n'es plus mon esclave, Sébastien, tu es mon élève, tu es mon fils! dit Murillo, en ouvrant les bras au pauvre mulâtre.

Celui-ci demeurait interdit. Gabriel et Gaspard le forcèrent à s'approcher de leur père, qui le serra tendrement contre son cœur. De grosses larmes tombant des yeux de Sébastien exprimèrent seules sa joie et sa reconnaissance.

Murillo fut touché de la bonté de ses fils. Il les embrassa et leur dit :

— Vous avez fait ce que vous avez pu pour devenir peintres, parce que vous saviez que j'y tenais; mais on ne réussit bien que dans la carrière où on est appelé. Je vous rends votre liberté; je serai le seul artiste de mon nom; mais Sébastien Gomez me consolera. Messieurs, continua-t-il en s'adressant à ses élèves, je réclame votre amitié pour mon troisième enfant.

Toutes les mains se tendirent vers le mulâtre, sans en excepter celle d'Antonio; chacun s'empressa de lui adresser de flatteuses paroles, et Gaspard lui dit tout bas :

— Grâce à toi, Sébastien, me voici bien heureux : dès demain j'entre au séminaire.

— Et moi je partirai bientôt pour l'Amérique, ajouta Gabriel.

Sébastien Gomez, devenu l'élève de Murillo, profita merveilleusement des leçons du maître, auquel il resta soumis et dévoué comme un esclave et comme un fils. Parvenu à l'apogée de son talent, il peiguit, peut-être en souvenir des faits que nous venons de raconter, une *Sainte Famille*, dont il fit don à la cathédrale de Séville, et qu'on y voit encore aujourd'hui.

Murillo n'eut jamais le loisir de visiter l'Italie; cependant c'est celui des peintres espagnols qui se rapproche le plus de l'école italienne. Il parvint à la vieillesse sans avoir cessé de produire des chefs-d'œuvre, et ses derniers ouvrages mirent le sceau à sa réputation. L'hôpital de la Charité, les couvents et les églises de Séville possèdent la plupart de ses tableaux ; mais on en peut admirer plusieurs au musée du Louvre, entre autres une *Immaculée Conception*, dont rien n'égale la délicieuse suavité.

Agé de soixante-quatre ans, Murillo, qui avait conservé toute la sûreté de sa main et toute la vivacité de son imagination, décorait le maître-autel des Capucins de Cadix, lorsqu'il tomba de son échafaudage. Se sentant grièvement blessé, il voulut aller mourir où il était né, et il demanda d'être enterré dans cette chapelle de l'église de Santa-Cruz où il avait passé tant d'heures d'extase devant la *Descente de croix*.

Son vœu fut exaucé, et le 4 avril 1682, toute la population de Séville se pressait dans l'enceinte sacrée pour dire un dernier adieu à l'homme de génie et à l'homme de bien que l'Espagne venait de perdre.

Le mulâtre de Murillo ne lui survécut que de peu d'années.

SALVATOR ROSA.

— Que fais-tu donc, Salvatoriello? et pourquoi ne viens-tu pas, quand on t'appelle? Tu ne veux donc pas embrasser notre oncle Paolo, qui arrive de Naples tout exprès pour nous voir? disait une jeune fille en gravissant l'escalier qui conduisait à la chambre de son frère.

— C'est mon oncle Paolo qui est là? s'écria un bambin de huit à neuf ans, en ouvrant la porte de sa chambre. Bien vrai, Stella, c'est lui?

La jeune fille fit un signe affirmatif, et Salvator s'élança si vivement sur l'escalier, qu'il faillit la renverser. Il la précéda dans la petite salle où se tenaient sa mère et l'oncle Paolo.

— Tu t'es bien fait attendre, mon Salvator, dit celui-ci. Nous ne sommes donc plus amis?

L'effusion avec laquelle l'enfant l'embrassa pouvait passer pour une réponse. Paolo sourit et lui rendit ses caresses.

— Il y a plus de cinq minutes qu'on t'appelle, mon enfant, dit la mère, pourquoi donc ne répondais-tu pas?

— J'étais bien embarrassé, répondit Salvator; j'avais cru reconnaître la voix de mon père, et je n'osais descendre.

— As-tu donc commis quelque faute dont il t'ait promis le châtiment? Si cela est, je te prends sous ma protection, et, si sévère que soit mon cher beau-frère, il faudra bien qu'il te pardonne, reprit Paolo.

— Mon père est juste et il est bon, dit Salvator; je l'aime encore plus que je ne le crains. Je n'ai pas peur qu'il me punisse pour ce que j'ai fait; mais je sais qu'il serait contrarié, s'il le savait; c'est pour cela que je ne voulais pas me montrer.

— Et qu'est-ce que tu as fait, petit diable? demanda Paolo.

— Regarde, répondit l'enfant, en lui montrant ses mains toutes noires de charbon.

— Tu viens encore de barbouiller les murailles que ton père a pris la peine de blanchir la semaine dernière? lui dit sa mère, d'un ton plus triste qu'irrité.

— Non, mère. J'ai dessiné sur le plancher; et quand même mon père monterait là-haut, il ne verrait rien; la natte que Stella m'a tressée recouvre mes figures. Tu viendras, mon oncle, je te les montrerai.

— Comment se fait-il qu'Antonio Rosa ne permette pas à Salvator une distraction aussi innocente que celle-là? demanda Paolo. Pendant qu'il charbonne les murailles ou le plancher de sa chambre, il ne vous casse pas la tête par son tapage, et il ne risque pas de recevoir des taloches ou des coups de soleil, en jouant avec les gamins de Renella.

— Que veux-tu, mon frère? répondit doucement la jeune femme, Antonio a ses idées. Il craint que son fils ne prenne goût à ce passe-temps et qu'il ne s'y applique aux dépens des études qu'il a le projet de lui faire faire.

— Quand il y prendrait goût, quel mal y aurait-il? répliqua Paolo. Nous en ferions un peintre, voilà tout.

— Mon père ne veut pas qu'il soit peintre, dit Stella.

— Un peintre vaut bien un maçon, ce me semble, reprit
l'oncle.

— Sans doute, mais Antonio ne tient pas non plus à ce
que Salvator soit maçon ou architecte comme il l'est lui-
même.

— Architecte! murmura Paolo. C'est le titre qu'il se
donne, je le sais bien, et je ne veux pas lui dire qu'il n'entend rien à l'art; mais du moins il ne doit pas le mépriser, et
je voudrais bien savoir pourquoi il lui déplairait de voir son
fils étudier la peinture.

— Je le sais, moi, dit étourdiment Salvator. Il trouve qu'il
y a bien assez de deux peintres dans la famille, et il ne veut
pas pour moi d'un métier où l'on ne gagne pas de quoi vivre.

— Il est vrai que mon frère et moi nous avons eu quelquefois recours à la bourse d'Antonio, dit Paolo en baissant les
yeux; les commencements sont difficiles; mais quand on nous
connaîtra mieux, on paiera nos œuvres au poids de l'or, et
nous pourrons lui rendre au centuple l'argent qu'il nous a
prêté....

— Il ne vous le redemande pas, interrompit la jeune
femme; mais tu comprends, mon frère, que, puisqu'il faut
si longtemps à un peintre pour se faire un nom, il est juste
que nous pensions à chercher une autre profession pour Salvator; car nous ne sommes pas riches, et nous comptons sur
lui pour nous aider à élever nos autres enfants.

— Mais si nous réussissions enfin, la réputation de Salvator serait bientôt faite. Les frères Gréco s'oublieraient volontiers pour leur neveu, pour le fils de leur sœur bien-
aimée. Ils lui ouvriraient à deux battants la porte de la fortune
et de la gloire, quand ils devraient pour cela lui faire honneur
de leurs plus belles toiles.

— Je connais votre excellent cœur et l'amitié que vous
me portez, toi et Andréa, dit la jeune femme; et ce que tu

promets, vous le feriez tous deux, je le sais; mais Antonio est le maître de son fils.

— Et moi, je ne voudrais pas être loué et récompensé sans l'avoir mérité, ajouta Salvator. Sois tranquille, oncle Paolo, si jamais je suis peintre, je ferai mes tableaux moi-même, et je les ferai si bien, que tu ne trouveras rien à y retoucher. Mais comme je ne suis encore qu'un enfant, si tu veux venir avec moi, tu verras les arbres et les rochers que j'ai dessinés, et tu les corrigeras.

— Je te suis, petit orgueilleux, dit Paolo Gréco, en prenant sur sa chaise un carton qu'il y avait déposé en entrant.

— Je parie, s'écria Salvator, qu'il y a là-dedans des gravures et des dessins que tu vas me donner. Que tu es donc bon, mon oncle, et que je t'aime! Montre-les-moi tout de suite, je t'en prie.

— Mais si ton père voit ces gravures, il me saura mauvais gré de te fournir des modèles, objecta Paolo.

— Des modèles, repartit Salvator, est-ce qu'il n'y en a pas partout? Je n'ai qu'à ouvrir ma fenêtre pour en trouver de si beaux, qu'il n'y en a point de pareils chez tous les marchands de Naples; car ils sont vivants, ceux-là; et quand je serai peintre, je n'étudierai que des modèles vivants.

— J'espère que tu ne le seras pas, et que tu n'en parleras plus jamais devant mon père, dit Stella, qui gardait le souvenir d'un orage provoqué naguère par des paroles semblables à celles que l'enfant venait de prononcer.

— Non, petite sœur, répondit Salvator. Ouvre ton carton, mon oncle.

— Pas ici, reprit Stella; mon père pourrait rentrer, et je suis sûre qu'il se fâcherait encore.

— Elle a raison, dit sa mère. Monte, Salvator. Gréco, ajouta-t-elle en retenant son frère, il va te faire voir son ouvrage; dis-lui que cela est mauvais, qu'il n'a pas la moindre disposition pour le dessin. Décourage-le complétement, je t'en supplie : la paix de notre intérieur est à ce prix.

Paolo regarda sa sœur; il fut touché de l'expression de sa physionomie, et, lui souriant d'un air d'intelligence, il suivit Salvator, qui l'appelait. L'enfant enleva avec précaution la natte qu'il avait jetée sur son travail, et le peintre ne put retenir un cri de surprise. Il avait sous les yeux un site voisin de Renella; il n'y avait pas à s'y méprendre. C'était un ravin couronné d'arbres, au fond duquel se précipitait un ruisseau grossi par les pluies.

— Reconnais-tu cela, mon oncle? demanda Salvator.

— Comment veux-tu que je reconnaisse quelque chose dans ce barbouillage? dit Paolo avec regret. Voilà un buisson qui n'est pas trop mal fait, c'est vrai; mais le reste ne vaut rien du tout. Tu crois peut-être, mon petit Salvator, que tous les enfants qui aiment à crayonner deviennent peintres; mais à ce compte-là il n'y aurait plus ni savants, ni magistrats, ni marchands, ni ouvriers; car c'est un amusement auquel chacun s'est livré avec plus ou moins d'opiniàtreté. Il n'y a guère d'écolier qui n'orne ses cahiers et ses livres d'études de dessins plus ou moins grotesques; pourtant les peintres sont rares, les bons peintres surtout; et pour n'être qu'un artiste médiocre, il vaut cent fois mieux n'être qu'un ouvrier. Tu feras donc bien d'écouter ton père et de chercher à devenir utile à ta famille. C'est une triste chose, mon ami, que de voir souffrir ceux qu'on aime, et c'est une cruelle humiliation pour un homme de cœur de ne pouvoir donner du pain à sa femme et à ses enfants; mais c'est une peine plus terrible encore de douter de son talent. Tu m'as entendu tout à l'heure parler de l'avenir et rêver le succès; mais ce succès ne viendra jamais, j'en ai la triste conviction; et quand je compare mon travail à celui des maîtres, dont j'envie la réputation, je suis bien forcé de reconnaître que je ne suis qu'un misérable barbouilleur, bon tout au plus à peindre des enseignes ou à enluminer des gravures. Alors, vois-tu, je jetterais au feu mes toiles et mes pinceaux, si l'on m'avait appris dans ma jeunesse le plus humble des métiers. Tu ne me comprends pas bien, Salvator, tu ne peux me comprendre; mais ce que je te dis est la pure vérité.

— Je te comprends parfaitement, au contraire, pauvre oncle, et je te plains; car je vois que tu souffres. Mais je travaillerai tant, vois-tu, qu'il faudra bien que je devienne un grand peintre. La peine ne me coûtera rien; et puisque tu dis que ceci est mal fait, je le recommencerai. Il me semblait pourtant que j'avais réussi.... C'est que ce n'est pas facile, sais-tu bien? de dessiner par terre et avec du charbon. Si j'avais seulement du papier, des crayons et des couleurs, il n'y aurait pas d'enfant plus heureux que moi.

Le premier mouvement de Paolo fut de mettre la main à sa poche pour en tirer une piécette; il était pauvre et généreux; mais il se rappela l'air suppliant de sa sœur, et il reprit avec une insouciance affectée :

— Bah! quand tu auras de l'argent, tu feras bien mieux d'acheter un tambour, une trompette et un grand sabre que des crayons et des couleurs. A ton âge, j'étais général. J'avais fait un régiment de tous les gamins du faubourg, je leur apprenais l'exercice, et je t'assure que cela me paraissait bien amusant.

— Tu as raison, dit Salvator, qui n'avait prêté qu'une oreille distraite aux souvenirs d'enfance de son oncle Gréco, et qui continuait à examiner son dessin, on ne voit pas bien que c'est de l'eau qui coule entre ces deux grosses pierres. Montre-moi donc comment on fait l'eau.

— A quoi bon? répondit Paolo; quand je te le montrerais, tu n'y arriverais pas.

— Essaie toujours, et nous verrons. Tiens! voici un beau charbon, bien pointu et presque aussi facile à manier qu'un crayon.

Paolo, ne sachant plus que dire, se résignait à corriger l'ébauche, quand la voix d'Antonio Rosa retentit dans la rue.

— Ton père! s'écria-t-il, descendons vite. S'il savait que je suis dans ta chambre, il devinerait ce que j'y fais, et sa réception s'en ressentirait.

Paolo rentra le premier dans la salle.

— Il sera peintre, quoi qu'on fasse pour l'en empêcher, dit-il à sa sœur.

— Chut! répondit-elle, en allant ouvrir à son mari la porte de la maison.

Salvator accourut; il débarrassa Antomo de sa scie et de son marteau, pendant que Stella mettait sur la table les olives et les figues qui devaient composer le déjeuner, et que les autres enfants entouraient leur père pour recevoir de lui quelque caresse.

— Bonjour, Gréco, dit le nouveau venu, apercevant son beau-frère.

— Bonjour, Rosa, répondit Paolo, en lui tendant la main. L'ouvrage marche donc bien, que tu rentres si tard pour déjeuner?

— Il n'y a rien de trop. J'ai travaillé depuis trois mois au château Scolari; mais la besogne est presque finie, et je ne prévois pas être fort pressé d'ici à quelque temps. Cela me donne même passablement de souci, je te l'avoue.

— Eh bien! n'en prends pas, mon cher Antonio. Je viens t'offrir de bonnes journées à gagner jusqu'à la fin de la saison, et même en hiver, si tu veux.

— De quoi s'agit-il? demanda Rosa, ne se fiant qu'à demi aux paroles de son beau-frère, qui se laissait souvent entraîner dans le domaine des illusions.

— Voici la chose: les pères somasques veulent agrandir leur église; il y a deux chapelles à construire; et comme on veut qu'elles soient promptement achevées, on cherche partout des ouvriers. J'ai été hier voir le prieur, qui est de mes amis, pour le prier de nous réserver, à mon frère et à moi, la décoration de ces deux chapelles. Il m'a bien reçu, sans toutefois vouloir me promettre ce que je lui demandais. « Nous avons le temps de voir à cela, m'a-t-il dit ; nos chapelles ne sont pas encore bâties, et les bons ouvriers sont rares. » J'ai saisi l'occasion pour parler de toi, Antonio, comme d'un homme capable de diriger les travaux ; et le prieur m'ayant répondu qu'il n'avait pas besoin d'un architecte, j'ai ajouté que tu n'étais pas moins habile à tailler la pierre qu'à lever un plan. « Qu'il vienne donc, a dit le père ; le plus tôt sera le mieux. » Et comme j'insistais encore pour les fresques des deux chapelles, il m'a commandé un tableau pour la sacristie.

— Je te remercie d'avoir pensé à moi, répondit Antonio. J'irai demain au couvent des Somasques ; et si nous nous entendons, les pères et moi, ils pourront compter sur mon exactitude. Reste avec nous jusque-là, Gréco ; nous ferons la route ensemble.

— Non, répondit le peintre, je repartirai dans une heure ; car je veux, dès demain, commencer mon tableau. S'il est fait avant que les chapelles soient achevées et que le prieur en soit content, je n'aurai plus à m'inquiéter de ma fortune.

— Dieu veuille que tu réussisses, Gréco ! dit Rosa. Il y a bien assez longtemps que tu végètes, malgré tous tes efforts.

La physionomie du maçon, qui s'était assombrie lorsqu'il avait aperçu Paolo, venait de s'éclaircir : non-seulement la visite du peintre n'avait aucun but intéressé, mais il apportait une bonne nouvelle. Antonio dit quelques mots à sa femme, qui se hâta d'ajouter un plat au mince ordinaire de la famille ; puis il descendit à la cave et déposa sur la table un flacon de vieux vin.

Le repas fut gai ; Salvator seul était soucieux : il pensait à son dessin et se répétait l'arrêt prononcé par son oncle.

— Ainsi, dit Antonio à son beau-frère, tu ne veux pas passer avec nous le reste de la journée?

— Si je le pouvais, tu n'aurais pas besoin de me prier, répondit Paolo en prenant son bâton ; mais si tu tiens à ce que je te présente au prieur, je serai demain à huit heures à la porte du couvent.

— Merci ; ne quitte pas pour cela ton travail, c'est inutile.

— Tu devrais m'emmener avec toi, père ; je te chanterais des chansons le long du chemin, pour t'empêcher de sentir la fatigue, et je verrais Naples, où tu n'as pas encore voulu me conduire, dit Salvator d'un ton câlin. Oh ! dis oui, père : je serais si content !

— Mais si je t'accorde ce que tu désires, feras-tu tout ce que tu pourras pour que, moi aussi, je sois content? demanda Antonio.

— Je te le promets, père, répondit l'enfant.

Le lendemain, au petit jour, Rosa et son fils prenaient la route de Naples. Salvator ne se sentait pas de joie ; il gambadait comme un jeune chevreau, courait en avant, revenait sur ses pas, cueillait à droite et à gauche les fleurs humides de rosée, en fredonnant sur des airs inconnus des couplets qui ne l'étaient pas moins. Antonio n'y prenait point garde : il calculait ce que pourrait lui rapporter le travail qu'il allait entreprendre et qui devait se prolonger jusqu'en hiver, si Paolo ne s'était pas trompé.

Le prieur commençait sa messe, quand le maçon entra dans l'église du couvent, pour implorer avant tout la bénédiction de Dieu. Il s'agenouilla pieusement, à quelques pas de la porte ; mais Salvator s'avança vers l'autel, dont les riches ornements venaient de frapper ses yeux. Il s'arrêta près de la grille du chœur, récita un *Pater* et un *Ave,* puis se mit à examiner ce qu'il n'avait fait qu'entrevoir. L'autel était garni de fleurs et resplendissant de lumières ; car c'était fête ce jour-là chez les bons pères ; mais ce qui captiva l'attention de Salvator, plus encore que les fleurs et les lumières, ce fut un tableau représentant le baptême de Notre-Seigneur.

La figure du Christ exprimait le recueillement et l'humilité ; celle du Précurseur reflétait un sentiment d'adoration profonde, joint à l'autorité du ministère qu'il remplissait ; mais Salvator n'était pas d'âge à se rendre compte de ce mérite ; ce qu'il regardait, c'étaient les eaux bleues et limpides du Jourdain, c'était une cascade dont le peintre avait cru devoir orner le fond du tableau.

Deux ou trois fois il en détacha ses yeux, pour recommencer sa prière ; car sa mère lui avait dit souvent qu'on doit parler à Dieu, lorsqu'on est dans sa maison ; mais presque aussitôt cette belle peinture l'attirait de nouveau, et la messe était finie depuis un quart d'heure, qu'il ne songeait pas encore à quitter sa place.

— Attends-moi là, lui dit son père, qui venait de voir le prieur rentrer dans la sacristie, après avoir fait son action de grâces. Je viendrai te reprendre dans un moment.

Au bout de quelques minutes, Antonio reparut en effet. Le prieur était avec lui. Ils traversèrent ensemble l'église et gagnèrent l'endroit où l'on commençait à élever les deux chapelles. Salvator les suivit à distance d'abord, puis il se rapprocha tout à fait de son père.

— La sainteté du lieu nous fait un devoir de choisir des ouvriers sages et rangés. Si vous pouvez nous en amener quelques-uns, vous nous rendrez service, dit le prieur. Cet enfant est-il à vous, mon ami ? ajouta-t-il en regardant Salvator.

— Oui, mon révérend, répondit Antonio ; j'ai deux filles et trois fils, dont celui-ci est l'aîné.

— Il paraît doux et intelligent ; je suis sûr qu'il aime l'étude, reprit le religieux.

— Il apprend avec une grande facilité tout ce qu'on veut lui enseigner; et s'il avait de bons maîtres, on en ferait quelque chose, dit Antonio.

— Ma mère m'a appris à lire, et je sais par cœur tout un volume de poésies. C'est si amusant d'étudier! murmura Salvator. Mais il n'y a pas beaucoup de livres chez nous, je ne pourrai jamais devenir savant.

— Ce serait pourtant mon plus grand désir, dit Antonio, et je m'imposerais volontiers des sacrifices pour y arriver.

— Mon ami, répliqua le prieur, vous êtes un honnête homme, chargé de famille, laissez-nous ce garçon; et s'il a, comme je le crois, d'heureuses dispositions, nous lui ferons faire ses études sans nous montrer envers vous trop exigeants.

— Ah! révérend père, s'écria le maçon, vous prévenez la demande que je voulais et que je n'osais vous adresser. Comment pourrai-je jamais vous remercier du service que vous me rendez?

— Que l'enfant soit docile et studieux, dit le prieur, nous serons assez récompensés.

Antonio voulait laisser son fils au couvent; mais Salvator témoigna le désir de retourner à Renella pour embrasser sa mère et pour dire adieu à ses frères et à ses sœurs; le bon religieux trouva que cela était juste, et il congédia son futur élève en lui disant: « A demain! »

Pendant que Rosa faisait part à sa femme de la proposition du prieur et lui témoignait sa joie d'avoir trouvé du travail, Salvator courut à sa chambre; il ajouta quelques ombres à son ébauche, et, se relevant pour la mieux voir, il s'écria:

— Maintenant c'est de l'eau; mon oncle serait bien obligé d'en convenir, s'il était encore ici. Mais puisque je dois partir demain, il faut effacer tout cela. C'est dommage! Vraiment j'aime bien à dessiner; mais j'aime aussi à étudier; et puisque mon père préfère l'étude au dessin, je veux lui obéir.

Salvator jeta de l'eau sur le plancher, y passa une vieille éponge que Stella cherchait depuis longtemps et dont il s'était emparé, remit la natte en place, prit le peu de livres qu'il possédait et retourna auprès de sa mère. Elle lui parla de la bonté des religieux, l'engagea tendrement à en profiter et lui promit d'aller le voir souvent.

Elle ne put retenir ses larmes, lorsqu'il partit ; Salvator pleura aussi, mais son chagrin ne fut pas de longue durée. Ne devait-il pas d'ailleurs aller chaque jour embrasser son père, tant que les travaux de l'église ne seraient point achevés ? Cependant, lorsqu'il se vit dans l'intérieur du couvent, au milieu de compagnons qu'il voyait pour la première fois, son cœur se serra, et il se prit à regretter amèrement sa chambrette de Renella.

Le meilleur remède à cette tristesse qu'éprouvent tous les enfants nouvellement séparés de leur famille, c'est l'étude. Salvator s'y livra avec ardeur, et il ne tarda guère à être consolé. Doué d'une intelligence précoce et d'une mémoire prodigieuse, il semblait deviner tout ce qu'on avait à lui enseigner. Il apprenait en se jouant ce que les autres enfants avaient le plus de peine à comprendre, et les religieux s'empressèrent de dire à Antonio que son fils serait certainement un homme supérieur.

Ce fut une grande joie pour le brave ouvrier ; ses éloges soutinrent la bonne volonté de Salvator ; et quand son travail cessa de l'amener au couvent, l'enfant n'avait plus besoin d'encouragements. Le prieur, charmé des progrès du jeune Rosa, l'avait pris en grande amitié, et s'applaudissait souvent d'avoir eu la bonne pensée de se charger de ses études. Salvator était son meilleur élève ; ses progrès excitaient l'émulation des autres écoliers, et le collége des pères somasques gagnait chaque jour de la réputation.

Les choses en étaient là, quand, les chapelles achevées, on fit venir de Rome un peintre chargé de les décorer. Les frères

Gréco avaient échoué dans leurs prétentions, soit que le tableau exécuté par Paolo pour la sacristie du couvent n'eût point été goûté, soit que l'intrigue, comme il se plaisait à le dire, l'eût encore cette fois emporté sur le mérite.

Antonio consola de son mieux ses beaux-frères; mais bientôt lui-même eut besoin de consolation. Un jour qu'il allait voir son fils, il apprit que les religieux n'étaient plus aussi satisfaits de Salvator. Son amour pour l'étude s'était refroidi ; il savait encore ses leçons, parce qu'il ne lui fallait aucun effort pour les apprendre ; mais ses devoirs se ressentaient d'une certaine négligence, et souvent, quand on le croyait le plus appliqué de traduire ses auteurs latins, on le surprenait occupé à faire des portraits ou à dessiner des paysages. En voyant travailler les peintres des chapelles, Salvator avait retrouvé son goût pour la peinture, et il était facile de voir que les autres études en souffriraient beaucoup.

Son père lui fit une sévère remontrance, puis il lui parla raison, et Salvator promit de ne plus crayonner pendant les classes. Il tint parole avec beaucoup de peine ; puis le souvenir de tout ce que lui avait dit Antonio s'effaçant peu à peu de son esprit, il s'oublia de temps à autre et s'attira des punitions qui l'irritèrent au lieu de le corriger, si bien qu'un beau matin il se fit mettre en prison.

L'amour-propre blessé lui arracha des larmes, puis il se calma, et sa tristesse fit place à la joie, quand il s'aperçut qu'un crayon était resté dans sa poche. Les murs de la chambre où on l'avait enfermé étaient complétement nus ; il les couvrit de dessins, et les heures s'écoulèrent pour lui avec une agréable rapidité. Mais une mauvaise pensée lui vint, et il l'accueillit sans songer aux conséquences qu'elle pourrait amener. Il voulait se venger de ses professeurs, et il crut en avoir trouvé le moyen en faisant leur caricature. Il y réussit à merveille ; les portraits étaient si grotesques, qu'il était impossible de les regarder sans rire ; pourtant ils étaient ressemblants, car les plus petits enfants n'hésitaient pas à nommer les religieux que Salvator avait voulu tourner en ridicule.

On s'imagine sans peine le bruit et le scandale que causa cette affaire; il ne fut question de rien moins que de chasser l'ingrat élève; mais le bon prieur sut, tout en le condamnant, disposer les religieux à l'indulgence. Ils se contentèrent des excuses de Salvator et de la promesse qu'il leur fit d'être à l'avenir plus attentif à leurs leçons.

Antonio ne sut rien de ce qui s'était passé, mais l'oncle Paolo en reçut la confidence. Il gronda Salvator et fit encore une fois ce qu'il put pour le détourner d'une carrière dont il connaissait toutes les épines. Il parlait avec tant de sincérité, que son neveu fut convaincu, et pendant plus d'un mois les cahiers de l'étudiant demeurèrent vierges de toute esquisse. Il reprit l'étude à cœur, et ses maîtres, oubliant les sujets de mécontentement qu'il leur avait donnés, le traitèrent avec une paternelle affection. Salvator se montra reconnaissant. Les jours de congé seulement il s'occupait de peinture, et il eût fallu être trop sévère pour y trouver à redire.

Mais bientôt il ne se contenta plus de travailler seul et sans guide, il supplia son oncle de lui donner des leçons; et Gréco, ne pouvant plus s'y refuser, exigea seulement qu'il ne dessinât qu'à ses heures perdues. Cela dura deux ou trois ans. Salvator continuait à étonner les religieux par ses progrès, et à émerveiller Gréco par la hardiesse de ses aperçus, la sûreté de son coup d'œil et l'habileté de son pinceau.

Tant de persistance annonçait une vocation bien prononcée. Le prieur, témoin des efforts que Salvator faisait pour mener de front l'art et l'étude, lui témoignait tant de bonté, que l'enfant le conjura de parler en sa faveur à Antonio Rosa.

Le prieur y consentit. Il fit prier Antonio de passer au couvent, et, après lui avoir rappelé que rien n'arrive sans la permission de Dieu, il lui déclara que Salvator avait longtemps lutté contre ses goûts, qu'il avait, en bon fils, voulu suivre la carrière choisie par son père, mais qu'il devait renoncer à être autre chose qu'un artiste.

— Il réussira, je vous en réponds, ajouta le saint homme. Il ne languira pas comme ses oncles, qui ne sont que des peintres médiocres. Il a de la persévérance, il aura du talent, du génie peut-être; il se fera un nom, et vous le verrez arriver à la fortune et à la gloire.

— Andréa et Paolo Gréco y aspiraient aussi, dit tristement Antonio; mon fils sera trompé comme eux. Aidez-moi, je vous en conjure, mon révérend, à le détourner d'une si funeste profession. Voici que je me fais vieux; d'un jour à l'autre je puis tomber malade, je puis mourir, hélas! le chagrin que j'éprouve mine lentement mes forces. Que fera ma femme, que feront mes enfants, trop jeunes encore pour gagner leur vie? Ils tomberont à la charge de la charité publique..., tandis que si Salvator se rendait capable d'occuper un emploi honorable, il soutiendrait sa famille. Écoutez, mon père, j'ai été trop faible jusqu'à présent, je n'ai pas su couper le mal dans sa racine; mais je ne souffrirai plus que mon fils fréquente l'atelier de Gréco, ni qu'il touche un pinceau ou un crayon, et il faudra bien qu'il renonce à ce passe-temps indigne de lui.

— Vous n'en viendrez pas à bout, mon ami, répondit le prieur, et vous auriez tort de vous opposer à ce que Salvator suive sa vocation. C'est une route semée d'épines qu'il choisit là; mais c'est sans doute celle où Dieu veut qu'il marche. Je comprends vos inquiétudes pour l'avenir; mais la Providence est grande, et plus tôt vous laisserez votre fils devenir peintre, plus tôt son talent assurera votre tranquillité.

Antonio ne voulant pas se rendre aux conseils du bon vieillard, celui-ci déclara qu'il ne se sentait plus le courage de contraindre Salvator et qu'il ne croyait pas d'ailleurs pouvoir prendre sur lui d'étouffer le génie de cet enfant, qui sans doute serait un jour un grand maître ; Rosa répondit qu'il le reprendrait chez lui et qu'il saurait bien le rendre docile. Salvator fut appelé, son père l'instruisit de ce qu'il avait décidé et l'emmena sur-le-champ à Renella.

Salvator reprit possession de sa chambrette. Antonio l'y enferma avec ses livres, après avoir confisqué ses toiles, sa palette et ses crayons.

— Si tu n'es pas un sans-cœur, lui dit-il, tu rougiras de passer tes journées dans l'oisiveté, et tu t'estimeras heureux de te remettre à l'étude.

Mais l'oisiveté ne pesa point à Salvator. Ne pouvant peindre, il fit des vers et de la musique. Il composa quelques chants que ses frères et ses sœurs se plurent à répéter ; tout le village les sut bientôt. Ils devinrent populaires à Naples ; on promit un brillant succès à leur auteur, et Antonio, forcé de reconnaître que son fils réussirait dans les arts, mieux que dans toute autre carrière, cessa de le contraindre.

Ce fut un bien beau jour pour Salvator que celui où il se vit libre de suivre enfin sa vocation. Il se jeta aux genoux de son père, pour le remercier de sa bonté, puis il courut embrasser le bon prieur, qui avait triomphé des résistances d'Antonio. Gréco le reçut au nombre de ses élèves, lui prédit un bel avenir, et lui avoua que s'il avait jusque-là tant essayé de le décourager, c'était pour ne point se rendre complice de sa révolte contre l'autorité paternelle.

Salvator surpassa bientôt son maître, et il n'eut pas de peine à comprendre que Gréco vivait dans l'indigence, parce que son talent n'était point à la hauteur de sa bonne volonté.

Vers cette époque, Antonio Rosa maria sa fille aînée à un peintre, nommé Francazano, élève de Ribera. Salvator passa de l'atelier de son oncle dans celui de son beau-frère ; mais il laissa Francazano bien loin derrière lui, et il commença à ne travailler que d'après sa propre inspiration. Ses premiers

tableaux, quoique nécessairement imparfaits, avaient un cachet
d'originalité qui ne pouvait manquer de les faire remarquer. Sa
manière ne ressemblait à aucune autre; il ne prenait pour
maître que la nature, et il savait la reproduire avec noblesse
et vérité.

Antonio applaudissait aux efforts de son fils. Il ne fallait pas
être artiste pour reconnaître que la moindre des ébauches de
Salvator valait mieux que les meilleurs tableaux de Gréco et de
Francazano, et le brave maçon se réjouissait de ne s'être pas
plus longtemps obstiné à le détourner de la voie qu'il s'était
choisie. Toutefois, la réputation du jeune peintre n'était pas
encore faite, quand Rosa tomba dangereusement malade.

Antonio comprit que son heure était venue; il se prépara
pieusement à la mort et recommanda aux soins de Salvator
la famille à laquelle Dieu l'arrachait. Salvator jura de travailler
sans relâche pour sa mère, sa sœur et ses deux jeunes frères,
dont il devenait l'unique appui.

Il prit à peine le temps de pleurer et il se mit à l'œuvre. Il
peignait avec une grande facilité; mais ce n'était pas le tout
de faire des tableaux, il fallait les vendre. Il alla vainement
offrir ses toiles à la plupart des marchands de Naples; pourtant un brocanteur consentit à les acheter; mais il en offrit
si peu de chose, que l'orgueil de Salvator se révolta. Il allait
les reprendre; mais sa mère, sa sœur et ses frères manquaient
de tout; il prit les quelques pièces de monnaie que le juif lui tendait comme une aumône, et il se hâta de retourner à Renella.

Désormais, la pauvre famille était sûre de ne pas manquer
de pain. Dès que le jour paraissait, Salvator prenait son pinceau, et la nuit le retrouvait encore à son chevalet.

— Mon cher enfant, lui dit sa mère, une santé plus robuste
que la tienne ne résisterait pas à la tâche que tu t'imposes, et
je ne veux pas te voir mourir à la peine. Je ne veux pas non
plus que ton génie s'use et s'énerve dans ce travail qui nous
donne à peine du pain. J'en ai causé avec le bon prieur des

Somasques; il est tout à fait de mon avis et il a promis de chercher une place pour ta sœur et pour moi. Quant à tes frères, il s'en chargera jusqu'à ce que tu puisses gagner assez pour payer leur pension.

Salvator versa des larmes amères. Voir sa mère et sa sœur obligées d'entrer en service, ses frères vivre de la charité publique, c'était une cruelle souffrance pour une âme aussi fière que la sienne. Le jeune homme pensa mourir de douleur, quand il se vit tout seul sous le pauvre toit qui avait jusqu'à-lors abrité la famille; il se demanda si Dieu ne le punissait pas d'avoir lutté contre la volonté de son père, et il regretta sincèrement qu'Antonio ne lui eût pas appris à tailler la pierre, puisque cet humble métier avait suffi pour les préserver tous de la misère.

Cependant il reprit courage : plus il travaillerait, plus tôt finirait la terrible épreuve que Dieu lui envoyait. Il soignait mieux ses compositions, mais on ne les lui payait pas plus cher, et il se condamnait aux plus grandes privations pour venir en aide à Stella, sa sœur bien-aimée. Francazano ne trouvait pas d'amateurs pour ses tableaux, même aux conditions offertes à Salvator, et Stella n'avait pas tous les jours du pain. Elle cachait autant qu'elle pouvait ses douleurs à son frère; mais Salvator les devinait et il appelait ardemment le succès, bien moins pour lui que pour tous ceux qu'il aimait. Hélas ! le succès se fit trop attendre : épuisée par les privations et par le chagrin, Stella tomba en langueur et s'éteignit toute jeune encore entre les bras de son frère et de son époux.

Dès lors on remarqua dans les tableaux de Salvator une sombre tristesse; il se plut à représenter des sites sauvages, des gorges profondes, des torrents dévastateurs. Son pinceau se jouait des plus grandes difficultés, et sa touche large et spirituelle exprimait à merveille la désolation dont son âme était remplie. Il se sentait peintre; il endurait toutes les

tortures du génie méconnu ; et la mort de Stella lui paraissait d'un sinistre augure pour les autres objets de son
affection.

Rien ne semblait devoir changer sa triste position, quand
il apprit que Giovanni Lanfranc venait d'arriver à Naples
pour décorer le dôme de Saint-Janvier. Lanfranc jouissait
d'une immense réputation ; élève des Carrache, il avait étudié les œuvres de Raphaël, puis celles du Corrége, et il avait
donné la mesure de son talent en peignant la coupole de
Saint-André de la Vallée. On ne parlait que de ce beau travail, et les Napolitains craignaient que Lanfranc n'agréât point
la prière qu'ils lui avaient adressée de se charger des peintures de Saint-Janvier.

Son arrivée fut donc une fête pour la population. Salvator
voulut, comme les autres, voir ce célèbre artiste, et, con-
fondu dans la foule, il le suivit, du palais où Lanfranc était
descendu jusqu'à l'église dont il allait examiner le dôme,
avant de commencer ses cartons. Lanfranc s'entretenait avec
ses élèves et s'arrêtait chaque fois qu'il rencontrait quelque
objet digne de leur attention : ici c'était entre deux rues une
éclaircie à travers laquelle l'œil découvrait les flots bleus de
la mer de Naples et la crête fumante du Vésuve ; là, au milieu des lazzaroni dormant la tête à l'ombre, un type remarquable ou un groupe pittoresque ; plus loin quelque monument de noble aspect ou quelques ruines gracieuses.

Il n'était plus qu'à cent pas de l'église, lorsque, jetant les
yeux sur l'étalage d'un brocanteur, il distingua parmi des
toiles sans valeur un paysage dont la hardiesse et la beauté
sauvage le frappèrent. Le marchand, voyant le grand peintre
arrêté devant sa boutique, se hâta de paraître sur le seuil.

— Quel est l'auteur de ce tableau ? lui demanda Lanfranc.

— Votre seigneurie peut voir qu'il est signé Salvatoriello,
répondit le brocanteur ; c'est l'œuvre d'un tout jeune homme,
le petit Salvator Rosa.

— Certes, dit le peintre à ses élèves, ceci n'est pas exempt de défauts ; mais il y a de l'avenir dans ce travail. Voyez comme ces tons sont vrais, comme le feuiller de ces arbres est léger, comme la physionomie de cet homme assis sur une roche reflète bien les émotions que doit inspirer la vue de ce paysage.

— Votre Excellence trouve donc que cette toile a du mérite ? reprit le brocanteur, flairant un beau bénéfice.

— Je vous l'achète , dit Lanfranc. Si ce jeune homme vous en apporte d'autres pendant mon séjour à Naples, vous me les réserverez. Vous dites qu'il est tout jeune ?

— Il a seize ou dix-sept ans , Excellence.

— Je ne reconnais là-dedans la manière d'aucun maître , continua Lanfranc, pendant que ses élèves examinaient tour à tour le tableau. Ce Salvatoriello sera maître à son tour ; car il n'appartient à aucune école. Je serais curieux de le voir et de l'interroger.

Salvator s'était approché du peintre , de manière à ne pas perdre une seule de ses paroles ; il fit un pas pour se présenter ; mais il eut honte de ses haillons ; et de peur que quelqu'un ne le reconnût et ne le nommât, il se fraya un chemin à travers la foule et s'enfuit.

Rentré chez lui , il mit la dernière main à un autre petit tableau, et sitôt qu'il le vit achevé , il le porta chez le brocanteur.

— Voilà qui vaut mieux que tout ce que je vous ai vendu jusqu'à présent, lui dit-il. J'espère que vous me ferez de meilleures conditions ; car je vous réponds que cette toile ne chômera pas chez vous.

— Vous avez l'air bien sûr de vous-même, dit le marchand. Allons ! ajouta-t-il en souriant, puisque vous vous êtes surpassé dans ce travail, il est juste de le payer un peu plus cher que les autres.

Salvator fit son prix, et, au grand étonnement du brocanteur, il n'en voulut rien rabattre. Dès qu'il eut son argent, le jeune homme courut chez un marchand d'habits, se choisit des vêtements simples, mais élégants, qui relevèrent sa bonne mine et l'enhardirent à paraître devant le peintre de Saint-Janvier.

Lanfranc le reçut avec bonté ; il sourit, quand Salvator lui raconta ses premiers essais ; car lui aussi se rappelait avoir, dans son enfance, couvert d'ébauches de toutes sortes les murs de sa chambre et ceux des jardins du comte Horace Scotti, dont il était page. Mais ses yeux se mouillèrent au récit des souffrances du jeune homme; il l'encouragea, le consola et lui demanda plusieurs tableaux qu'il paya généreusement.

Salvator était sur le chemin de la fortune; ses toiles, remarquées par Lanfranc, trouvaient enfin des amateurs, et tous les marchands de tableaux voulaient qu'il leur en promît. La petite maison de Renella vit revenir les hôtes que la misère en avait chassés. Entouré de sa mère, de sa sœur, de ses jeunes frères, Salvator se trouvait heureux ; mais Lanfranc lui conseilla d'aller étudier les chefs-d'œuvre de Rome, et sa famille le supplia de ne pas manquer l'occasion qui lui était offerte de perfectionner son talent.

Il partit avec un riche gentilhomme à qui Lanfranc l'avait recommandé ; il vit avec enthousiasme les merveilles dues au pinceau de Michel-Ange et de Raphaël, et son séjour dans la patrie des arts contribua beaucoup au développement de son génie. Une maladie le ramena à Naples, et le bonheur l'y retint. Ses tableaux étaient recherchés; et si on ne les couvrait pas d'or, ils étaient assez payés pour que sa famille jouît d'une honnête aisance. Salvator travaillait vite et travaillait bien : on se disputait ses paysages, ses marines et ses combats. Il ne désirait plus rien ; mais sa mère mourut, puis sa sœur, et il alla demander à Rome quelque diversion à sa douleur.

De Rome il revint à Naples, puis de Naples il retourna à Rome; ce double deuil avait laissé dans son cœur un vide affreux, une tristesse amère, dont la richesse et les honneurs ne devaient jamais le consoler. Il s'acharna cependant à la poursuite de la fortune, et sa verve de poëte aidant au mérite de son pinceau, sa réputation devint immense.

Il s'entoura d'un luxe princier et fit de son palais le rendez-vous des artistes, des savants et des beaux esprits. A Rome, à Naples, à Florence, il jouissait d'une égale réputation; mais il cachait sous le masque d'une intarissable gaîté le souvenir des douleurs qui avaient assombri les belles années de sa jeunesse.

Il mourut en 1673, à l'âge de cinquante-huit ans.

PASCAL (BLAISE ET JACQUELINE).

Le 19 juin 1623, la maison d'Étienne Pascal, président à
la cour des aides de Clermont (Auvergne), était en grande
joie ; car il venait de naître un héritier au magistrat, qui
jouissait d'une haute réputation de savoir et d'intégrité. L'enfant reçut le nom de Blaise. Il était faible et chétif ; mais les
tendres soins de sa mère et les prières de sa petite sœur
Gilberte, qui l'aimait beaucoup, obtinrent du ciel un miracle.

Blaise grandit, se fortifia et devint si beau, qu'aucun enfant
ne pouvait lui être comparé.

Il avait deux ans, quand Dieu lui donna une seconde
sœur, qu'on nomma Jacqueline. Cette petite famille faisait le
bonheur du président. Comprenant ses devoirs de père, il
ne s'en rapportait qu'à lui du soin de jeter dans ces jeunes
cœurs la semence de toutes les vertus, et de tourner leur intelligence vers tout ce qui est grand, noble et beau. Gilberte
donnait à son frère et à sa sœur l'exemple de l'application et
de la docilité. Toute jeune encore, elle aimait à soulager les

pauvres, à se priver pour eux de ce qu'on lui donnait en récompense de son travail, et à cacher le bien qu'elle faisait,
comme la plupart des enfants cachent leurs fautes. Mais son
père et sa mère veillaient de trop près sur elle pour rien
ignorer de ses actions ; ils rendaient grâce à Dieu des heureuses dispositions qu'ils découvraient dans leur aînée, et ils
espéraient que Blaise et Jacqueline ne seraient ni moins bons
ni moins intelligents que Gilberte.

Ils ne se trompaient pas. Le petit Blaise, qui assistait aux
leçons de sa sœur, sans qu'on prît garde à lui, interrompait
souvent ses jeux pour les écouter. Il retenait avec une merveilleuse facilité tout ce que disait son père ; il le comprenait
et attendait impatiemment qu'on lui permît d'étudier avec
Gilberte.

Dès que sa santé ne donna plus d'inquiétude, le président
consentit à ce que sa sœur lui apprît à lire ; puis il commença
son instruction. Il fut presque aussi effrayé que charmé de la
précocité de cet enfant, qui semblait deviner ce qu'on avait
à lui enseigner, et qui montrait surtout une étonnante avidité
de connaître la raison de toutes choses. Si les explications
qu'on lui donnait n'étaient pas suffisantes, son esprit refusait
de les accepter, et il demeurait inquiet, agité, jusqu'à ce qu'il
en eût obtenu d'autres.

Il se livrait avec ardeur à l'étude de l'histoire et des langues ;
mais son goût l'entraînait surtout vers les sciences ; et son
père, craignant qu'elles ne l'occupassent exclusivement,
serra tous les livres qui traitaient des mathématiques ou de la
géométrie, et s'abstint même de s'entretenir de ce sujet avec
ses amis, quoiqu'il fût lui-même un mathématicien distingué.

Mais Blaise se rappelait avoir entendu vanter cette science,
et il suppliait le président de lui en donner les premiers
éléments.

— Plus tard, mon enfant, répondait Étienne Pascal. Sois

tranquille, je t'apprendrai tout ce qu'il faudra que tu saches, les mathématiques aussi bien que le reste.

— Si du moins, mon père, vous vouliez me dire en quoi consistent les mathématiques et la géométrie, je prendrais patience; car je sais bien que vous ne refuserez pas toujours de céder à mes instances, dit un jour le jeune Pascal.

— Eh bien! mon fils, les mathématiques et la géométrie enseignent le moyen de faire des figures justes et de trouver les proportions qu'elles ont entre elles. Maintenant que je t'ai accordé ce que tu me demandais, je compte que tu m'obéiras, si je te défends d'y penser et d'en parler davantage.

— Je n'en parlerai plus, mon père, puisque vous me le défendez, et je tâcherai de n'y plus penser, répondit Blaise, les larmes aux yeux.

Il promettait bien sincèrement, le pauvre enfant, et pendant quelques jours il chassa de son esprit tout ce qui pouvait le ramener à ce sujet continuel de ses préoccupations. Mais, malgré lui, la définition que lui avait donnée son père lui revenait sans cesse en mémoire; et comme il ne la comprenait pas bien, elle l'inquiétait beaucoup. N'osant pas, toutefois, demander de nouvelles explications, il résolut de les chercher. Il n'y employa d'abord que quelques minutes; car il se reprochait de désobéir à son père; puis il se dit que si ses recherches pouvaient ne pas nuire à ses études, il serait moins coupable, et il y consacra ses heures de récréation.

Dès qu'il était seul dans la grande salle où il avait coutume de se divertir, il prenait du charbon, et, se couchant à plat ventre, il traçait des figures sur le parquet. Les premières notions lui manquant complétement, il créa lui-même les noms des figures qu'il représentait; ainsi il appela un cercle un *rond;* une ligne, une *barre.* Après ces définitions, il se fit des axiomes, enfin des démonstrations parfaites, et il poussa ses recherches si loin, qu'il arriva jusqu'à la trente-troisième proposition du premier livre d'Euclide.

Il en était là, quand son père entra par hasard dans la salle où il travaillait, au lieu de jouer. Blaise était si occupé, qu'il n'entendit rien et continua de tracer ses figures sans se douter que quelqu'un l'observât. Étienne Pascal resta debout, sans faire un mouvement, pendant deux ou trois minutes, puis il s'avança vers son fils.

— Que faites-vous donc, Blaise ? lui demanda-t-il.

L'enfant rougit et se troubla en se voyant surpris par son père, qui lui avait formellement interdit ce travail.

— Pardonnez-moi, lui dit-il, je vous en supplie. Je ne voulais pas vous désobéir ; mais c'est comme malgré moi, et presque sans le savoir, que j'ai manqué à la soumission que je vous dois.

— Qu'est-ce donc que ces figures ? et que cherchez-vous là ? reprit Étienne Pascal, en adoucissant l'expression de son regard.

Blaise, rassuré, lui expliqua le problème qu'il venait de résoudre et les figures qu'il avait tracées. Il se servait, pour les désigner, des noms que lui-même leur avait donnés, et il rendait compte de ses opérations avec tant de clarté, que son père le serra dans ses bras et le quitta sans pouvoir même le féliciter ; car il était trop ému pour trouver une seule parole.

Il se rendit aussitôt chez son ami intime, M. le Pailleur, qui était, comme lui, un habile mathématicien. Lorsqu'il y fut arrivé, il demeura immobile et ne put retenir ses larmes.

— Que vous est-il donc arrivé, mon cher Pascal ? lui demanda M. le Pailleur. Dites-moi bien vite quel malheur peut vous affliger à ce point.

— Ah ! mon ami, répondit Étienne, je ne pleure pas de tristesse, mais de joie. Vous savez avec quel soin j'ai caché à mon fils les éléments de la géométrie, de peur de le détourner de ses autres études ; eh bien ! malgré l'ignorance absoluc dans laquelle j'ai cru le tenir là-dessus, il en sait plus que beaucoup de jeunes gens qui s'y sont appliqués depuis l'enfance ; et ce qu'il sait, il l'a trouvé sans le secours d'aucun livre.

— Puisqu'il en est ainsi, dit M. le Pailleur, il me semble, mon ami, que vous auriez tort de vous opposer plus longtemps à ce que cet enfant si bien doué profite des leçons des maîtres. Il ne faut pas, vous le savez, mettre la lumière sous le boisseau ; et quand un génie quelconque se révèle, il ne serait pas juste de s'opposer à ses progrès.

Rentré chez lui, Étienne Pascal fit venir son fils, lui fit diverses questions auxquelles l'enfant répondit à merveille, et lui remit les *Éléments* d'Euclide, en lui recommandant toutefois de ne pas s'adonner tellement à la géométrie, que ses autres études pussent en souffrir.

— Je vous promets, mon père, dit Blaise, de ne pas abuser de votre bonté. Je n'étudierai ce livre que quand vous aurez été satisfait de mon travail. Ce sera ma récréation ; car il n'y a pas de conte de fée qui puisse me plaire autant que les choses qu'on y apprend.

— Je sais quelque chose qui vous plaira plus encore, mon fils, reprit Étienne en souriant. Que diriez-vous, si je vous conduisais aux réunions savantes auxquelles j'assiste toutes les semaines ?

— Oh ! quel bonheur, mon père ! Voir et entendre les plus habiles docteurs de Paris, écouter le compte-rendu des travaux les plus remarquables... Mais je ne suis qu'un enfant, et vous ne voudrez peut-être pas vous embarrasser de ma présence.

— Tant que je serai content de vos progrès dans les langues, l'histoire et la littérature, je vous accorderai cette récompense, à laquelle vous paraissez attacher un grand prix.

— Eh bien ! mon bon père, vous m'y conduirez chaque semaine, je vous en réponds.

Dès lors, en effet, le jeune Pascal redoubla d'ardeur pour l'étude. Ses livres de mathématiques ne lui prenaient pas beaucoup de temps ; il les lisait avec un plaisir extrême et les comprenait sans effort. Jamais il n'était obligé d'en demander l'explication à son père ; car il avait assez de patience pour chercher lui-même ce qui d'abord lui semblait un peu embarrassant.

Le président Pascal s'était démis de sa charge pour s'occuper plus à loisir de l'éducation de sa jeune famille, et il était venu se fixer à Paris, où il devait trouver mieux qu'ailleurs toutes les ressources dont il avait besoin. Un grand malheur avait frappé ces pauvres enfants : leur mère était morte, et Gilberte, en qualité d'aînée, avait pris sur Blaise et sur Jacqueline une autorité que sa douceur et sa tendresse leur rendaient chère.

Jacqueline ne répondit pas trop bien d'abord aux soins de sa sœur. Elle n'aimait point à étudier, et elle ne pouvait se résoudre à apprendre à lire. Gilberte grondait doucement, et, de peur d'affliger son père, elle n'osait pas se plaindre de la paresse de la petite fille. Elle lui proposait pour modèle son frère Blaise, l'enfant le plus précoce et le plus studieux qu'il fût possible de rencontrer.

— Je deviendrai savante aussi, vous le verrez, lui disait Jacqueline ; mais c'est bien ennuyeux d'apprendre à lire ; et s'il ne fallait pas commencer par là, je ferais tout ce que vous voudriez.

Comme Jacqueline était encore très-jeune, Gilberte prenait patience. Un jour, son père lui apporta un volume de poésies qu'elle se mit à feuilleter aussitôt, pendant que sa sœur jouait auprès d'elle.

— Oh ! que voilà de jolis vers ! dit-elle. Si vous le permettiez, mon père, je vous les lirais.

Étienne Pascal répondit qu'il les entendrait volontiers. Jacqueline s'assit au coin du feu, pour ne pas troubler Gilberte, et elle écouta de toutes ses oreilles le petit poëme dont sa sœur venait de faire l'éloge.

— Que c'est beau ! dit-elle, que c'est donc beau ! Si vous vouliez me lire tout le volume, je resterais bien là jusqu'au soir. Le voulez-vous, Gilberte ?

—Pourquoi ne le lirais-tu pas toi-même, Jacqueline ? lui demanda son père.

— Parce que je lis encore trop mal, répondit l'enfant. Mais si Gilberte voulait se servir de ce livre pour me donner mes leçons, je serais si attentive, que je pourrais bientôt me passer de son aide pour le lire tout entier.

Gilberte consentit à ce que désirait sa sœur, et Jacqueline prit tant de goût à la lecture, qu'au bout de peu de jours elle put étudier par cœur les vers qu'elle avait admirés. Elle apprit à écrire en les copiant, et bientôt elle essaya d'en faire. Elle y réussit mieux qu'on ne devait s'y attendre, et l'on reconnut qu'elle avait autant de dispositions pour la poésie que son frère en montrait pour les sciences exactes.

De concert avec quelques-unes de ses petites amies, elle composa une comédie en cinq actes et en vers. Les rôles en furent distribués, puis étudiés avec soin, et un certain nombre de personnes furent invitées à la première représentation. Tout se passa fort bien ; la pièce fut jouée une seconde fois par les jeunes acteurs et vivement applaudie.

On parlait déjà dans le monde du génie de Blaise Pascal, on parla plus encore de celui de Jacqueline. Le bruit en vint jusqu'à la cour, et la reine Anne d'Autriche voulut voir la petite fille poëte. Jacqueline avait toute la timidité de son âge, mais elle en avait aussi la curiosité. Elle s'effraya d'abord de sa présentation à la reine, puis elle s'en réjouit, et elle se mit en devoir de composer un compliment pour Sa Majesté.

Une amie d'Étienne Pascal vint la chercher dans un des carrosses de la cour et la conduisit à Saint-Germain, où était la reine. Jacqueline était charmante ; car elle joignait à une beauté remarquable toutes les grâces de la modestie et de la naïveté. Anne d'Autriche la reçut avec bonté et l'invita à lire les vers qu'elle avait composés pour sa présentation.

— Est-ce bien vous, mon enfant, qui avez écrit cela ? lui demanda-t-elle. Je ne puis croire que personne ne vous ait aidée.

— C'est moi seule, Madame, répondit-elle, et Votre Majesté juge ces petits vers avec beaucoup trop d'indulgence. Ils seraient certainement meilleurs, si quelqu'un m'eût aidée à les composer.

Malgré cette assurance, la reine et les dames qui l'entouraient ne furent point persuadées. Mademoiselle de Montpensier s'approcha de l'enfant et lui dit, en lui présentant ses tablettes :

— Puisque vous faites si bien les vers, Jacqueline, en voulez-vous faire pour moi ?

Jacqueline prit les tablettes, se retira un moment à l'écart, et écrivit sans se troubler un petit compliment dont Mademoiselle fut charmée. Anne d'Autriche prit plaisir à la faire causer ; elle admira la justesse de ses idées et la finesse de ses réparties. Elle la loua, la caressa, et recommanda à la dame qui l'avait présentée de ne pas tarder à l'amener encore.

Ainsi fêtée par la reine, Jacqueline n'en devint pas plus fière ; ses amies la trouvèrent toujours disposée à rire, à jouer avec elles, et sa sœur n'eut à se plaindre ni de son application ni de sa docilité.

Blaise continuait à faire des progrès dont son père s'étonnait toujours ; il n'y avait guère de semaines qu'il n'eût à soumettre à la docte réunion qui l'admettait à ses séances quelque travail remarquable, et il lui arrivait même de découvrir dans les propositions qu'on y examinait des erreurs qui avaient échappé aux plus savants mathématiciens. Sa passion de connaître la raison de toutes choses ne faisait que croître à mesure que son intelligence se développait. Étienne Pascal s'en inquiéta même quelque peu. Il craignait que l'habitude des raisonnements mathématiques n'altérât le respect de son fils pour la religion et la pureté de la foi qu'il s'était efforcé de lui inspirer. Il alla au-devant de ce danger en faisant comprendre au jeune savant que le génie de l'homme, si grand qu'il soit, doit s'incliner devant les sublimes mystères qu'il a plu à Dieu de nous révéler, et que leur impénétrabilité même est une preuve de la divinité de la religion, dont ils sont le fondement. Blaise avait pour son père une vénération profonde; il écouta cette leçon à laquelle Étienne joignait l'exemple d'une vie chrétienne; il porta dans l'étude de la plus grande de toutes les sciences autant d'humilité que de désir d'apprendre; la vérité qu'il recherchait avec un cœur droit éclata à ses yeux, et plus il s'instruisit, plus il devint pieux.

Étienne Pascal jouissait paisiblement du bonheur de voir ses enfants croître en force, en savoir et en bonté, lorsqu'il encourut la disgrâce de Richelieu et se vit obligé de s'éloigner de sa famille. Il se permit de désapprouver, dans une assez nombreuse assemblée, quelques mesures prises par le cardinal, et plusieurs autres personnes en firent autant. Il se trouvait là, sans doute, de zélés partisans du ministre ou des espions à ses gages; il fut donc averti de ce qui s'était dit dans cette réunion et donna l'ordre d'arrêter les séditieux qui l'avaient si librement blâmé. Pascal, ne songeant pas qu'on pût incriminer ses paroles, les avait oubliées; mais il apprit, peu de jours après, que deux ou trois de ses amis venaient d'être envoyés à la Bastille; il devina que le même sort le menaçait, et il se hâta de quitter Paris.

On ne pouvait savoir combien durerait cet exil, dont Blaise et ses sœurs étaient fort affligés. Jacqueline avait déjà

eu la pensée d'adresser au cardinal une supplique en vers ;
car on disait que Richelieu aimait la poésie et les poëtes ;
mais sa sœur l'en avait empêchée, de peur de rappeler au
sévère ministre que le mandat d'arrestation lancé contre
Étienne Pascal n'avait pu être exécuté, et d'attirer ainsi sur
le fugitif de nouvelles persécutions. Blaise partageait les
craintes de Gilberte, et les trois enfants priaient Dieu de leur
inspirer ce qu'ils devaient tenter pour obtenir la grâce de leur
père, quand la duchesse d'Aiguillon, nièce de Richelieu, fit
demander que Jacqueline et son frère vinssent jouer la comédie au Palais-Cardinal.

Gilberte, qui servait de mère à Blaise et à sa jeune sœur,
répondit qu'elle ne se croyait point obligée de faire plaisir au
ministre qui privait ces deux enfants de la présence et des
soins d'un père tendrement aimé ; l'envoyé de la duchesse
insista, et Jacqueline, tirant Gilberte à l'écart, lui dit tout
bas :

— Ne pensez-vous pas, ma sœur, que l'occasion serait
bonne pour voir Son Éminence et lui parler en faveur de
notre père ?

Gilberte pensa que la petite fille avait raison, elle l'embrassa et fit dire à Mme d'Aiguillon que Jacqueline accepterait
un rôle. On lui donna le plus important, et elle se mit à
l'étudier avec beaucoup d'ardeur ; car elle espérait que si le
cardinal était content d'elle, il ne serait pas inflexible.

Le jour de la représentation arriva : Jacqueline sut donner
à son jeu tant de grâce et de finesse ; que la cour en fut
émerveillée et que Richelieu rit beaucoup en l'écoutant. La
pièce finie, la gentille enfant se disposait à aller saluer la duchesse d'Aiguillon, pour la prier de l'accompagner auprès du
cardinal ; mais elle vit le ministre qui se retirait et elle s'a-
vança vivement vers lui ; car elle ne voulait pas laisser échapper l'occasion dont elle s'était promis de profiter.

— Voici la petite Pascal, dit Richelieu, en s'arrêtant et

en lui souriant avec bonté. Approchez sans crainte, mon
enfant.

Jacqueline fit sa plus belle révérence et récita d'une voix
un peu tremblante les vers suivants, qu'elle avait composés
pour cette circonstance :

> Ne vous étonnez pas , incomparable Armand ,
> Si j'ai mal contenté vos yeux et vos oreilles :
> Mon esprit, agité de frayeurs sans pareilles ,
> Interdit à mon corps et voix et mouvement.
> Mais pour me rendre ici capable de vous plaire,
> Rappelez de l'exil mon misérable père.
> C'est le bien que j'attends d'une insigne bonté.
> Sauvez un innocent d'un péril manifeste,
> Ainsi vous me rendrez l'entière liberté
> De l'esprit et du corps, de la voix et du geste.

Le cardinal, touché de sa tendresse filiale, l'embrassait ,
tandis qu'elle parlait, et s'efforçait de la rassurer.

— C'est bien, mon enfant, dit-il, lorsqu'elle eut fini, je
suis content de vous et je veux vous accorder tout ce que
vous me demandez; écrivez à votre père qu'il peut revenir
en toute sûreté.

Jacqueline, au comble de la joie, ne perdit pas sa présence
d'esprit; le cardinal était de si bonne humeur, qu'il n'avait
rien à lui refuser; elle le vit et lui demanda s'il permettrait
à Étienne Pascal d'aller lui présenter ses hommages, aussitôt
son arrivée à Paris.

— Oui, dit Richelieu, qu'il vienne, je le verrai volontiers.

La duchesse d'Aiguillon fit mille caresses à Jacqueline,
puis à Gilberte; elle voulut voir leur frère et parla au cardinal de cet enfant dont chacun vantait le savoir, quoiqu'il eût
à peine quinze ans. Jacqueline eut la joie d'annoncer à son
père ce qui s'était passé dans cette soirée, et peu de jours
après, Étienne Pascal, accompagné de ses trois enfants,
alla voir le cardinal, qui le reçut à merveille et promit de

s'occuper de lui et d'eux, quand le moment en serait venu.

L'année suivante, Blaise Pascal, qui continuait à étudier les mathématiques, publia un *Traité des Sections coniques*, dont un exemplaire fut envoyé à Descartes, qui habitait alors la Hollande. Le célèbre mathématicien le lut avec admiration et ne voulut pas croire que ce fût l'œuvre d'un jeune homme de seize ans. On le lui assura vainement, il persista dans son premier jugement, et dit que si ce traité n'avait pas été pris dans celui d'un géomètre nommé des Argues, il était de M. Pascal père, qui voulait en faire honneur à son fils.

Richelieu ayant, quelque temps après, appelé Étienne Pascal à l'intendance de Rouen, Blaise fit dans cette ville la connaissance d'un jeune homme qui se disait philosophe et refusait de croire à la religion. Il entreprit de le convertir, et il lui démontra si bien ses erreurs, qu'il eut la joie de le voir devenir un humble et fervent chrétien.

Jacqueline faisait toujours des vers; elle obtint le prix qu'on décernait tous les ans, à Rouen, au poëte qui s'était le plus distingué dans l'éloge de la sainte Vierge. Ce prix fut porté en grande pompe au palais de l'intendance, et Corneille célébra la gloire de la jeune muse, qui s'était modestement dérobée à son triomphe.

Blaise Pascal n'avait que dix-neuf ans, lorsqu'il inventa une machine à l'aide de laquelle on pouvait faire les quatre opérations fondamentales de l'arithmétique sans plume, sans jetons et sans même avoir les premières notions du calcul; toutefois cette machine, composée d'un grand nombre de pièces et de rouages, était d'un volume trop embarrassant pour qu'on en pût faire un fréquent usage. Il fit plus tard des expériences sur le vide de l'air, et il prouva que les effets attribués jusqu'à cette époque à l'horreur du vide ne sont causés que par la pesanteur de l'air.

Pascal rendit un plus grand service à l'humanité par l'in-

vention de la brouette et du haquet, machines très-com-
munes, qui ménagent les forces de l'homme et sont devenues
d'un usage journalier. Le jeune savant travaillait sans cesse ;
chaque pas qu'il faisait dans le chemin de la science lui
inspirait le désir d'en faire encore un autre ; il ne s'accordait
ni distractions ni repos, et il n'avait pas encore dix-huit ans,
que déjà cette grande application avait porté atteinte à sa
santé. Voyant ses souffrances augmenter, il se retira à Port-
Royal des Champs, et se consacra dans cette retraite à l'é-
tude de l'Écriture sainte.

Des discussions regrettables s'étant élevées entre les jésuites et les solitaires de Port-Royal, Pascal prit parti pour
ces derniers et écrivit contre leurs adversaires dix-huit lettres
dont le style étonna le monde savant. C'était un mélange
de plaisanterie fine et d'éloquence mâle ; on y retrouvait le
sel de Molière et la logique de Bossuet. Boileau les regardait
comme le plus parfait ouvrage que la langue française eût
produit en prose et ne cachait pas l'admiration qu'elles lui
inspiraient.

Un jour que ce grand poëte s'entretenait avec le père Bouhours de la difficulté de bien écrire en français, le jésuite
nommait ceux de nos écrivains qu'il regardait comme des
modèles ; mais Boileau les rejetait tous, les uns après les
autres.

— Quel est donc, selon vous, demanda Bouhours, l'auteur qui a le plus purement écrit notre langue ?

— C'est Pascal, répondit Boileau.

Avant même de commencer à écrire les lettres qui devaient
faire tant de bruit, Pascal était dans un état de souffrance et
d'épuisement tel, que les médecins lui ordonnèrent de sus-
pendre tout travail pour prendre de l'exercice et des distractions. Forcé de leur obéir, il sortait souvent en voiture et
faisait une longue promenade. Un jour qu'il passait au pont
de Neuilly, dans un carrosse à quatre chevaux, les deux pre-

miers prirent le mors aux dents et se précipitèrent dans la
Seine, le parapet du pont étant fort endommagé en cet endroit. La violence de la secousse rompit les traits qui attachaient ces animaux au train de derrière, et le carrosse resta
sur le bord. Mais on eut beaucoup de peine à tirer Pascal de
l'évanouissement dans lequel il était plongé; son cerveau,
fatigué par l'étude, reçut un tel ébranlement, que depuis ce
jour-là il crut toujours voir un abîme ouvert à son côté
gauche. Ses amis et ses médecins essayèrent en vain de le
rassurer; ils parvenaient un instant à le faire rire de ses
craintes; mais elles revenaient presque aussitôt, et elles
avaient tant d'empire sur lui, qu'il s'appuyait sur une chaise
pour ne pas tomber dans ce précipice que son imagination lui
montrait sans cesse.

Pascal employa les dernières années de sa vie à méditer
sur la religion et à la défendre dans ses écrits contre les
athées et les libertins. Il ne put achever cet ouvrage; mais
on le publia tel qu'il l'avait laissé, et dans ces *Pensées*, qui
ne sont que des fragments de l'œuvre que Pascal avait entreprise, on retrouve la force et la précision qui distinguent son
génie. Il mourut dans les sentiments les plus humbles et les
plus pieux, édifiant par sa ferveur tous ceux qui l'entouraient,
laissant des regrets sincères à ses nombreux amis et forçant
ses ennemis eux-mêmes à le plaindre et à l'admirer.

« Cet homme extraordinaire, dit l'abbé Bossu, de l'Académie des sciences, reçut en partage tous les dons de l'esprit : géomètre de premier ordre, dialecticien profond, écri-
vain éloquent et sublime. Si l'on se rappelle que dans une vie
très-courte, accablé de souffrances presque continuelles, il a
inventé la machine arithmétique, les éléments du calcul des
probabilités, la méthode pour résoudre les problèmes de la
roulette; qu'il a fixé d'une manière irrévocable les opinions
encore flottantes des savants touchant la pesanteur de l'air;
qu'il a écrit un des ouvrages les plus parfaits qui existent

dans la langue française; que dans ses *Pensées*, il a des morceaux d'une profondeur et d'une éloquence incomparables,
on sera porté à croire que chez aucun peuple, dans aucun
temps, il n'a existé de plus grand génie.

« Tous ceux qui l'approchaient, dans le commerce ordinaire de la vie, reconnaissaient sa supériorité; on la lui pardonnait, parce qu'il ne la faisait jamais sentir lui-même. Sa
conversation instruisait sans qu'on s'en aperçût et sans qu'on
en pût être humilié. Il était d'une indulgence extrême pour
les défauts d'autrui; seulement, par une suite de l'attention
qu'il avait de réprimer en lui-même les mouvements de l'a-
mour-propre, il en aurait souffert difficilement dans les autres
l'expression trop marquée. Il disait à ce sujet qu'un honnête
homme doit éviter de se nommer; que la piété chrétienne
anéantit le *moi* humain, et que la civilité sociale le cache et le
supprime. On voit par les *Lettres Provinciales*, et par plusieurs
autres ouvrages, qu'il était né avec un grand fonds de gaîté;
ses maux mêmes n'avaient pu parvenir à la détruire entièrement. Il se permettait volontiers dans la société les railleries
douces et ingénieuses qui n'offensent point et qui réveillent
la longueur des conversations. Ces railleries avaient ordinairement un but moral. Ainsi, il se moquait avec plaisir de ces
auteurs qui disent : « Mon livre, mon commentaire, mon his-
« toire. » Ils feraient mieux, ajoutait-il plaisamment, de
dire : « Notre livre, notre commentaire, notre histoire, »
vu que dans tout cela il y a ordinairement beaucoup plus du
bien d'autrui que du leur. »

Pascal avait pour ami intime Jean Domat, avocat du roi à
Clermont-Ferrand, homme aussi distingué par sa piété que
par son savoir, sa droiture et son intégrité. Domat s'était
livré surtout à l'étude des lois; il publia sur cette matière un
ouvrage qui obtint l'admiration des plus habiles magistrats et
des savants les plus consciencieux.

« J'avais comparé, dit Boileau dans une de ses lettres, les

lois du *Digeste* aux dents du dragon que sema Cadmus, et dont il naissait des gens armés, qui se tenaient les uns les autres. La lecture du livre de M. Domat m'a fait changer d'avis et m'a fait voir dans cette science une raison que je n'y avais pas vue jusque-là. C'était un homme admirable que ce M. Domat!... Vous me faites trop d'honneur de mettre en parallèle un misérable faiseur de satires avec le restaurateur de la raison dans la jurisprudence. »

Domat était à Paris pendant la dernière maladie de Pascal; il reçut ses dernières confidences, lui ferma les yeux, et fut le dépositaire de ses papiers les plus secrets, comme il l'avait été des troubles de son esprit et des souffrances de son cœur.

Gilberte et Jacqueline survécurent à Pascal et le pleurèrent toujours. Gilberte, devenue veuve de Florin Périer, fit publier en tête des *Pensées sur la Religion* la vie de ce frère qu'elle avait tant aimé. Quelques années après, elle écrivit aussi la vie de Jacqueline. La charmante enfant si bien accueillie par la reine Anne d'Autriche, puis par le grand cardinal, devant qui tout tremblait, avait renoncé à la gloire et au plaisir, pour se consacrer à embellir les dernières années de son père. Les plus brillants partis lui furent offerts, elle les refusa tous, et mit son bonheur dans l'étude, la prière, les saints devoirs de la piété filiale.

Elle avait vingt-six ans, lorsque son père mourut. Rien ne la retenant plus dans le monde, elle entra au couvent de Port-Royal des Champs, où elle ne tarda point à être chargée de l'éducation des novices. Elle s'occupait encore de poésie, dans ses moments perdus; mais depuis longtemps déjà elle ne célébrait plus dans ses chants que les grandeurs de Dieu et les beautés de la religion, ainsi que le témoigne l'invocation que nous reproduisons ici :

> Moteur de ce grand univers,
> Inspirez-moi de puissants vers,

> Envoyez-moi la voix des anges,
> Non pas pour louer les mortels,
> Mais pour entonner vos louanges
> Et vous remercier au pied de vos autels.

Jacqueline vécut dix ans dans la retraite qu'elle s'était choisie ; elle y composa plusieurs ouvrages en prose et en vers, et y mourut, comme son frère, dans les sentiments d'une tendre piété.

Nous ne pouvons mieux terminer cette biographie qu'en citant les vers que la Harpe écrivit au bas du portrait de Pascal :

> Par la nature instruit, prodige dès l'enfance,
> Son esprit créateur devina la science
> Des calculs et des mouvements,
> De l'homme et de Dieu même interrogea l'essence,
> Connut l'art des bons mots et l'art de l'éloquence.
> Admirez et pleurez.... Il mourut à trente ans.

ROLLIN.

Tous les matins, hiver comme été, Charles Rollin entrait à sept heures moins quelques minutes au couvent des Blancs-Manteaux, pour servir la messe d'un religieux qui l'avait pris en amitié. Tous les matins aussi, après que l'officiant avait fait son action de grâces et que l'enfant de chœur avait éteint les cierges, rangé le missel et les burettes, ils échangeaient quelques paroles avant de se séparer. Le bon père recommandait à Charles la crainte de Dieu, la soumission envers ses parents, l'amour de l'étude et du travail ; lui, recevait avec respect ces exhortations et promettait d'en profiter.

Un jour que le religieux avait forcément différé l'heure de sa messe, il trouva le petit Rollin dans la sacristie.

— Je t'ai fait attendre, mon ami, lui dit-il ; mais je n'ai pu venir plus tôt.

— Je n'ai pas trouvé le temps long, répondit l'enfant, et je voudrais attendre souvent ainsi.

— Ah ! je comprends, tu lisais. Qu'est-ce donc que ce livre qui t'intéresse tant ?

— C'est l'*Histoire romaine,* qu'un de mes camarades m'a prêtée. Si vous saviez, mon père, que de belles choses y sont renfermées !

— Je l'ai su dans mon jeune âge, dit le frère en souriant, et peut-être ne l'ai-je pas tout à fait oublié.

— C'est vrai, reprit Charles. Il paraît que dans les colléges on a beaucoup de livres comme celui-là. Quel plaisir on doit avoir à les étudier !

— Cela dépend des goûts. Je connais beaucoup d'enfants qui se plaignent fort d'être obligés d'apprendre l'histoire. Mais tu aimes l'étude, toi, mon petit Charles, et tu es si docile, que tu serais, j'en suis sûr, un excellent élève.

— Je serais si heureux de pouvoir m'instruire ! Mais il n'y faut pas penser. Mon père n'est pas assez riche pour me mettre au collége ; aussi va-t-il bientôt m'apprendre à faire des couteaux.

— Il n'y a pas de sot métier, mon garçon. Ton père est un bon ouvrier et un honnête homme ; il faudra tâcher de lui ressembler.

— Oui ; mais je regretterai toujours de n'avoir pu devenir savant. C'est une si belle chose que le savoir !

— Qui sait ce que Dieu te garde, mon enfant ? dit le bon religieux, frappé de l'expression avec laquelle Charles avait prononcé ces mots.

— S'il ne fallait que le bien prier pour entrer au collége, la porte m'en serait bientôt ouverte.

— Dieu est tout-puissant, mon fils. Prie donc et espère.

L'enfant de chœur aida le religieux à s'habiller, puis la messe commença. Quand elle fut finie, Rollin s'éloigna sans oublier son livre, dont il avait hâte de reprendre la lecture. Mais il n'y put apporter la même attention que le matin ; les paroles du bon père lui revenaient sans cesse à l'esprit, et il se demandait ce qu'il devait espérer. Le lendemain, il était au couvent longtemps avant l'heure accoutumée.

— Je me suis occupé de toi, mon ami, lui dit le religieux en l'abordant. J'irai tantôt voir ton père; et s'il y consent, rien ne t'empêchera de devenir savant.

— Quel bonheur! s'écria Charles. On voit bien que vous êtes des amis du bon Dieu, mon père, puisqu'il fait tout ce que vous voulez.

Vers le soir, le digne religieux entra dans la boutique de Rollin. Le coutelier, prévenu de sa visite, quitta aussitôt sa besogne et le pria d'entrer dans la chambre où Charles l'attendait.

—Mon cher Rollin, dit le Blanc-Manteau, votre fils me paraît avoir d'excellentes dispositions pour l'étude ; et si vous pouvez vous passer de ses services pendant quelques années, j'espère qu'il vous dédommagera plus tard de ce sacrifice. J'ai obtenu pour lui une bourse au collége du Plessis, et je l'ai déjà recommandé au principal de ce collége, qui est un de mes bons amis.

— Ah! s'il ne profitait pas de ce que vous faites pour lui, mon père, dit le coutelier avec une profonde émotion, je ne le reconnaîtrais plus pour mon fils.

— Il en profitera, répondit Mme Rollin, qui tenait Charles dans ses bras et qui voyait couler ses larmes.

— Oh ! oui, je vous le promets à tous ! dit l'enfant d'un ton solennel. Je veux vous prouver que je ne suis pas indigne de votre affection.

Puis il s'approcha du religieux et lui témoigna vivement sa reconnaissance.

— Ce n'est pas moi qu'il faut remercier, mon ami, lui dit le saint homme ; c'est la Providence qui veille sur les enfants pieux et sages. Si tu n'avais pas servi ma messe avec tant d'exactitude, de respect et de modestie, je ne t'aurais pas remarqué; tu ne m'aurais pas dit combien tu regrettais de ne pouvoir t'instruire, et je n'aurais pu deviner que tu serais quelque jour un brillant sujet.

— Ah! mon père, il y a longtemps que je l'ai deviné, moi, dit la bonne mère, en baisant encore une fois le front de Charles. Ne te l'ai-je pas répété souvent, Rollin?

— Si fait, répondit le coutelier; mais on sait bien que toutes les mères prennent leurs enfants pour des prodiges.

Le jeune Rollin, à peine entré au collége, se distingua non-seulement par ses étonnants progrès, mais encore par son charmant caractère. Il se concilia la bienveillance de ses maîtres et l'affection de tous ses condisciples. Ils lui pardonnaient ses succès, parce qu'il ne songeait point à s'en prévaloir, et qu'il était le plus doux, le plus obligeant, le meilleur camarade qu'ils pussent avoir. Avec lui l'émulation était entrée dans la classe; chacun s'efforçait de faire aussi bien que ce nouveau venu, dont les professeurs se plaisaient à faire l'éloge.

M. Lepelletier, qui était alors ministre, avait deux fils au collége du Plessis. C'étaient deux enfants très-intelligents, mais qui avaient besoin d'être stimulés, parce qu'ils se savaient riches, et que peut-être on avait eu l'imprudence de leur laisser supposer qu'ils n'auraient pas besoin d'être des aigles pour arriver à tout. Leur père, loin de penser ainsi, croyait avec raison que plus on est haut placé, plus on doit chercher à se rendre digne de sa naissance et de sa position; il leur parlait donc souvent de la nécessité du travail et les engageait à ne se laisser surpasser par qui que ce fût.

Grâce à ces exhortations, ils comptaient parmi les meilleurs élèves de leur classe; mais Rollin, doué d'une extrême facilité, d'une prodigieuse ardeur pour l'étude et d'une constante application, leur disputa bientôt les premières places. Ils redoublèrent de travail pour les conserver, et ils parlèrent à leur père de ce nouveau concurrent, qui leur donnait tant de souci et que pourtant ils ne pouvaient s'empêcher d'aimer sincèrement.

M. Lepelletier, apprenant que Rollin appartenait à une pauvre famille d'artisans, conçut beaucoup d'estime pour le jeune boursier et chargea ses fils de le lui amener. Il l'interrogea sur son enfance et fut charmé de l'effusion avec laquelle Charles parlait de son protecteur, de la tendresse qu'il portait à son père et à sa mère, dont il ne cherchait point à dissimuler l'humble condition.

— Voilà, dit-il à ses fils, un enfant dont il faut tâcher de faire votre ami. Il ne vous donnera que de sages conseils et de bons exemples; vous devrez de grands progrès à l'émulation qu'il vous inspirera, et plus tard ce sera un homme d'un mérite hors ligne avec lequel vous vous ferez honneur d'avoir été liés.

Les deux frères obéirent avec plaisir, et Charles céda volontiers à leurs avances. Ils l'emmenaient chez leur père les jours de sortie, et M. Lepelletier comblait Charles de témoignages d'amitié. Il fut décidé entre eux que quand Rollin serait le premier, il recevrait la gratification par laquelle le ministre encourageait celui de ses fils qui obtenait la place d'honneur, et que, soit à table, soit en voiture, chacun des trois élèves tiendrait le même rang qu'à la classe.

Le bon religieux, que Charles avait instruit de ses relations avec les fils du ministre, comprit combien elles pouvaient être utiles à son protégé et l'engagea à ne rien épargner pour inspirer aux deux jeunes gens une solide amitié. Toutefois, Rollin ne put sacrifier à ses deux compagnons le plaisir de voir sa famille. Dans le salon de M. Lepelletier, il regrettait la boutique de son père, et lorsqu'on lui présentait des mets exquis, il songeait à la pâtisserie grossière que sa mère préparait pour le recevoir. Il ne riait plus que du bout des lèvres, il causait à peine; le ministre remarqua sa tristesse et voulut en connaître la cause.

— Je pense à mon père et à ma mère, pour qui les jours de congé étaient autrefois des jours de fête , répondit Charles. Votre bonté m'honore infiniment, Monseigneur; mais je serais un ingrat, si j'oubliais ceux qui ne vivent que pour moi. Accordez-moi donc la permission de les voir chaque fois que je sortirai.

— C'est trop juste, mon ami, dit M. Lepelletier ; vous irez aujourd'hui même. Je n'ai pas le droit de vous garder pour moi seul, et vous faites bien de me le rappeler.

Il sonna, un domestique reçut l'ordre d'atteler et de conduire Charles à l'adresse qu'il indiquerait.

Ce fut une bien grande joie pour le coutelier et pour sa femme de voir revenir l'enfant dont ils craignaient déjà d'être oubliés. Ils passèrent ensemble des heures délicieuses. Charles fut obligé de raconter tout ce qu'il faisait au collége, tout ce qu'il voyait de beau chez le ministre, et les braves gens ne se lassaient pas de l'entendre : il parlait si bien et il les aimait tant !

Il retourna au collége à pied ; mais son père et sa mère l'accompagnaient, et cette promenade lui parut charmante. Il les embrassa sur le seuil et alla retrouver ses amis. Ils s'étaient ennuyés depuis son départ de l'hôtel ; pourtant ils comprenaient bien que Charles n'eût pas trouvé le temps long auprès de ses parents.

— Pourquoi n'irions-nous pas chez toi comme tu viens chez nous? lui dirent-ils. En faisant ainsi, nous ne serions pas séparés.

— C'est que la maison de mon père ne ressemble guère à celle du vôtre, répondit en souriant le jeune Rollin. Mais s'il vous plaît d'y venir, vous y serez bien reçus.

— Oh ! oui, nous irons. Nous voulons connaître ton père et ta mère. Puis nous verrons faire des couteaux, cela nous amusera.

L'embarras de Mme Rollin fut grand , lorsqu'elle vit arriver avec Charles les deux fils du ministre. Elle se confondit en excuses et en révérences; mais bientôt elle se sentit à l'aise avec eux en les voyant examiner avec une joyeuse surprise ce modeste intérieur si éloigné du luxe auquel ils étaient habitués. Charles avait vanté ses gâteaux, elle se hâta d'en faire, et sans doute elle se surpassa; car ils furent trouvés excellents. Le père Rollin avait les mains bien noires, et sa toilette n'était pas brillante; mais il ne manquait ni de bon sens ni d'esprit, et les trois enfants s'oublièrent si longtemps dans sa boutique, qu'on fut obligé de les rappeler.

Le carrosse les attendait, Charles y monta le premier et s'installa commodément au fond.

— Que fais-tu donc, malheureux? s'écria Mme Rollin. Tu prends la meilleure place?

— Je la prends et je la garde, dit Charles en riant.

— Excusez-le, mes jeunes messieurs, reprit la bonne mère toute confuse. Il faut que la joie lui ait un peu troublé la cervelle.

— Tranquillisez-vous, madame Rollin, répondirent les deux frères, Charles est dans son droit. Le premier au collége doit être le premier partout.

— Ah! si c'est ainsi, dit la coutelière, j'aurais tort d'y trouver à redire. Tu as donc été le premier, mon petit Charles?

— Cela lui arrive presque toujours maintenant, et nous ne serons bientôt plus de force à lutter avec lui, répliqua l'aîné de ses compagnons.

— Allons, Charles, il ne faut pas penser qu'à soi seulement, mon fils, reprit Mme Rollin; chacun doit être le premier à son tour.

— Oh! non, mère, répondit l'enfant, ce serait une complaisance coupable, et mes amis ne m'en sauraient pas gré. Il faut, au contraire, que la place soit vivement disputée et loyalement gagnée.

— Il a raison, dit le jeune Lepelletier. Il cède volontiers à tout ce qui peut nous faire plaisir; mais je crois que rien ne pourrait l'engager à étudier avec un peu moins de zèle. Votre fils sera bientôt un savant distingué, madame Rollin ; il nous laissera bien loin derrière lui; mais il est si bon, si dévoué, si franc et si gai, qu'il faut que nous lui pardonnions de l'emporter sur nous. Vous verrez que quand nous reviendrons, c'est encore lui qui occupera la place d'honneur ; mais comme nous faisons tous nos efforts pour qu'il n'y arrive pas, mon père est content de nos progrès, et cela nous suffit. Au revoir, madame Rollin ; vos gâteaux étaient bien bons.

— Ils seront encore meilleurs une autre fois, dit-elle en serrant la main que Charles lui tendait par la portière et en le regardant avec une orgueilleuse tendresse.

Le cocher fit claquer son fouet, l'élégant attelage partit au galop et disparut avant que Mme Rollin pensât à regagner sa boutique. Elle était si heureuse, la bonne mère, de voir son fils estimé et chéri comme il méritait de l'être !

Charles justifia toutes les espérances de ses protecteurs : il fit les plus brillantes études au collége du Plessis ; de là il passa à la Sorbonne, où il s'occupa de théologie pendant trois années; mais ne se sentant pas une vocation assez décidée pour l'état ecclésiastique, il quitta la théologie pour les belles-lettres, et fut nommé professeur à la place du célèbre Hersan, qui avait été son maître et qui le regardait depuis longtemps comme devant être son successeur.

Il obtint ensuite la chaire d'éloquence au collége Royal. Six ans après, il fut nommé recteur et fit prendre une nouvelle face aux études universitaires. Ses talents lui avaient fait une haute réputation, et son amour pour la jeunesse, son attachement à la religion, son caractère modeste et généreux lui assuraient autant d'amis que d'admirateurs. L'abbé Wittement, coadjuteur de la principalité du collége de Beauvais, ayant été appelé à la cour, lui fit donner cette place, qu'il occupa jusqu'en 1712.

A cette époque, Rollin, qui depuis longtemps rêvait à la composition de plusieurs ouvrages importants, se démit de ses fonctions, afin de pouvoir se consacrer entièrement à l'étude des auteurs anciens. Il fit paraître d'abord une édition de Quintilien, puis un traité sur la manière d'enseigner et d'étudier les belles-lettres. Cet ouvrage, dans lequel respirent des sentiments élevés, une âme pure et candide, un zèle ardent pour le bien public, se recommande par la noblesse et l'élégance du style. Il fut accueilli avec une grande faveur ; cependant il trouva des critiques. Balthasar Gibert, professeur de rhétorique au collége Mazarin, publia sur le *Traité des Études* un volume d'observations. Rollin y répondit. Gibert ne se tint pas pour battu ; mais les deux savants ne sortirent ni l'un ni l'autre des bornes de la modération et de la bienséance ; aussi cette petite guerre n'altéra en rien leur amitié réciproque.

L'abbé de Fontanes, témoin de ce débat, dit que, pour faire une rhétorique parfaite, il eût fallu le style de Rollin et la profondeur de Gibert.

L'*Histoire ancienne,* que Rollin écrivit en huit années, se distingua par les mêmes qualités que le *Traité des Études.* Elle eut un grand succès, et le nom de l'auteur retentit dans toute l'Europe. Les princes tinrent à honneur de se mettre en relation avec lui ; le roi de Prusse lui écrivit plusieurs fois et lui dit dans une de ses lettres : « Des hommes tels que vous marchent à côté des souverains. »

Malgré ces témoignages flatteurs, Rollin croyait n'avoir pas encore fait assez pour la jeunesse. A l'âge de soixante-dix-sept ans, il entreprit d'écrire l'*Histoire romaine ;* mais la mort l'empêcha de l'achever. Il fut regretté de ses critiques comme de ses partisans ; car les uns et les autres rendaient une égale justice à la haute probité, à la saine raison, à l'amour de la vertu qui avaient toujours conduit sa plume et dirigé ses actions.

Rollin n'avait point oublié l'obscurité de sa naissance ; loin d'en rougir, il se plaisait quelquefois à la rappeler. Un jour qu'il envoyait un couteau à l'un de ses amis, il lui dit, pour justifier le choix de ce cadeau :

— C'est de l'antre des Cyclopes que j'ai pris mon vol vers le Parnasse.

Il avait bonne opinion de ses ouvrages, et il ne s'en cachait pas. Il disait naïvement le bien qu'il en pensait ; mais il y avait en cela plus de franchise que d'orgueil ; aussi personne ne songeait à lui reprocher les éloges qu'il se donnait. On écrivit, après sa mort, les vers suivants au bas de son portrait :

A cet air vif et doux, à ce sage maintien ,
Sans peine de Rollin on reconnaît l'image ;
Mais crois-moi, cher lecteur, médite son ouvrage ,
Pour connaître son cœur et pour former le tien.

VALENTIN DUVAL.

⋘◦⋙

Par une sombre et froide soirée de décembre, un enfant était assis tout seul et grelottant devant les cendres éteintes du foyer. Il pleurait amèrement, le pauvre petit ; car on venait d'enterrer sa mère, et il n'y avait plus au monde personne qui s'intéressât à lui. Son père était mort depuis plusieurs années déjà, sans laisser à sa veuve d'autre fortune que cet enfant. Tant que la santé ne l'avait point abandonnée, Marie Duval s'était crue riche ; car rien n'avait manqué à son cher Valentin ; mais la maladie était venue, et avec la maladie la gêne, puis la plus cruelle misère, le dénûment le plus absolu. Les privations et le chagrin avaient augmenté le mal de la pauvre mère, et elle avait enfin rendu son âme à Dieu, en le suppliant de veiller sur l'orphelin dont elle avait été l'unique amour et la seule protectrice.

Le vent soufflait avec violence et faisait entendre des plaintes sinistres en s'engouffrant sous le toit de chaume et à travers la charpente délabrée de la maisonnette, et Valentin croyait entendre gémir l'âme de sa mère, trop tôt séparée de lui. Ses pleurs redoublaient et ses dents claquaient de frayeur.

— Oh! mon Dieu! mon Dieu! disait-il en joignant ses mains glacées, prenez pitié de moi; mettez-moi dans votre paradis, puisque vous y avez mis ma bonne mère. Oh! je vous en prie, mon Dieu! faites-moi la belle grâce de mourir, puisque ma mère est morte. Que voulez-vous que je fasse sur la terre? Je suis encore trop petit pour gagner ma vie, et depuis longtemps il n'y a plus ni sous dans le tiroir ni pain dans la huche. Et puis, j'ai si peur tout seul!... Oh! mon Dieu! mon Dieu! qu'est-ce que je deviendrai, si vous m'abandonnez? Mais je vais dire ma prière, et vous m'écouterez; car maman disait encore hier que vous aimez les enfants et que vous êtes le père de ceux qui n'ont plus de parents.

Valentin se laissa glisser sur ses genoux et récita pieusement le *Pater* et l'*Ave Maria*. Le vent s'était apaisé, les nuages noirs s'étaient séparés, et un rayon de lune glissait à travers l'étroite fenêtre de la cabane; l'enfant se sentit un peu consolé; mais la faim, chassée par les larmes et par la frayeur, revint plus exigeante et plus terrible; le pauvre petit n'avait pas mangé depuis le matin. Il alla ouvrir la huche, quoiqu'il eût dit lui-même naïvement au bon Dieu qu'elle était vide depuis longtemps. Il revint s'asseoir sur l'escabeau qu'il avait un moment quitté, et il recommençait de pleurer, quand deux coups frappés à la vitre le firent tressaillir.

— Valentin, dit une voix douce et craintive, ouvre-moi; je t'apporte la moitié de mon souper.

Valentin se leva vivement et courut à la fenêtre.

— Tu ne veux pas entrer, Mariette? demanda-t-il à la petite fille qui l'avait appelé.

— Non, répondit Mariette; si mon oncle savait que je suis venue, il me gronderait: prends vite cette bonne tartine de pommes de terre et mange-la toute chaude; ça te fera du bien.

— Et toi, Mariette, tu te coucheras sans souper?...

— J'ai déjà mangé, sois tranquille ; et puis, si je soupe un peu moins aujourd'hui, je déjeunerai mieux demain. Allons ! bonsoir, Valentin ; dis une prière pour ta maman, et n'aie pas peur : les morts ne font de mal à personne, et monsieur le curé a dit que Marie Duval était une sainte femme.

— Ah ! Mariette, dit Valentin, tu es une bien bonne petite fille ; mais, va, quand je serai grand, je te rendrai tout ça.

— Bah ! ce n'est pas la peine. Si j'avais faim, est-ce que tu ne me donnerais pas un peu de ton pain ? reprit la fillette.

— Je te donnerais tout.

— Tu vois donc bien que tu vaux encore mieux que moi. Au revoir ! Dors bien, je reviendrai demain. A propos, ma tante revient demain aussi ; je tâcherai qu'elle te prenne chez nous, pour garder les moutons à ma place. Voilà que je suis déjà grande, je pourrais bien travailler à la maison. Serais-tu content, Valentin ?

— Si je serais content ! Pense donc, Mariette, un bon morceau de pain le matin, la soupe à midi, des pommes de terre le soir....

— Une veste et une paire de sabots au jour de l'an....

— Je serais heureux comme un seigneur. Et puis, le soir, je ne serais plus seul dans cette pauvre vieille masure qui craque comme un arbre qu'on abat. Si tu savais comme c'est triste, Mariette !...

— Je le crois bien. Aussi je parlerai à ma tante aussitôt qu'elle sera rentrée. Mais tu me fais causer, le temps se passe, et mon oncle va voir que je ne suis pas là. Adieu, je me sauve.... Bonne nuit !

Valentin n'avait pas attendu le départ de sa petite voisine pour mordre à belles dents la fameuse tartine. Un peu ré- conforté par ce repas, et consolé surtout par l'espoir que la gentille enfant lui avait donné, il s'étendit, après avoir fait sa prière, sur la botte de paille qui lui servait de lit, et il ne tarda pas à s'endormir. Il fit un rêve magnifique : il gardait les moutons sur une colline escarpée, quand il aperçut devant lui un château, dont les portes étaient ouvertes. Il s'en approcha curieusement; et personne ne le voyant, il pénétra dans une salle immense dont les murs étaient tapissés de livres depuis le haut jusqu'en bas. Il y en avait sur le parquet, sur les chaises, sur les tables, partout. Valentin ouvrait des yeux ravis; car il aimait les livres, quoiqu'il fût pauvre et ignorant. Il en prit quelques-uns, les feuilleta, et y trouva tant de belles choses, qu'il ne pouvait se décider à les fermer. Ce qui l'étonnait le plus, c'est qu'ils étaient écrits en diverses langues, et qu'il les comprenait toutes. D'ailleurs, il voyait dans chacun de ces livres la même phrase ou du moins des phrases ayant le même sens : Espère, enfant ! On arrive à tout avec de la patience et de la bonne volonté.

Il était grand jour, lorsqu'il s'éveilla ; et il était à peine habillé, quand Mariette l'appela. Elle lui apportait une tasse de lait et un morceau de pain noir ; mais elle ne s'amusa pas à faire la causette : le temps était sec et beau, il fallait conduire les moutons aux champs.

— Je vas plus loin que la Croix-Blanche, lui dit-elle ; tu viendras me retrouver sur le coup de midi.

Valentin se promit bien de n'y point aller : il ne voulait pas que sa petite amie se privât pour lui de la moitié de ses repas ; aussi lui recommanda-t-il de ne pas l'attendre. Mais il n'y avait pas deux heures qu'elle était partie, que l'ennui conduisit l'orphelin de ce côté, où il était sûr de trouver bon visage et douces paroles.

Il vit de loin Mariette ; mais elle n'était pas seule. Elle savait bien ce qu'elle faisait en menant son troupeau le long de la route par laquelle devait revenir sa tante ; elle voulait lui parler de Valentin, sans attendre l'heure de rentrer à la maison, afin que le pauvre enfant pût venir le soir même prendre place près d'un feu joyeux.

Mariette n'avait plus ni père ni mère, c'est pourquoi elle était si touchée du triste sort de Valentin ; mais elle avait une tante qui la chérissait et un oncle qui l'aimait aussi, quoiqu'elle le craignît un peu, parce qu'il était brusque et grondeur. Ils l'avaient recueillie d'autant plus volontiers qu'ils étaient sans enfants et ne devaient laisser qu'à elle leur petit héritage. La tante écouta raconter la mort de Marie Duval, l'isolement et la misère de son fils, et, pour sécher les larmes de la bonne Mariette, elle appela Valentin, qu'elle avait vu se cacher derrière une haie.

— Approche ici, garçon, lui dit-elle ; et si tu veux garder nos moutons, prends la houlette et la pannetière de la petite. Le métier n'est pas bien dur, et il te nourrira, si tu es honnête et vigilant.

— Je le serai, répondit Duval, et je vous aimerai comme si vous étiez ma mère, puisque vous avez pitié de moi.

Le petit berger tint parole, et ses maîtres n'eurent pas à se repentir de l'avoir accueilli. Ils pensaient à lui donner des gages, quand un riche parent qu'ils avaient à Paris les engagea à venir avec Mariette se fixer auprès de lui. Ils partirent, et le pauvre Valentin se crut orphelin pour la seconde fois. Une autre condition lui fut offerte, il l'accepta ; mais il ne retrouva pas sous ce toit l'affection qui l'avait aidé à se consoler. Il servit ses nouveaux maîtres avec zèle et fidélité, tout en regrettant les anciens ; ils auraient sans doute appris ce que valait ce brave enfant ; mais la guerre ayant détruit leurs récoltes et leurs troupeaux, ils furent obligés de le renvoyer.

Valentin alla frapper à d'autres portes ; mais le pays avait souffert tout entier, et le pain était si cher, que les bons laboureurs eux-mêmes hésitaient à se charger d'une bouche de plus. Il se trouvait sans asile, car sa pauvre cabane s'était écroulée, et pendant l'hiver précédent les voisins en avaient brûlé les débris.

Un autre hiver commençait, si rude et si terrible, que pendant bien des années on en devait garder la mémoire. La neige couvrait la terre durcie, les moutons frissonnaient dans les étables, qu'avait-on besoin de berger ? Valentin, partout repoussé, alla dire adieu à la tombe de sa mère et quitta en pleurant le village d'Artonay, où il avait été bien malheureux sans doute, mais qu'il aimait, parce qu'il y était né et qu'il y avait rencontré des amis.

Où allait-il ? Il n'en savait rien ; mais il fallait qu'il partît, et il ne devait s'arrêter que quand il aurait trouvé un asile et du pain. A peine vêtu, demi-mort de froid et de faim, il errait dans la campagne, demandant de l'ouvrage chez les fermiers ; mais partout il recevait la même réponse : « Les temps sont si durs, que nous avons renvoyé nos gens, et que nous avons peine à vivre. » Il se remettait en route, trop heureux quand on lui avait permis d'approcher du feu ses membres engourdis et de toucher au mélange de pommes de terre et de son qu'on préparait pour les pourceaux.

Le plus souvent on le congédiait brutalement ; car les maisons isolées étaient assaillies de mendiants, que le désespoir pouvait transformer en malfaiteurs. Des histoires de vols, d'assassinats et d'incendies, couraient dans toute la Champagne, et l'on aimait encore mieux faire l'aumône que de donner un gîte aux vagabonds.

Un jour que Valentin avait inutilement imploré la pitié, il arriva devant une ferme presque en ruines, et, ne se sentant pas le courage d'affronter encore un refus, il se laissa tomber sur un tronc d'arbre jeté près de la porte. Non-seulement le froid le torturait, mais il endurait d'intolérables douleurs, et une fièvre ardente avait collé sa langue à son palais. Il se recommanda à Dieu, et il attendit la mort.

Le fermier était assez malheureux lui-même pour être sensible aux souffrances d'autrui. Il avait vu à travers la fenêtre ce garçon hâve et défait ; ne l'apercevant plus et n'entendant rien, il sortit pour voir ce que le pauvre enfant était devenu. Il le trouva la tête renversée et les yeux éteints.

— Si je le laisse là, il sera mort dans une heure ; car il gèle à pierre fendre, et voici la nuit qui vient. Il ne sera pas dit que j'aurai laissé périr quelqu'un à ma porte sans essayer de le soulager. Je n'ai point de lit à lui donner ; mais il y a du fumier dans l'étable, et ce lit-là en vaut bien un autre.

En parlant ainsi, le brave homme essaya de réveiller Valentin ; mais tous ses efforts furent inutiles. Il le prit dans ses bras, le porta dans l'étable et l'étendit sur le fumier, après en avoir enlevé une certaine quantité, dont il se servit pour recouvrir le pauvre berger. La chaleur de cette couche improvisée ranima peu à peu le malade, et dès le lendemain de gros boutons couvrirent son corps : il avait la petite vérole.

Son hôte n'en fut point effrayé. C'était un homme charitable ; il eût bien voulu pouvoir soulager efficacement Valentin ; mais il était si pauvre lui-même, qu'il n'avait rien à donner. Ses créanciers avaient fait saisir ses meubles, ses instruments de labourage, son bétail, et rien de ce qui restait encore dans sa maison ne lui appartenait plus. Il venait de temps en temps voir le malade, il lui apportait de l'eau pour étancher sa soif, et lui donnait, pour le soutenir, quelques cuillerées de farine d'orge cuite à l'eau.

Comme les chiens du mauvais riche, les moutons de ce brave homme venaient lécher les pustules de Valentin, non moins malheureux alors que Lazare. Il les écartait doucement, de peur de leur communiquer son mal, et il priait le fermier de prendre toutes sortes de précautions pour s'approcher de lui. Ces secours, si insuffisants qu'ils fussent, le pénétraient de reconnaissance ; et quand son état devint moins alarmant, il n'osait laisser deviner ses besoins ; car il savait bien que le paysan se retranchait le pauvre morceau de pain que lui, Valentin, était obligé de faire dégeler dans son fumier.

Le petit berger n'avait pas encore pu quitter son lit, quand les créanciers de son hôte enlevèrent les moutons et vendirent le fumier. Cette nouvelle lui fut doublement pénible ; car il voyait le chagrin du bonhomme et ne savait ce que lui-même allait devenir. Mais il y avait dans le voisinage un curé qui était déjà venu voir Valentin, et qui s'offrit à le recevoir. C'était un digne ministre du Dieu de charité, il semblait se multiplier pour soulager tous ceux qui souffraient autour de lui, et le nombre en était bien grand ; car la France, désolée par la guerre et par la famine, expiait la gloire des premières années du règne de Louis XIV. Le cruel hiver de 1709 mettait le comble à toutes ces souffrances ; les riches pouvaient à peine se procurer le nécessaire ; les gens habitués à une honnête aisance enduraient toutes sortes de privations ; les pauvres mouraient de faim.

On porta donc Valentin chez le bon curé ; mais quoiqu'on l'eût couvert de foin pour qu'il souffrît moins du froid pendant le trajet, il faillit mourir en y arrivant. Sa robuste constitution le sauva, et dès qu'il fut guéri, le charitable prêtre l'invita à céder la place à de plus malades que lui.

— Tâchez, mon enfant, lui dit-il, de gagner quelque contrée moins affligée que la nôtre ; allez vers l'Orient ou vers le Midi ; le sol est plus riche, les récoltes ont été meilleures, vous trouverez plus facilement à gagner votre vie. Allez, et que le bon Dieu vous conduise.

Valentin s'inclina pour recevoir la bénédiction du curé, et le pria en rougissant de lui dire ce qu'on appelait l'Orient et le Midi. Ce fut là sa première leçon de géographie. Elle ouvrit son esprit à des idées nouvelles et fixa son attention sur la nature, qu'il avait jusque-là contemplée sans chercher à s'en expliquer les merveilles. Il marcha vers le point où le soleil paraissait se lever, et, soutenu par l'espoir de rencontrer un pays moins désolé, il supporta plus courageusement le froid et la faim.

Rien ne pouvait se comparer à la misère de la Champagne : les hommes ressemblaient à des spectres, et il fallait que Duval se sentît défaillir pour oser demander l'aumône à des gens qui manquaient de tout. Tantôt accueilli, plus souvent repoussé, il arriva enfin sur les frontières de la Lorraine, alors gouvernée par le duc Léopold.

Jeune encore et passionné pour la gloire, le bon duc avait repoussé toutes les propositions des puissances liguées contre Louis XIV et celles de la France même, pour laquelle il éprouvait une vive sympathie. Son peuple était malheureux, la paix seule pouvait lui rendre le commerce, l'industrie, le bien-être; Léopold sacrifia tout à ce qu'il regardait comme un devoir sacré. Au milieu de cette grande guerre de la Succession d'Espagne qui avait mis toute l'Europe en armes, il observa la plus stricte neutralité; aussi ses frontières furent respectées, et les Lorrains bénirent l'excellent prince qui leur épargnait tant de maux.

La disette vint; mais tandis que les Français, contre lesquels la Hollande et l'Angleterre avaient armé leurs flottes, couraient le risque de voir tomber aux mains de ces redoutables ennemis les blés qu'ils faisaient à grands frais venir du Levant, Léopold achetait d'immenses quantités de grains, qu'il faisait vendre à crédit et bien au-dessous du cours, afin de soulager ses sujets, qu'il chérissait comme ses enfants.

Valentin fut frappé de la physionomie de ce pays, qui avait souffert sans doute, mais qui, retrouvant l'abondance, revenait à la vie et au bonheur. Au lieu des chaumières en ruines, des enfants chétifs et couverts de haillons, des femmes éplorées et livides dont la vue l'avait attristé, il rencontra de belles fermes bien tenues, de gais villages, une population robuste et laborieuse. On lui fit place à la table comme au foyer, et pendant qu'à la cour de France on mangeait du pain d'avoine, le pauvre petit mendiant recouvra ses forces en partageant l'ordinaire des paysans lorrains.

Il avançait toujours, résolu à ne s'arrêter que lorsqu'il aurait trouvé du travail. La saison où la terre réclame des bras n'était pas encore arrivée; on accordait volontiers l'hospitalité au jeune voyageur; mais on n'avait pas d'ouvrage à lui donner. Un jour, Valentin aperçut au sommet d'une petite colline une chapelle dont la croix brillait sous un rayon de soleil. Il eut la pieuse pensée d'aller y faire sa prière.

Un vieillard, agenouillé au pied de l'autel, releva la tête au bruit de ses pas, et, le voyant pâle, abattu, couvert de pauvres vêtements, il interrompit son oraison pour offrir ses services à l'hôte que Dieu lui envoyait. Il fit entrer Valentin dans une petite chambre contiguë à la chapelle, alluma un bon feu de broussailles sèches, et plaça devant le berger, soudain réjoui par cette flamme pétillante, du pain, du fromage et un peu de vin.

— D'où venez-vous, mon fils, et où allez-vous? lui demanda-t-il avec bonté, lorsqu'il le vit réchauffé et restauré.

Valentin raconta simplement sa triste histoire; le solitaire, vivement touché, lui dit :

— C'est Dieu qui vous a conduit ici, mon enfant; vous y resterez tant que vous voudrez. Nous prierons, nous travaillerons ensemble, jusqu'à ce que vous ayez trouvé quelque chose de mieux. Je vis seul depuis bien des années, je cultive le petit champ que vous voyez là-bas; j'ai quelques brebis qui paissent en été sur ce coteau, et la Providence ne m'a jusqu'à présent laissé manquer de rien. On m'appelle Palémon, et cet ermitage se nomme la Rochette.

Duval n'eut garde de refuser les offres du bon vieillard. Il devint pour lui un agréable et fidèle compagnon, un fils tendre et soumis. Palémon s'attacha de son côté à ce jeune orphelin, dont l'éducation avait été nulle, mais qui paraissait doué d'un cœur généreux et d'une intelligence élevée. Il lui apprit à lire et mit à son service le peu qu'il savait lui-même. Valentin prit tant de goût à l'étude, qu'il ne s'en arrachait qu'avec peine, et que pour donner une heure à ses livres, il se fût privé de nourriture et de sommeil.

La bibliothèque de la Rochette était bien pauvre; celle de l'ermitage de Sainte-Anne, où Valentin passa ensuite, n'était guère plus nombreuse, les quatre solitaires qui habitaient cette retraite n'ayant ni le savoir ni l'amour de l'étude qu'on rencontrait dans les monastères et dans les abbayes. Le jeune Duval, chargé de garder les vaches de l'ermitage, emportait chaque jour quelque volume, qu'il lisait au milieu des champs ou dans le silence des bois.

Un traité d'arithmétique lui étant tombé sous la main, il s'attacha à cette science avec une incomparable ardeur. Il trouva de même quelques cartes et parvint, à force de ré-flexion, à s'en expliquer l'usage et à graver dans son esprit la situation de tous les pays de la terre. Il voulut mener de front l'étude de l'astronomie et celle de la géographie; et comme il n'avait aucun instrument qui pût favoriser ses observations, il s'avisa de placer dans les plus hautes branches d'un chêne un gros roseau, dont il avait à l'avance retiré la moelle. A l'aide de ce télescope tout à fait primitif, il suivait dans le ciel le mouvement des astres, et en remarquait les différents aspects.

Il ne savait pas écrire et ne pouvait demander de leçons à personne; car il partait de grand matin et ne rentrait qu'assez tard à l'ermitage; mais il comprit que sans le secours de la plume, il lui serait bien difficile de faire de grands progrès dans les sciences; il employa chaque jour un certain temps à former des lettres sur le sable, puis il se procura du papier, des plumes, de l'encre, et crut avoir tout gagné le jour où il put prendre note de ce qui l'avait le plus frappé dans ses lec-tures, dans ses calculs ou dans ses études astronomiques.

Bientôt les vieux livres de l'ermitage de Sainte-Anne n'eurent plus rien à lui apprendre; mais, loin de se croire savant, le jeune Duval sentit mieux que jamais son ignorance. Il re-

voyait souvent, dans ses longues rêveries, cette magnifique
bibliothèque où il s'était trouvé transporté en songe, et ces
beaux ouvrages écrits en toutes langues étaient l'unique objet
de son ambition. Mais il ne gagnait que son pain et ses vêtements, et ne recevait que bien rarement quelques sous,
qu'il mettait de côté pour se procurer de quoi écrire. Les
livres, encore assez rares à cette époque, coûtaient trop
cher pour qu'il pût songer à en acheter. Cependant le désir
qu'il éprouvait de poursuivre ses études était si ardent, que
jour et nuit il se préoccupait du moyen de le réaliser.

Une volonté si persistante devait être couronnée de succès. Une belette ayant fait ravage dans le poulailler dont il
avait la garde, il la guetta, la tua, en vendit la peau, et se
dit qu'en déclarant la guerre aux hôtes des forêts, il gagne-
rait assez d'argent pour n'être pas obligé de relire sans cesse
les ouvrages qu'il savait par cœur. Il n'avait pas d'armes;
mais cette difficulté ne l'arrêta point; il tendit des piéges aux
animaux sauvages, lutta de ruse avec eux, et ne s'en empara
souvent qu'après avoir payé cher sa victoire.

Au bout de quelques mois de cette chasse, il se vit possesseur de 40 écus, et demanda un congé pour se rendre à
Nancy, dont l'ermitage n'était éloigné que de quelques lieues.
Il revint chargé de livres bien choisis, et retrouva avec une
joie sans égale les studieux loisirs qu'il avait forcément abandonnés. Il eut bientôt dévoré ces belles pages, et la soif de
savoir grandissant en lui à mesure qu'il apprenait, il se disposait à se remettre en chasse, quand, un matin, il vit briller
dans l'herbe encore humide que ses vaches broutaient sur la
lisière du bois, quelque chose qu'il se hâta de ramasser.

C'était un cachet armorié. Il le mit dans son sac, non sans
regarder à plusieurs reprises l'écusson finement gravé qui
indiquait le possesseur de ce bijou. Il n'eut pas un instant la
pensée de le vendre, pour augmenter sa bibliothèque; mais

il alla trouver le curé du village et le pria d'annoncer au prône la trouvaille qu'il avait faite.

Un riche Anglais, nommé Forster, se présenta au lieu et à l'heure indiqués par le berger pour réclamer son cachet.

— Je suis prêt à vous le rendre, dit Valentin ; mais il faut que vous me disiez quelles en sont les armoiries.

— Tu plaisantes, l'ami, s'écria Forster, le blason n'est certainement pas de ton ressort.

— Peut-être, seigneur. Mais ce qui est certain, c'est que vous n'aurez pas le cachet, si vous refusez de me donner les détails que je suis en droit de vous demander.

L'Anglais était un homme de sens et de mérite. Il devina que ce pâtre en gros sabots et en sarrau de toile n'était pas aussi ignorant que devaient le faire supposer son costume et ses occupations ; il décrivit les armes empreintes sur le cachet ; et Valentin, ayant reconnu que le bijou lui appartenait, le lui remit aussitôt.

— Qui donc vous a appris le blason, mon ami ? demanda Forster étonné.

— Un vieux livre que j'ai trouvé dans la bibliothèque de l'ermitage.

— Vous aimez donc à lire ?

— J'aime tant, que la solitude ne me paraît jamais assez complète ni les journées assez longues.

— Eh bien ! mon garçon, j'ai des livres, beaucoup de livres, reprit Forster en souriant. Venez me voir, et vous prendrez ceux qui vous conviendront.

Valentin n'eut rien de plus pressé que de se rendre à cette invitation, et, grâce à la générosité de l'étranger, il finit par posséder quatre cents volumes des auteurs les plus renommés. Sa passion pour l'étude ne manquant plus d'aliments, il s'y adonna avec une nouvelle ardeur et négligea quelque peu le soin de son troupeau. Le frère chargé des détails domestiques de l'ermitage tança vertement le pauvre

Valentin, et le menaça de jeter tous ses livres au feu. Valentin se montra bien décidé à défendre son trésor ; le frère, irrité de le voir oublier tout à coup la soumission dont il ne s'était jamais départi, renouvela ses menaces et y joignit un geste offensant.

Le jeune homme, dont la fierté s'était subitement éveillée, mit le frère hors de la maison et s'y enferma seul à double tour. Le supérieur accourut au bruit et voulut savoir ce qui s'était passé. Valentin lui raconta tout, mais sans ouvrir la porte.

— Le frère a eu tort, dit le supérieur, et vous aussi, mon enfant. L'étude est une bonne chose, sans doute ; mais il ne faut pas qu'elle vous empêche de remplir vos devoirs. Nous ne sommes pas assez riches pour vous garder à rien faire, ni pour supporter les pertes que pourrait nous causer votre négligence ; il faut donc nous entendre. Vous aurez deux heures par jour pour travailler à vous instruire, et l'ermitage continuera de vous fournir la nourriture et l'habit.

Valentin accepta ces conditions ; il stipula en outre l'oubli de la scène qui venait d'avoir lieu, et dont il était lui-même tout confus et tout étonné. Le frère assura qu'il n'y songeait plus, et la porte de l'ermitage fut ouverte.

Peu de jours après, le supérieur et le berger se rendirent à Lunéville, et firent dresser chez un notaire l'acte par lequel Valentin s'engageait à rester pendant dix ans au service de l'ermitage et se réservait quotidiennement les deux heures qui lui avaient été accordées.

Nous ne voudrions pas affirmer qu'il se contentât dès lors de ces deux heures ; toutefois il veilla sans doute mieux sur son troupeau ; car personne ne se plaignit plus.

Valentin se trouvait heureux et ne songeait nullement à rompre le contrat qu'il avait signé ; mais un soir que la forêt retentissait des dernières fanfares d'une grande chasse, notre jeune berger vit venir à lui un étranger, qu'à son air noble et à sa tournure distinguée, plus encore qu'à la richesse de son costume, il reconnut pour un gentilhomme. Il se leva pour lui répondre; car il ne douta pas que ce ne fût un chasseur égaré.

— Que faisais-tu donc là, mon ami? demanda le nouveau venu, en montrant les cartes étendues sur l'herbe, au pied du chêne que Valentin venait de quitter.

— Vous le voyez, répondit le berger, j'étudie la géographie.

— Est-ce que tu y entends quelque chose?

— Vraiment oui. Je ne m'occupe que des choses que j'entends, dit fièrement le jeune homme.

— Où donc en es-tu?

— Je cherche la route de Québec.

— De Québec.... Et pourquoi faire?

— Pour aller y continuer mes études; car j'ai lu dans mes livres que l'université de cette ville est fameuse.

— Québec est bien loin, mon ami, reprit avec bonté l'inconnu, et nous avons en Lorraine des universités qui valent celle-là.

Au même instant un cortége quasi royal déboucha de plusieurs sentiers à la fois, et entoura avec de grands témoignages de respect l'interlocuteur du jeune pâtre.

— Messieurs, dit Léopold, car c'était lui-même, je viens de découvrir, si je ne me trompe, un de ces hommes destinés à honorer par leur savoir le pays qui les a vus naître et le prince qui leur a tendu la main.

— La pénétration de Votre Altesse ne s'est pas encore trouvée en défaut, répondirent les courtisans. Elle sait deviner le génie, sous quelque enveloppe qu'il se cache. Réjouis-toi donc, l'ami, ta bonne étoile t'a fait rencontrer le plus noble et le plus généreux des protecteurs, monseigneur Léopold, duc de Lorraine.

— Je n'étais qu'un enfant, dit Valentin, quand j'ai béni

Je cherche la route de Québec, pour aller achever mes études
à l'université de cette ville.

pour la première fois le prince qui faisait régner dans ses États l'abondance et la paix.

— Es-tu donc de ce pays? demanda le duc.

— Non, Monseigneur. Je suis né au village d'Artonay en Champagne; la faim m'en a chassé et m'a amené jusqu'en Lorraine, pendant ce cruel hiver de 1709.

— Quel est ton nom, et que fais-tu pour vivre?

— Je me nomme Valentin Duval, et je garde les vaches de l'ermitage de Sainte-Anne. Les solitaires m'ont accordé deux heures par jour pour vaquer à mes études.

— Ce n'est pas assez, dit le duc.

— Hélas! non, Monseigneur : la vie est si courte et il y a tant de choses à apprendre !

— Qu'aimerais-tu donc à savoir ?

— Toutes les langues et toutes les sciences : l'astronomie, la géographie, l'histoire, les mathématiques.... Ah ! j'ai de l'ambition, Monseigneur.

— Veux-tu entrer chez les jésuites de Pont-à-Mousson ? demanda Léopold. Ce sont les plus habiles maîtres que je connaisse.

— Monseigneur, répondit le pâtre avec un peu d'embarras, j'aime l'étude avec passion; mais je n'aime pas moins ma liberté, et si je devais la perdre...

— Qui te parle de cela, mon ami? Je ne veux pas te faire payer si cher le bonheur de devenir un savant.

— A présent, Monseigneur, il n'y a plus qu'une petite difficulté : c'est que je me suis engagé à servir pendant dix ans les ermites de Sainte-Anne.

— Ceci me regarde, dit le prince en souriant. Nous verrons à indemniser les ermites de la perte d'un berger, comme il n'y en a sans doute ni en France ni en Lorraine. Demain les jésuites de Pont-à-Mousson seront prévenus de l'arrivée de Valentin Duval. Au revoir, mon ami ! Bon courage !...

— Ah! Monseigneur, que de bonté ! s'écria le pâtre en

tombant aux genoux de Léopold et en mouillant de ses larmes la main que le duc lui tendait.

— Votre Altesse fait un noble usage de sa puissance, dirent en s'éloignant les gentilshommes de la suite du prince.

— Je la quitterais demain, Messieurs, répondit Léopold, s'il ne m'était plus permis de faire du bien.

Le cortége ducal était déjà bien loin, quand Valentin put se rendre compte de ce qui venait de lui arriver. Peu s'en fallut qu'en se retrouvant seul, il ne crût avoir fait un rêve magnifique ; mais autour de lui l'herbe était foulée par les chevaux des chasseurs, et les derniers sons du cor retentissaient sous la feuillée. Il rendit grâce à Dieu du fond de son âme, qui débordait de joie et de reconnaissance ; puis il roula ses cartes, siffla son chien et reprit le chemin de l'ermitage.

Il allait y rentrer, lorsqu'il rencontra le frère qui l'avait naguère menacé de brûler ses livres. Ils ne s'étaient ni l'un ni l'autre gardé rancune ; depuis ce jour-là même, l'ermite avait pour Valentin plus d'égards et plus d'affection. Il lui dit en riant :

— Voilà encore notre savant qui s'est attardé dans les bois. Chacun son métier, dit-on, et les vaches seront bien gardées. Si ce proverbe-là est vrai, mon garçon, je crois qu'il faudra que nous cherchions un autre berger.

— Il faudra même le chercher le plus tôt possible, répondit Valentin ; car je compte entrer ces jours-ci au collége de Pont-à-Mousson.

— Sérieusement, je le voudrais pour toi, mon ami ; ce serait ta place plutôt qu'ici.

— Je n'ai jamais parlé plus sérieusement. Vous ne voyez donc pas, mon frère, comme je suis joyeux ?... Vrai, je ne dois pas avoir ma figure de tous les jours ; car si je ne me retenais, je chanterais, je danserais, je ferais mille folies.

— En effet, tu me parais bien gai. Que t'est-il donc arrivé ?

— Ce qui pouvait m'arriver de plus inattendu et de plus heureux : j'ai vu notre bon duc ; il m'a parlé, il veut avoir soin de moi.

— Que me racontes-tu là? Tu as vu le duc, il t'a parlé....

— Il est venu à moi, qui ne songeais point à aller à lui ; nous avons causé, et c'est lui qui me place aux jésuites de Pont-à-Mousson.

— Ah ! mon Dieu ! dit le frère, c'est l'étude qui lui aura dérangé le cerveau ; il est fou, le pauvre garçon....

Et sans attendre que Valentin lui répondît, il courut raconter au supérieur l'entretien qu'il venait d'avoir avec le berger.

— Etes-vous bien sûr qu'il ait perdu la tête ? demanda le père. Notre duc est le meilleur des princes ; il n'est occupé que du bonheur de ses sujets ; il recherche le mérite, il l'encourage partout où il le rencontre, et Valentin n'est certainement pas un homme ordinaire.

Le lendemain, un courrier de Léopold frappa à la porte de l'ermitage ; il remit au supérieur un pli cacheté aux armes de Lorraine ; puis il demanda Valentin Duval, pour lequel il avait aussi des instructions. L'ermite prit lecture de la missive ducale, et, s'inclinant avec respect, il déclara que les ordres de Son Altesse seraient exécutés.

Valentin reçut les félicitations des solitaires, leurs souhaits et leurs recommandations. Il quitta ses habits de berger pour un costume plus convenable à sa nouvelle position, et, sans perdre de temps, il se rendit à Pont-à-Mousson ; car il lui tardait de recevoir les leçons des savants maîtres auxquels le duc le confiait. Les jésuites l'accueillirent avec intérêt, moins parce que Léopold l'avait pris sous sa protection que parce qu'ils savaient de quels obstacles le pauvre enfant avait triomphé pour devenir ce qu'il était. Ils lui donnèrent des soins tout particuliers et ils reconnurent promptement que cette fois encore les bienfaits du prince ne pouvaient être mieux placés.

Duval, qui avait appris tant de choses, livré à ses propres ressources, fit des progrès si merveilleux, et il montra en même temps un cœur si droit et si noble, des sentiments si élevés, que Léopold résolut de se l'attacher. Il le fit venir à Lunéville, où il tenait sa cour, et qui, d'après le rapport des historiens, était devenu un petit Versailles; puis il lui fit faire plusieurs voyages et il l'emmena à Paris. Léopold désirait savoir quelle impression produirait sur ce jeune homme le monde qu'il ne pouvait avoir entrevu que dans ses rêves.

Valentin s'arracha à ses chères études et se joignit aux gentilshommes de la suite du duc. Il eût volontiers passé son temps dans les musées et les bibliothèques; mais Léopold tenait à ce qu'il vît la cour et qu'il pût se faire une idée des plaisirs de la grande ville.

— Que dites-vous de Paris, mon cher Duval ? lui demanda-t-il au sortir de l'Opéra, où ses yeux et ses oreilles avaient dû être également charmés.

— Monseigneur, répondit Valentin, je n'y ai rien vu qui puisse se comparer au majestueux silence des forêts, aux splendeurs d'une belle nuit, au lever et au coucher du soleil. Voilà de vrais spectacles, Monseigneur. J'en ai joui chaque jour pendant bien des années et je ne m'en suis jamais lassé.

Léopold admira la sagesse du jeune savant, et, de retour en Lorraine, il le nomma son bibliothécaire. Il lui donna en outre la chaire d'histoire à l'académie de Lunéville. Valentin eut de nombreux élèves, auxquels il sut inspirer un profond respect et une inaltérable affection. Souvent, pour se distraire de ses grands travaux, il allait seul et à pied jusqu'à l'ermitage de Sainte-Anne ; il prenait un véritable plaisir à revoir cette maison où il était entré si humble et si pauvre, à s'égarer dans le bois où il avait si longtemps étudié, à caresser les belles vaches dont il avait eu la garde, et à faire à son remplaçant la gracieuseté d'une pièce de monnaie. L'ermitage tombait en ruines, il le fit rebâtir à ses frais, et s'y réserva une petite chambre, où il se retirait de temps en temps, pour étudier ou pour méditer.

Léopold n'avait que quarante-neuf ans, lorsqu'il fut enlevé à l'amour de ses sujets. Toute la Lorraine le pleura comme un père ; mais il n'y eut pas de larmes plus sincères que celles de Valentin Duval. La duchesse, chargée du gouvernement, en l'absence de son fils François, qui était alors en Autriche, se montra digne du bon duc, dont elle avait été la compagne bien-aimée. Duval trouva en elle une généreuse protectrice, et le jeune duc François le combla de témoignages d'estime et de bienveillance.

Les Lorrains adoraient ce prince, dans lequel ils retrouvaient le fidèle portrait de Léopold ; mais ils ne devaient point tarder à le perdre. De grands événements se préparaient alors en Europe.

La France était en guerre avec l'empire d'Autriche, pour venger Stanislas Leczinski, chassé pour la seconde fois du trône de Pologne. L'empereur, battu à Philipsbourg et menacé de désastres plus sérieux, demanda la paix. Par un traité signé à Vienne en 1735, Stanislas devait abdiquer le trône de Pologne, et recevoir en échange la Lorraine et le Barrois, dont la couronne de France devait hériter après lui. François de Lorraine, privé de ses États héréditaires, devait être mis en possession du grand-duché de Florence.

François ne consentit qu'avec douleur à cet arrangement ; mais l'empereur l'y décida, en lui donnant la main de Marie-Thérèse, sa fille unique.

Le nouveau duc de Lorraine, Stanislas Leczinski, était peut-être le seul homme digne de succéder à Léopold et à François IV ; mais il ne fut pas d'abord accueilli comme il le méritait : les Lorrains regrettaient trop sincèrement leur prince pour être bons courtisans ; et quand Stanislas vint prendre possession de ses nouveaux États, il ne rencontra qu'une froideur pleine de rancune.

Valentin Duval, qu'il avait invité à rester en Lorraine, aima mieux suivre à Florence le grand-duc François, et la bibliothèque dont Léopold lui avait confié la garde. Il y demeura dix ans. François, étant alors devenu empereur, l'appela à Vienne et le chargea de former un cabinet de médailles. Il s'en acquitta avec un rare talent, et il jouit si modestement de la confiance et de l'amitié de l'empereur, que, quand il mourut, en 1775, chargé d'ans et de bonnes œuvres, il fut regretté des grands comme des petits et honoré des larmes de la famille impériale, qui rendait autant de justice à ses hautes vertus qu'à son éminent savoir.

MÉTASTASE.

La boutique du barbier Métclli regorgeait de monde. On y
venait non-seulement pour se faire raser ou friser, mais encore et surtout pour apprendre les nouvelles du jour. Mételli
était grand parleur et se croyait beau parleur, à voir l'affluence
d'étudiants, d'artistes, de poëtes et de gens d'épée qui se donnaient rendez-vous chez lui ; aussi donnait-il un tour agréable
à ses récits, et savait-il, le cas échéant, dorer un petit compliment à l'adresse de ses fidèles pratiques. Il prêtait attention,
sans en avoir l'air, à tout ce qui se disait dans les groupes
formés ici et là par les jeunes et les vieux, pour attendre avec
moins d'impatience que le moment de passer par ses mains
fût arrivé ; et comme il se débitait beaucoup de contes et de
saillies dans cette boutique, notre barbier les recueillait et se
faisait la réputation d'un homme d'esprit.

— Salut au seigneur Gravina ! dit-il, en voyant entrer un
homme de quarante à quarante-cinq ans, mis avec simplicité

et portant un livre sous son bras. Il ne manquait que Votre Excellence à la docte assemblée réunie ce matin dans mon humble logis.

Gravina jeta les yeux autour de lui et sourit avec satisfaction; car plusieurs savants vinrent à lui, et quelques jeunes écrivains se levèrent pour lui faire place. Il répondit à ces prévenances, puis, s'étant assis dans un coin de la boutique, il se vit entouré d'un cercle bienveillant et respectueux.

— Où en est votre tragédie, maître ? lui demanda un professeur auquel il avait serré la main avec effusion

— Celle de *Servius Tullius* est terminée, répondit Gravina. J'en ai commencé une autre, *Appius Claudius*, qui vaudra, je crois, mieux que la première.

— Ne nous en lirez-vous pas quelques scènes, avant de les livrer à l'impression ? Nous aimons tant vos beaux vers ! dit un étudiant.

— Vous me flattez, Giovanni : vous savez donc que les poëtes sont friands d'éloges, comme les enfants, de bonbons et de confitures ? Ne regretteriez-vous point votre politesse, si je vous invitais à venir ce soir entendre la lecture de *Servius ?*

— Ah ! maître, je regarderais cette invitation comme une grande faveur.

— Vraiment ! Eh bien ! s'il n'y a pas quelque partie de plaisir qui vous attende, venez passer la soirée avec moi.

— On peut sacrifier tous les plaisirs à l'honneur d'être reçu par vous, maître; car vous êtes un des plus savants hommes de toute l'Italie, et votre maison est devenue une véritable académie.

— Quelques amis s'y réunissent, il est vrai, dit Gravina en souriant; mais ils sont bien vieux pour vous, et leur conversation vous paraîtra maussade.

— Eh bien ! nous l'égaierons, seigneur, si vous voulez nous permettre d'accompagner notre camarade Giovanni, dirent quatre ou cinq jeunes gens, qui portaient, comme le premier, le costume d'étudiant.

— Soit ! venez tous. J'aime la jeunesse, parce qu'elle a l'imagination vive et le cœur généreux.

— Oh ! mes beaux seigneurs, dit Mételli, si vous n'aviez pas disposé de la soirée de maître Gravina, j'avais, moi aussi, quelque chose à lui proposer.

— Est-ce donc une partie qui ne puisse se remettre ? dit Gravina.

— Peut-être, seigneur. Voici ce dont il s'agit : tous les soirs, depuis le commencement de la semaine, je passe, en m'accoudant à cette fenêtre, l'heure la plus agréable de toute ma journée.

— Je te crois, Mételli : les nuits sont si belles et si fraîches !

— Sans doute ; mais au plaisir de respirer l'air pur et embaumé se joint celui d'entendre une voix délicieuse chanter des vers charmants.

— Il y a donc par ici quelque cavalier qui donne des sérénades ?

— Le cavalier est un enfant de dix à onze ans, qui improvise des couplets et qui les jette à la foule pour quelques pièces de monnaie. Vous me croirez, si vous voulez, seigneur, je lui donnerais volontiers toute ma recette, tant sa musique et ses vers me transportent.

— Mais tu ne la lui donnes pas ?

— Non, parce que ma femme m'en empêche ; mais je vous assure que si vous l'entendiez, vous seriez ravi de trouver un si beau talent dans un enfant de cet âge. Je ne sais pas si ses vers sont parfaits, je ne suis pas poëte ; mais ils sont si doux, si harmonieux, que tous les passants s'arrêtent pour les entendre, et que, quand il se retire, les bravos de la foule le saluent.

— J'ai bonne envie de venir l'écouter.

— Il chantera ce soir encore, il me l'a promis hier ; mais

je ne lui ai pas demandé s'il pensait se contenter longtemps d'un métier qui lui rapporte si peu. Voilà pourquoi, maître, j'ai osé me permettre de regretter l'invitation que vous avez faite à ces jeunes seigneurs, dont je suis le très-humble valet.

— Il n'y a rien là-dedans qui doive t'embarrasser, l'ami. A quelle heure ton petit prodige commence-t-il ses improvisations ?

— Quand les premières étoiles se lèvent, Piétro Trapassi arrive.

— Entre huit et neuf heures. Eh bien ! Messieurs, prenons rendez-vous sur cette place ; nous écouterons l'enfant, et nous jugerons ensemble du bon goût de Piétro ; puis nous irons achever la soirée dans mon jardin.

Les jeunes gens applaudirent et se séparèrent, enchantés d'être reçus chez Gravina, où tout ce que Rome comptait de savants distingués se réunissait pour aviser au moyen de rétablir les bonnes études et la saine morale.

A la nuit tombante, le poëte et ses invités arrivaient par diverses rues sur la place de la Vallicella, où était située la boutique de Mételli. Le barbier s'approcha familièrement de ce groupe, pour être le premier à signaler son jeune protégé à l'attention des auditeurs qu'il lui avait procurés. L'enfant se fit attendre ; mais il parut enfin, et, reconnaissant Mételli, il lui adressa un gracieux bonsoir.

— Tâche de te distinguer, Piétro, lui dit le barbier, voici de nobles seigneurs dont la bourse est mieux garnie que la mienne, et qui se connaissent mieux que moi en poésie et en musique.

— Je ferai de mon mieux, répondit le petit improvisateur ; mais vous avez eu tort de me prévenir ; me voici tout troublé, et mon cœur bat si fort, que je n'entends plus que lui.

— Ne crains rien, enfant, dit Gravina, frappé de l'air intelligent et doux du jeune musicien ; chante gaîment et librement, comme l'oiseau chante au fond des bois, quand le soleil va disparaître.

— C'est l'hymne du soir que vous voulez, seigneur? Je vais essayer de vous satisfaire.

L'enfant réfléchit quelques instants, la tête appuyée sur sa main, puis, par un geste plein de grâce, il rejeta en arrière les longues boucles de ses cheveux et commença à chanter. Dès les premiers vers, Gravina devint attentif, et bientôt ses traits exprimèrent un véritable enthousiasme. On ne pouvait exprimer mieux que ne le faisait l'improvisateur les doux sentiments qu'éveille dans l'âme le charme mélancolique d'une belle soirée, l'admiration que cause la vue d'un ciel étoilé, la prière qui s'élève d'un cœur reconnaissant vers le Dieu de la nature. Tout cela était simple, vrai, touchant; l'auditoire battait des mains, et Piétro, transporté par ces applaudissements, ajoutait de nouvelles strophes aux premières sans que sa verve se lassât.

Gravina fendit la foule, et, quand l'enfant leva les yeux, il lui tendit les bras.

— Veux-tu être mon fils? lui demanda-t-il.

Et comme l'improvisateur étonné le regardait sans répondre, il ajouta :

— Tu seras poëte; mais il faut que l'étude vienne en aide à ton génie. On me nomme Gravina; veux-tu être mon élève ?

— Il y a longtemps que je demande à Dieu un maître et un père. Béni soit-il d'avoir exaucé ma prière! dit l'enfant.

— Viens avec moi, reprit le savant, dès aujourd'hui ma maison sera la tienne.

— Vive Gravina! cria la foule, en leur faisant cortége. Piétro est bien heureux d'avoir trouvé un pareil protecteur. Vive Gravina! vive Piétro !

Les étudiants qui entouraient Gravina criaient plus fort que les autres; ils avaient franchement admiré le talent du jeune poëte ; ils le comblaient de félicitations et de témoignages d'amitié. Ils s'étaient réunis pour assister à la lecture d'une tragédie ; mais le petit improvisateur eut les honneurs de la soirée, et la lecture fut remise au lendemain, sans que personne s'en plaignît.

Gravina plaça Piétro dans un collége, pour qu'il apprît les langues ; mais craignant bientôt que les études ordinaires n'étouffassent en lui le sentiment poétique, il le reprit chez lui et ne voulut pas qu'une main étrangère s'occupât de cultiver une plante si rare et si précieuse. Il prit plaisir à lui donner des leçons et vit avec un orgueil tout paternel se développer son goût pour les chefs-d'œuvre anciens et modernes. Piétro apprenait avec une extrême facilité tout ce qu'on lui enseignait ; il aimait l'étude, et il préférait la lecture du Tasse aux amusements de son âge. Il chérissait d'ailleurs son père adoptif, et le désir de lui prouver sa tendresse et sa reconnaissance doublait encore ses progrès.

Gravina ne s'était jamais trouvé si heureux que depuis qu'il pouvait reposer sur cette jeune tête ses affections et ses espérances. L'enfant devint la joie de sa maison, où jusqu'alors tout avait été sombre et sévère ; les vieux savants qui la fréquentaient s'attachèrent au jeune poëte, qui était pour eux plein de respect et de déférence, et des artistes d'avenir, des peintres, des écrivains, des érudits précoces y furent attirés par la présence de Piétro. Ces assemblées donnèrent naissance à la Société des Arcades de Rome, dont Gravina fut le premier président.

Piétro n'avait que quatorze ans, lorsqu'il composa sa tragédie intitulée *il Giustino*. Elle parut sous le nom de Metastasio, que Gravina avait substitué à celui de Trapassi, comme étant plus harmonieux. Cette pièce ne manquait pas de mérite ; mais on pouvait reprocher à l'auteur d'avoir trop scrupuleusement imité les tragiques grecs. Métastase continua d'étudier et d'écrire sous la bienveillante direction de

Gravina, à qui le pape Innocent XII venait de confier une chaire de droit.

L'illustre savant n'eut pas le bonheur de voir son élève bien-aimé arriver à la fortune et aux honneurs ; il mourut en l'instituant son héritier et le désignant dans son testament comme un jeune homme de la plus grande espérance. Piétro pleura sincèrement son bienfaiteur. Loin de profiter de l'aisance qu'il lui devait pour se livrer aux plaisirs dont la jeunesse est avide, il n'en usa que pour se procurer les leçons des maîtres, les ouvrages précieux qui manquaient à la bibliothèque du défunt, et pour s'adonner à l'étude avec une nouvelle ardeur.

La *Didon abandonnée,* qu'il fit représenter à Naples en 1724, commença de le rendre célèbre. De nouveaux succès portèrent au loin sa réputation : l'empereur Charles VI l'appela à Vienne, le nomma son poëte et lui fit une pension de 4,000 florins. On donnait alors à la cour impériale des fêtes magnifiques ; Métastase y concourait en faisant représenter les pièces composées pour la circonstance, et chacune de ces pièces lui valait quelque témoignage de la bienveillance du souverain.

Charles VI mourut en 1740, et, malgré toutes les précautions qu'il avait prises pour assurer le trône à Marie-Thérèse, sa fille, presque toutes les puissances de l'Europe s'unirent contre cette princesse, si digne de régner. La guerre interrompit les fêtes jusqu'au couronnement de François de Lorraine, époux de Marie-Thérèse. L'impératrice voulut donner à cette cérémonie un éclat inaccoutumé : elle était si heureuse de partager sa couronne avec le plus généreux et le meilleur des princes !... Trois ans après, la paix générale se conclut à Aix-la-Chapelle, et Marie-Thérèse ne songea plus qu'à faire refleurir dans ses États l'industrie et les arts.

Elle ouvrit des ports, créa des armées, établit des manufactures, fonda des universités, des colléges, des écoles de

dessin, de peinture, d'architecture, des observatoires, des
hôpitaux, et mérita le titre glorieux et doux de Mère de la
Patrie. Elle n'oublia point son poëte, dont elle admirait le
talent et peut-être plus encore la modestie. Elle le combla
d'honneurs, de présents, et, ce qui valait mieux encore, de
témoignages d'estime et de confiance. Elle voulut le faire
comte ou baron; mais il demanda instamment la grâce de rester toujours ce qu'il était. Elle lui offrit la petite croix de
Saint-Étienne ; il répondit qu'il était trop âgé pour assister
aux fêtes de l'ordre.

Métastase était un vrai philosophe ; il appréciait à leur
valeur les hochets dont on amuse la vanité humaine. Il pla-
çait son bonheur dans le témoignage de sa conscience, dans
l'étude et dans l'amitié de quelques hommes distingués par
leurs vertus, plus encore que par leurs talents. Sa vie était
réglée comme celle d'un religieux ; il poussait la précision
jusqu'au scrupule, et disait quelquefois en riant que, lisant
la description de l'enfer, il y voyait que c'est un lieu où il n'y
a nul ordre, *ubi nullus ordo*. Il se levait, se couchait, prenait
ses repas, étudiait, travaillait et priait toujours à la même
heure ; il dut à cette régularité, à sa tempérance, à sa gaîté,
la conservation de ses facultés jusqu'à l'âge le plus avancé.

Le roi d'Espagne, Ferdinand VI, admirateur de ses œuvres,
lui envoya, entre autres présents, une cassette montée en or
et garnie de tout ce qu'il faut pour écrire. Il l'engagea à venir
à sa cour, mais le poëte aimait trop sa tranquillité pour la
sacrifier au désir de briller. Il vivait à Vienne, honoré de la
bienveillance de toute la famille impériale, et ses vœux n'allaient pas au delà. Il eut la douleur de voir mourir Marie-
Thérèse, plus jeune que lui de vingt ans, et à laquelle il était
attaché comme à la plus grande princesse et à la plus aimable
femme qu'il y eût au monde.

Marie-Thérèse avait annoncé dès son enfance ce qu'elle
serait un jour. Destinée à régner, elle s'était tellement appli-

quée aux affaires, qu'à l'âge de quatorze ans elle fut jugée capable d'entrer au conseil de Charles VI, son père. Elle écoutait tout ce qui s'y disait ; mais rarement elle en sortait sans avoir demandé quelque grâce.

— Je vois, lui dit l'empereur, que vous ne voudriez être reine que pour faire le bien.

— Il n'y a que cette joie qui puisse faire supporter le poids d'une couronne, répondit la jeune princesse.

Devenue impératrice, elle ne changea point de manière de penser. Elle se rendit accessible à tous ses sujets, si bien qu'un pauvre laboureur de la Bohême disait :

— Je ne suis qu'un paysan ; mais je parlerai à notre bonne reine quand je voudrai, et elle m'écoutera comme si j'étais un monseigneur.

Un jour qu'elle rentrait au palais, une femme et deux enfants se traînèrent à ses pieds en lui disant que la faim les avait arrachés de leur chaumière.

— Qu'ai-je donc fait à la Providence, s'écria Marie-Thérèse, pour qu'un semblable malheur arrive sous mon règne ? Ce sont mes enfants, et ils souffrent.... Ah ! j'ai bien raison de me reprocher le temps que je donne au sommeil ; car c'est autant de dérobé à mon peuple.

Elle avait des secours et des consolations pour toutes les souffrances, et jamais on ne s'adressait vainement à elle. Aussi dit-elle à son fils, avant de mourir :

— Je n'ai jamais fermé mon cœur aux cris des malheureux, c'est ce qui fait la consolation de mes derniers instants.

Métastase avait quatre-vingt-deux ans, quand sa souveraine lui fut enlevée ; espérant aller bientôt la rejoindre, il se prépara doucement à la mort, sans toutefois interrompre ses travaux ni ses études. Passionné pour la lecture des anciens, il en recommençait sans cesse la lecture par ordre chronologique ; il en savait par cœur les plus beaux passages.

Le 2 avril 1782, il se sentit attaqué d'une petite fièvre, qui empira promptement ; il comprit que son heure était venue et reçut les sacrements avec la plus grande piété. Le pape Pie VI, qui était alors à Vienne, ayant appris qu'il était à l'agonie, lui envoya sa bénédiction apostolique. Métastase la reçut avec reconnaissance et s'éteignit presque aussitôt.

Il laissait un grand nombre de tragédies-opéras, dont les sujets nobles et touchants sont traités avec un style qui, toujours facile, pur, élégant, s'élève quelquefois jusqu'au sublime. On y trouve des scènes dignes de Corneille et de Racine.

CHARLES LINNÉ.

— Où est Charles? demanda un jour en rentrant chez lui le pasteur de Rœshult, ministre protestant.

Sa femme et ses deux filles travaillaient sur le seuil, pour jouir des premiers rayons d'un soleil d'autant plus doux que l'hiver s'était prolongé outre mesure ; elles regardèrent autour d'elles d'un air embarrassé, comme si elles cherchaient une réponse. Cependant l'aînée des deux sœurs se leva, prit la main du pasteur, qu'elle passa câlinement sur ses joues animées d'un vif incarnat, et lui dit :

— Il vient de sortir, papa ; mais il ne tardera pas à revenir.

— Je vois ce que c'est, gronda le pasteur. Vous ne m'attendiez que ce soir, et ce petit vagabond a profité de mon absence pour aller courir à travers les montagnes, plutôt que d'étudier tranquillement ici, comme je le lui avais recommandé.

— Il a étudié toute la matinée, mon ami, dit la mère, et je lui ai permis, en récompense, d'aller se promener un peu. Vous savez que l'exercice fait grand bien aux enfants.

— Oui, mais je sais aussi que Charles en prend plus qu'il ne faudrait, et que, grâce à vous, je ne ferai jamais rien de ce garçon.

— Vous vous trompez, j'en suis sûre, mon cher Linné : Charles apprend tout ce qu'il veut, et il est si doux, si docile, qu'il ne pourra que devenir un bon sujet.

— Ah ! oui, parlons de sa docilité !... s'écria Linné. Votre fils ne fait que ce qu'il veut ; et la plus belle preuve que j'en puisse donner, c'est que le voilà parti, depuis longtemps peut-être, tandis qu'il avait à travailler jusqu'au soir.

— Mais, mon ami, Charles ne sort pas pour le seul plaisir de courir et de folâtrer dans la campagne ou d'aller rire et jouer avec les enfants du village. Ses promenades ont un but.

— Eh ! c'est justement de cela que je me plains. S'il négligeait son latin pour aller jouer et courir, je dirais : C'est de son âge, la raison le corrigera ! Mais il s'en va tout seul dans les bois, il escalade les rochers, il se laisse glisser dans les ravins, il écarte les neiges, il revient les mains en sang et quelquefois les vêtements en lambeaux, tout fier de rapporter quoi ? Une plante, une fleur, un brin de mousse, qu'il examine pendant des heures entières et dont il prend autant de soin que si c'était un objet précieux. Et pendant que monsieur s'occupe de ce prétendu travail, les thèmes et les versions restent là.

— Je vous assure, reprit la mère, qu'il a beaucoup écrit ce matin. Voyez plutôt ses papiers, qui sont restés près de la fenêtre.

Le pasteur étendit la main, écarta les livres placés sur la table de Charles et prit les cahiers ; mais à peine y eut-il jeté les yeux, qu'il s'écria :

— Vous croyez que ce sont ses devoirs qu'il a faits. Eh bien ! lisez, et vantez-moi encore, si vous l'osez, les bonnes qualités de ce charmant enfant.

— Ah ! mon Dieu, dit la bonne mère, je ne lui ai pas demandé ce qu'il écrivait ; mais si je le lui avais demandé, il ne m'aurait pas menti. J'ai cru que c'était son latin : il paraissait si attentif.

— Vous étiez dans l'erreur. Écoutez plutôt : « Les plantes se rapprochent du règne animal en ce qu'elles vivent et croissent. Elles tirent de la terre les sucs nourriciers qui se répandent dans leurs différents organes et en favorisent le développement. Dieu a donné à ces plantes des vertus que l'homme doit étudier.... »

— Quel dommage, papa, que vous ne soyez pas médecin ! dit la petite fille, qui se tenait toujours près de Linné. Charles serait bien heureux de recevoir vos leçons et d'étudier les belles choses qu'il aime tant. Si vous saviez, quand, par hasard, nous sortons avec lui, ma sœur et moi, comme il nous fait admirer les fleurs que nous cueillons le long des chemins, comme il nous explique les différences qui existent entre elles, vous verriez bien que s'il n'étudie pas autant que vous le voudriez, ce n'est pas qu'il soit paresseux.

— Non, ajouta la mère, c'est parce que l'étude que vous lui imposez n'est pas celle qui lui conviendrait.

— J'en suis fâché ! répondit Linné d'un ton sévère ; mais il sera ministre comme moi, je l'ai décidé.

— Pourtant, mon ami, si ce n'est pas sa vocation, vous ne voudrez pas le contraindre ? hasarda timidement la bonne mère.

— Sa vocation ! Vous plaisantez sans doute.... Est-ce qu'un enfant de dix ans peut savoir à quelle profession il est destiné ? Le devoir de ses parents est de le diriger, de le conduire, et au besoin de le faire entrer de force dans une carrière utile et honorable. Ce devoir, je le remplirai ; et si vous n'avez pas le courage de faire comme moi, je vous demande au moins de ne pas soutenir votre fils dans sa révolte contre mon autorité.

— Papa, voici Charles qui revient, dit la plus jeune des deux sœurs, en venant reprendre son ouvrage qu'elle avait quitté depuis quelques instants, pour monter dans sa chambre.

— Vous voyez qu'il ne s'est pas absenté longtemps, reprit la mère, en regardant l'enfant d'un air d'intelligence. Il revient pour faire ses devoirs, afin que vous soyez content de lui. Soyez donc encore indulgent cette fois, mon ami. Je vous promets de faire de mon côté, tout ce qui sera possible pour que Charles vous obéisse comme il le doit.

Linné ne répondit pas. Il se promenait de long en large dans son petit jardin, quand Charles accourut tout essoufflé. En apercevant son père, il s'arrêta soudain, et ses joues, animées par la rapidité de sa marche, s'empourprèrent encore.

— Voilà donc comme vous travaillez, monsieur! dit le pasteur. Je vous donne des thèmes à faire, et vous griffonnez je ne sais quoi, au lieu de vous acquitter de la tâche que je vous impose. Cela ne peut pas durer; je vais écrire à mon ami Lanarius, et vous entrerez à l'école dont il est le directeur.

— Mon père, je vous en prie, s'écria Charles, pardonnez-moi, je ferai ce que vous voudrez; mais ne m'éloignez pas de vous, de maman, de mes sœurs. Il me semble que je mourrais, si je ne vous voyais plus.

— Non, dit Linné, vous ne mourriez pas; car vous ne nous aimez point.

— Oh! papa! s'écria Charles en joignant les mains. Je vous aime tous, et de tout mon cœur.

— Si cela était, vous craindriez de me faire de la peine, et vous ne me forceriez pas à troubler par des gronderies continuelles la paix de notre maison. Vos sœurs sont si studieuses et si bonnes, que je n'ai jamais le moindre reproche à leur faire ; votre mère est la femme la plus douce, la plus vigilante, la plus dévouée qu'il y ait au monde. Entre elles trois, je n'aurais qu'à rendre grâce à Dieu de mon bonheur ; mais vous me causez des inquiétudes et des chagrins dont elles souffrent, quoiqu'elles en soient innocentes.

— Vous avez raison, papa : il n'est pas juste que je fasse le malheur de toute la famille. Envoyez-moi à l'école latine.

— Crois-tu donc que nous puissions te voir partir sans regret ? demanda la bonne mère. Crois-tu que la maison puisse être bien gaie, quand tu seras là-bas ? Tu nous manqueras toujours, mon petit Charles ; car nous aussi nous t'aimons. Fais donc ce que veut ton père ; renonce à tes fleurs, à tes herbes.... Tu y reviendras plus tard, si tu en as le loisir ; mais à présent, vois-tu, il ne faut plus t'en occuper. Cela te fait perdre beaucoup de temps, que tu pourrais mieux employer.

— Sans doute, ajouta le pasteur. Je ne blâme ton goût pour la botanique que parce qu'il nuit à tes autres études.

— Eh bien ! dit Charles avec un soupir, j'attendrai, pour compléter mes herbiers, que je sois devenu un homme. Mais alors aussi j'aurai des devoirs à remplir, et peut-être me restera-t-il encore moins d'heures à perdre qu'à présent.

— Qui sait, mon enfant ? répondit la bonne mère. Ne t'inquiète de l'avenir que pour t'y préparer par un travail assidu. Dieu fera le reste : à chaque jour suffit sa peine. Allons, prends tes livres, et fais en sorte que ton père n'ait pas à se repentir de son indulgence.

Charles rentra et se mit à l'étude ; puis il fit ses thèmes, ses versions, et alla porter le tout au pasteur, qui ne put lui refuser des éloges.

— Continue, lui dit-il, et j'oublierai le passé.

L'enfant revint tout joyeux auprès de ses sœurs. Il les embrassa en leur disant merci bien bas ; car il avait deviné que Marguerite s'était efforcée d'apaiser son père et il avait vu Christine agitant, par la fenêtre la plus élevée de la maison, un grand rideau blanc, signal qui signifiait : « Reviens vite ! Papa est rentré. »

— Si tu faisais bien, mon petit Charles, dit Linné , après le repas du soir, tu jetterais au feu tes herbiers et tes cahiers d'histoire naturelle....

— Ah! papa, s'écria le petit garçon, dont les yeux se remplirent de larmes, faites-leur grâce , je vous en supplie ! Je les cacherai si bien, que vous ne les verrez plus ; mais ne m'obligez pas à les détruire.

— Je ne les reverrai plus, tu me le promets ?

— Je vous le promets, père , dit Charles.

— Si tu manques à la parole, je me souviendrai de la mienne : tu partiras pour Vixoe.

— Vous ne me donnerez pas seulement un jour par semaine pour aller chercher des plantes? demanda Charles avec tristesse. Dans toutes les écoles du monde, on a un jour de congé ; et si vous me l'accordiez, mon père, je travaillerais toute la semaine pour mériter d'en jouir.

— Je vous l'accorderai volontiers, pourvu que vous ne l'employiez pas à vos recherches botaniques. C'est une étude qui ne peut vous mener à rien et dont je ne veux plus jamais entendre parler.

Charles baissa la tête sans rien dire : il pleurait. Sa mère, qui allait et venait, pour remettre tout en ordre dans la salle à manger, lui donna en passant une petite tape sur la joue , puis, profitant d'un moment où Linné s'était retourné pour prendre sa Bible sur la cheminée, elle prit dans ses deux mains la tête blonde de son fils et lui dit à l'oreille :

— Console-toi ! Ton père ne sera pas toujours inflexible.

Ses sœurs s'approchèrent de lui ; elles l'embrassèrent en

lui adressant aussi quelques bonnes paroles; il retrouva son sourire, et ses yeux brillaient de leur gaîté ordinaire, quand le pasteur commença la lecture qu'il faisait chaque jour à sa famille. Il avait choisi, sans doute pour faire impression sur l'esprit de Charles, les pages où l'historien sacré raconte le sacrifice d'Abraham. Il n'accompagna sa lecture d'aucune réflexion, car il connaissait l'intelligence de Charles. Seulement il lui dit, en lui donnant le baiser du soir :

— N'oublie jamais, mon fils, que Dieu bénit l'enfant soumis à la volonté paternelle.

Charles resta longtemps dans sa chambrette sans penser à se coucher. Il avait ouvert une grande boîte placée près de son chevet; il en tirait les unes après les autres des plantes desséchées, soigneusement enveloppées, et qu'il avait classées de son mieux; il les admirait toutes, leur disait adieu et les remettait dans une autre caisse plus petite et munie d'une serrure. Il y renferma aussi ses cahiers, la ferma et en cacha la clef sous son traversin.

— Demain, dit-il, je la donnerai à mon père. Il sera sûr que je ne lui désobéirai pas.

Le lendemain, en s'éveillant, il ne put s'empêcher d'ouvrir le coffre et de jeter encore un coup d'œil aux richesses qu'il avait si joyeusement amassées.

— Si je porte la clef à mon père, il ne me la rendra pas; j'aime mieux que maman la garde, pensa Charles; je pourrai la lui demander quelquefois.

Enchanté de cette idée, l'enfant oublia son chagrin : il connaissait si bien la bonté de sa mère.... La femme du pasteur désirait vivement que Charles s'efforçât de contenter son père; elle ne souhaitait pas pour ce fils bien-aimé d'autre position que celle de ministre; car le bonheur régnait sous son modeste toit; mais elle ne voyait rien que d'innocent dans la passion de Charles pour les plantes, et souvent même elle se prenait à penser que cette passion annonçait chez lui des facultés rares, des aptitudes spéciales qui ne demandaient qu'à se développer en liberté pour faire de l'enfant un homme célèbre.

Elle avait laissé deviner ces espérances par son mari, qui les avait traitées de chimères; elle n'osait donc plus s'y arrêter; car Linné était un sage et un savant, dont elle s'était habituée à respecter les décisions; mais ces chimères revenaient malgré elle, et d'ailleurs elle aimait trop son fils pour le priver du seul plaisir auquel il attachât quelque prix. Elle le vit cependant avec joie bien décidé à se soumettre à la volonté de son père; elle le combla de caresses et de douces flatteries; puis, avec l'ingénieuse tendresse dont les mères seules ont le secret, elle disposa si bien de tous les instants du petit garçon, que, pendant une semaine entière, il n'eut pas le loisir de songer à ses promenades habituelles.

Mais elle avait aussi ses occupations, et bientôt Charles, livré à lui-même, devint triste et rêveur. En vain ses sœurs cherchaient à le distraire en lui demandant de partager leurs jeux; il s'y prêtait, pour ne pas les affliger par un refus; mais il restait froid, distrait et contraint. Il aimait encore mieux les heures d'étude que les récréations, et il s'appliquait en conscience; pourtant son livre lui échappait quelquefois des mains et il demeurait immobile, les yeux fixés sur la muraille, qu'il ne voyait point. Au delà de cette muraille, il y avait des champs, des montagnes, des bois, qu'il parcourait en pensée, et où il s'égarait avec ravissement. Souvent aussi il s'arrêtait au milieu d'une traduction, et, repoussant son cahier, il dessinait sur une feuille volante quelque fleur inconnue, entourée d'un feuillage merveilleux, ou quelque humble plante qu'il avait longtemps cherchée et qui manquait encore à son herbier.

Le soir, avant de se coucher, il regardait la caisse où étaient enfermées des feuilles et des mousses desséchées du même œil que l'avare contemple son coffre-fort; il brûlait

d'envie d'en demander la clef, mais il n'osait ; car sa mère
était bien tranquille depuis que le pasteur ne grondait plus.
L'idée lui vint de dérober cette clef pour une nuit seulement ;
il l'avait vue dans la corbeille où ses sœurs mettaient leur
ouvrage ; il y chercha, elle n'y était plus.

— N'est-ce pas cela que tu veux ? lui demanda la bonne
mère, qui observait son manége et souriait de son embarras.
Pourquoi ˎdonc retourner toute cette corbeille, brouiller les
écheveaux de laine et les pelotons de fil, plutôt que de parler ? Tu n'as donc plus confiance en moi ?

Charles se jeta dans ses bras.

— Écoute, reprit-elle, tu veux revoir aujourd'hui tes
herbes, demain tu voudras en aller cueillir d'autres ; je sais
bien que ce n'est pas ta faute ; car tu as souffert, mon pauvre
petit, depuis qu'on t'a privé de cet amusement. Tu ne ris
plus, tu ne causes plus, tu manges à peine, et tes belles couleurs s'effacent tous les jours. Je ne veux pas que tu sois malheureux, je ne veux pas que tu tombes malade ; prends donc
cette clef ; mais je t'en prie, sois raisonnable. Ne néglige pas
ton latin, et quand tu sortiras, ne l'oublie pas dans la campagne ; car si ton père savait que tu n'as pas renoncé tout à
fait à étudier les plantes, s'il savait surtout que je m'entends
avec toi pour le tromper, nous aurions tous les deux à redouter sa juste colère.

— Oh ! maman, sois tranquille, je me laisserai punir ;
mais je ne dirai jamais combien tu es bonne pour moi.

— C'est ton père qui est bon ; moi, je ne suis que faible ;
il agit en homme sage, et moi peut-être en mère aveugle ;
mais j'espère que je ne te ferai point de tort, et que si je te
permets de t'occuper de tes mousses et de tes fleurs, tu redou-
bleras de courage pour que tes devoirs ne laissent rien à
désirer.

Charles promit de tout son cœur ; il glissa la clef dans sa
poche et il attendit le soir avec impatience ; mais il donna

tous ses soins à son travail, et Linné le félicita de ses progrès.
Le lendemain, il étudia ses leçons de grand matin, il fit son
thème et ses versions; car il savait que l'après-midi son père
devait aller à la ville voisine, et il comptait bien faire aussi
quelque agréable excursion.

A peine le ministre était-il sorti, que Charles courut embrasser sa mère et ses sœurs, puis il s'enfuit par une porte
de derrière, pour n'être point aperçu de son sévère professeur. Quelle joie pour lui de se retrouver au milieu des
champs, d'aspirer l'air embaumé par les senteurs vivifiantes
de la verdure nouvelle, de voir mille fleurs, fraîchement
écloses, lui sourire de tous côtés! Depuis plus d'un mois, il
n'avait pas joui d'une heure de liberté, et depuis un mois les
beaux jours étaient revenus, le soleil avait ranimé cette terre
glacée, et lui avait rendu sa brillante parure.

Le cœur plein d'une délicieuse émotion, le petit Charles
remercia Dieu d'avoir fait pour lui ce ciel sans nuages, ce
beau soleil, ces doux parfums, cette riante végétation au milieu de laquelle il n'avait qu'à choisir un sujet d'étude et de
méditation. Jamais il ne s'était senti si heureux de vivre;
mais il n'avait pas de temps à perdre dans une stérile con-
templation. Sa promenade avait un autre but. Il gravit un rocher le long duquel couraient des plantes du plus bel effet. Il
ne posait les pieds qu'avec précaution, de peur de déchirer
ce splendide manteau dont le printemps avait recouvert la
pierre grisâtre; mais il savait que dans les anfractuosités su-
périeures du roc, il trouverait des mousses magnifiques, et
il voulait en enrichir sa collection.

— Je rentrerai dès que je les aurai, se dit-il; je veux que
ma mère sache bien que je n'abuserai jamais de sa bonté.

Mais quand il eut cueilli ces mousses vertes, brunes,
jaunes et rouges, qu'il les eut longtemps examinées et com-
parées les unes aux autres, il se rappela qu'il lui en manquait
encore quelques espèces moins rares, et, persuadé qu'il les

trouverait facilement, il se mit à les chercher. Il continua de grimper, les yeux fixés à ses pieds, et recueillit çà et là quelque humble fleurette, qu'il regardait avec amour. Arrivé au sommet du rocher, il jeta un cri d'effroi : il venait d'apercevoir le presbytère de Roeshult, et par la fenêtre ouverte, le rideau flottait au vent. Le pasteur était revenu, il s'était informé de son fils, et sans doute il avait sévèrement grondé la bonne mère, qui favorisait sa désobéissance.

Charles descendit rapidement, au risque de se casser le cou; il sortit du bois, franchit en quelques minutes l'espace qui le séparait de la maison paternelle, y rentra par derrière comme il en était sorti, et grimpa sans bruit dans sa chambre. La voix de sa mère, qui chantait une vieille ballade suédoise, arriva jusqu'à lui; il se crut le jouet d'un songe; mais les frais éclats de rire de ses sœurs achevèrent de le rassurer. Il mit en sûreté sa moisson et il se dirigea vers le jardin.

— Te voilà, mon enfant? dit la jeune femme. Tu as bien fait de revenir; car ton père ne tardera guère à rentrer.

— Il n'est donc pas ici? s'écria Charles. Ah! c'est mal, petite Christine, de m'avoir causé tant de frayeur. J'ai vu le signal et je suis accouru.

— Ce n'est pas Christine, répondit la mère, en levant la tête vers la fenêtre; c'est le vent seul qui est coupable. Mais non, je me trompe, il t'a rendu service; car voici ton père.

On voyait, en effet, un homme s'avancer sur la route poudreuse.

— Oui, c'est papa, dit Charles. Je ne me suis pas trop hâté; mais un autre jour je prendrai si bien mes précautions, que je ne craindrai pas d'être en retard.

Linné corrigea les devoirs de son fils; il les trouva moins corrects que la veille; mais il ne se douta de rien et se contenta de recommander à Charles un peu plus d'attention. L'enfant comptait bien mener de front l'étude de la botanique et celle du latin; mais pendant plusieurs semaines, le pasteur, qui avait à s'occuper de l'installation d'une école, sortit tous les jours, et le petit naturaliste ne manqua pas d'en profiter. Il ne fit d'abord que de courtes absences; mais comme cela arrive toujours, la sécurité endormit sa prudence, et un soir qu'il s'arrêtait pour herboriser le long du ruisseau en revenant à la maison, Linné, que le beau temps avait engagé à prendre un détour, le rencontra les mains pleines de fleurs de toutes sortes.

— Qu'est-ce que cela, Charles? demanda-t-il, et que faites-vous ici?

— Mon père, balbutia l'enfant, je me promenais, et j'ai cueilli un bouquet pour maman. Vous savez qu'elle aime les fleurs des champs.

— Il ne vous manquait plus que de mentir, reprit le pasteur; mais je ne suis pas votre dupe, et vous serez puni comme vous le méritez.

— Papa, je ne voulais pas mentir, je vous l'assure; mais j'ai eu peur, et j'ai parlé sans réfléchir. Je vous ai désobéi, papa, ce bouquet n'est pas destiné à ma mère, mais à mon herbier.

— Voilà un aveu qui vient trop tard, et qui d'ailleurs ne peut rien changer à ma résolution. Vous partirez demain pour Vixoe.

— Mon père, je vous donnerai mes plantes et mes cahiers, vous en ferez ce que vous voudrez; vous m'enfermerez dans ma chambre, et je n'en sortirai qu'avec vous; mais vous me laisserez ici, n'est-ce pas? je vous en supplie.

— Épargnez-vous des instances inutiles; vous m'aviez promis de vous occuper uniquement de vos études; vous avez manqué à votre parole; moi, je tiendrai la mienne. Soyez prêt à partir de grand matin; car il faut que je sois rentré de bonne heure.

On arrivait à la maison. Les deux petites filles accoururent gaîment au-devant de leur père; il les embrassa en leur disant:

— Vous, du moins, vous êtes dociles, vous me console-
rez du chagrin que me cause votre frère. Allez dire à votre
mère, ajouta-t-il, que demain à six heures je veux être avec
Charles sur la route de Vixoe.

Les deux sœurs le regardèrent, toutes prêtes à implorer
son indulgence; mais sa figure exprimait une détermination
si bien arrêtée, qu'elles s'éloignèrent sans prononcer un
mot. Charles avait déjà raconté à sa mère ce qui s'était
passé.

— Il faut te soumettre, répondit-elle. Ton père ne cédera
pas; car il croit agir pour ton bien.

La soirée se passa tristement; chacun pensait au lendemain, et personne n'osait demander qu'une séparation si
douloureuse fût ajournée. On se quitta pour pleurer à l'aise
plutôt que pour dormir, et au petit jour tout le monde était
sur pied dans la maison. Six heures sonnaient quand une
charrette s'arrêta devant la porte du presbytère; Linné y
monta avec son fils, le paysan fouetta son cheval, et tout fut
dit.

L'école latine de Vixoe était dirigée par le professeur Lanarius, dont le pasteur de Rœshult était l'ami. Lanarius reçut
Charles comme un enfant rebelle et promit de le traiter avec
sévérité.

— Qui aime bien châtie bien, dit-il, et à moins que ton
fils n'ait la tête plus dure qu'un caillou, je trouverai moyen
d'y faire entrer ce qu'il faut qu'il sache pour devenir un bon
ministre, comme toi-même.

— Je te le confie, reprit Linné, et je te laisse libre d'en
disposer comme s'il était ton propre fils.

— Cela suffit, répondit Lanarius. Il n'y a ici qu'une cour
pavée et pas le moindre jardin, mon bel ami, ajouta-t-il en
s'adressant à Charles; rien ne pourra donc vous distraire de
vos études; et si vous ne faites pas de progrès, vous ne serez
bon qu'à tailler la pierre ou à faire des copeaux; donc, au lieu

de nous obstiner à vous instruire, nous vous ferons apprendre un métier.

— C'est cela, dit Linné. Vous savez, Charles, que je ne menace pas en vain : si Lanarius n'est pas content de vous, ne revenez jamais à Roeshult ; car ma maison vous sera fermée.

Charles ne pleurait point, mais il était bien triste. Le visage du maître, son ton froid et dur le glaçaient, ces grands bâtiments noirs l'oppressaient, et quand il songeait qu'il ne reverrait de longtemps sa mère et ses sœurs, il se trouvait l'enfant le plus malheureux qu'il y eût au monde.

Cette tristesse, loin de se dissiper, ne fit que s'accroître pendant son séjour au collége ; il prit en dégoût l'étude qu'on lui imposait et pour laquelle aucune compensation ne lui était offerte ; on le crut paresseux, il n'était que découragé, et Lanarius, reconnaissant l'inutilité des châtiments, pensa que cet enfant n'avait aucunes dispositions ; peu s'en fallut qu'il ne le déclarât idiot. Il écrivit à Linné une lettre de condoléance, par laquelle il l'engagea à ne pas faire pour l'éducation de son fils des sacrifices inutiles, et lui conseilla de le mettre en apprentissage chez un honnête cordonnier du voisinage.

Le pasteur ne s'y décida qu'avec peine ; mais il avait une foi entière dans les lumières de son ami ; il crut avoir trop présumé de l'intelligence de Charles, et, malgré les instances de sa femme et de ses filles, il traita avec le cordonnier que Lanarius lui avait indiqué.

L'écolier passa, sans se plaindre, dans la boutique de son nouveau maître. Il y avait loin de cette position à celle qu'il avait entrevue dans ses rêves ; mais il y trouva du moins quelque liberté. Pourvu qu'il remplît sa tâche quotidienne, personne ne s'inquiétait de l'emploi qu'il faisait de ses loisirs. Il avait la journée du dimanche tout entière, et, en prenant sur son repos, il pouvait encore aller chaque matin dans la

campagne classer ses plantes et en écrire chaque nuit la définition. Mais il songeait au chagrin de sa mère et de ses
sœurs, à la colère de son père, et c'était assez pour le rendre
bien malheureux.

Le pauvre enfant tomba malade; le cordonnier en prit soin
et fit venir auprès de lui un médecin, nommé Rothman. Le
savant docteur devina bien vite que le jeune apprenti souffrait plutôt de l'âme que du corps. Il l'interrogea avec bonté
sur son enfance, sur sa famille, sur ses goûts et sur les circonstances qui l'avaient amené où il le voyait. Charles ne se
fit pas prier pour accorder toute sa confiance à ce digne
homme, dont la physionomie bienveillante l'avait frappé et
dont le langage affectueux lui rappelait sa mère.

Il lui montra ses cahiers, ses herbiers, et lui dit comment
il était parvenu, sans maître et sans méthode, à classer les
plantes par familles, lui indiqua les vertus de la plupart
d'entre elles ; et comme le bon docteur l'interrompait par des
exclamations admiratives, Charles s'écria avec une amère
tristesse :

— Hélas ! Monsieur, à quoi cela me servira-t-il, puisque
me voilà condamné à n'être jamais qu'un cordonnier ?

— Qui de nous peut dire ce qu'il sera ? répondit Rothman ;
guérissez-vous, mon jeune ami, et nous aviserons à ce qu'il
conviendra de faire pour vous tirer de cette fausse position.
D'abord, j'essaierai de vous réconcilier avec votre famille.

— Ah ! si vous y réussissiez, je ne serais plus malade, dit
Charles. C'est si cruel d'avoir un père, une mère, des sœurs,
et d'être tout seul sur la terre !

— Désormais, mon cher enfant, vous ne serez plus seul ;
car vous aurez en moi un véritable ami.

— L'amitié d'un homme comme vous me serait bien précieuse ; mais quel lien peut exister entre un savant médecin
et un pauvre artisan ?

— Celui que vous appelez un pauvre artisan sera bientôt

un célèbre naturaliste, et ce sera le médecin qui s'honorera de son amitié.

— Ah ! docteur, vous voulez me consoler ; mais je ne puis accueillir les espérances que vous me donnez. Je crois que si l'on m'eût laissé suivre mes goûts, j'aurais pu devenir quelque chose ; mais il est trop tard. Mon père a juré de ne plus rien faire pour moi, je sais ce que vaut son serment. D'ailleurs, il est pauvre ; et quand même il me pardonnerait, pourrais-je lui demander des sacrifices au-dessus de ses moyens ? Et il faut de l'argent, beaucoup d'argent, pour faire les études dont j'aurais besoin.

— Il faut surtout du courage, et je suis sûr que vous en aurez. Allons, mon enfant, l'avenir vous dédommagera de vos souffrances passées ; c'est moi qui vous en réponds.

Quand le docteur revint, l'état de son malade s'était beaucoup amélioré.

— Voilà qui va bien, dit-il, je vous permets de vous lever, et, pour aider à votre convalescence, je vous apporte un livre qui vous fera plaisir sans doute.

— Les *Éléments de Botanique !* s'écria Charles. Ah ! quel bonheur !

— C'est un ouvrage de M. de Tournefort, le premier naturaliste de France.

— J'en ai entendu parler par mon professeur Lanarius, qui me demandait, en raillant, si j'avais la prétention de marcher sur les brisées de cet illustre gentilhomme.

— M. de Tournefort a rendu de grands services à la science, dit Rothman ; mais peut-être êtes-vous appelé à perfectionner ce qu'il a si bien commencé.

Charles dévora le volume tout entier ; puis il le relut, le médita et ne tarda guère à le savoir par cœur. Jamais il ne s'était trouvé si heureux : le bon docteur venait chaque jour s'entretenir avec lui, et le cordonnier ne le pressait point de se remettre au travail. Ce brave homme s'était attaché à son apprenti, et il disait, comme Rothman :

— C'est un meurtre de condamner ce garçon à battre la semelle toute sa vie.

Le médecin avait écrit au pasteur de Roeshult, pour lui dire ce qu'il pensait de Charles et le prier de venir en aide à cet enfant, dont les facultés demandaient à être développées par de bonnes études. Linné répondit que son fils, n'ayant pas voulu lui obéir, n'avait rien à attendre de lui; que d'ailleurs il pouvait se suffire, puisqu'il avait un état.

— Puisque tes parents t'abandonnent, dit Rothman, j'aurai soin de toi. Ne me remercie pas; je serai trop payé, si mes espérances se réalisent.

Le bon docteur prit donc chez lui le jeune apprenti; il le traita comme son propre fils, lui fournit les ouvrages dont l'étude pouvait lui être utile et l'aida des conseils de son expérience. Mais il fallait à Charles d'autres leçons; Rothman pensa au professeur Stobeus de Lunden, et le pria de se charger de son protégé. Stobeus enseignait l'histoire naturelle; il écrivait beaucoup, et il avait besoin d'un copiste intelligent. Il consentit à prendre Linné. Depuis le matin jusqu'au soir, Charles était occupé; mais il employait une partie des nuits à l'étude.

Le professeur, touché de tant de zèle et de persévérance, devint pour le jeune homme un protecteur bienveillant; il lui apprit ce qu'il savait de botanique, puis il lui conseilla de passer à l'insectologie. Linné s'occupa de cette partie de l'histoire naturelle avec la même ardeur qu'il s'était occupé du règne végétal; il faillit même payer de la vie son zèle au travail; car la furie infernale, sorte d'insecte heureusement assez rare, lui fit une cruelle morsure.

Stobeus le guérit; il l'engagea à se rendre à l'université d'Upsal, et lui fit don de quelques petites économies pour ses frais de route et d'installation. Il suivit les cours en étudiant passionnément; mais la nécessité de pourvoir à sa subsistance retarda ses progrès. Il donna des leçons de latin et de botanique, qui lui procurèrent tout juste de quoi ne pas mourir de faim. Il manquait de linge, de vêtements, et il aurait marché nu-pieds, s'il n'eût raccommodé pour son usage les vieilles chaussures que lui abandonnaient ses compagnons.

Son caractère doux, son esprit vif et enjoué lui faisaient des amis de tous ceux qui le connaissaient ; il parvint à réunir un assez grand nombre d'élèves ; ses professeurs eux-mêmes, découvrant en lui de merveilleuses dispositions, le recommandaient comme un sujet distingué. Mais un médecin de la ville, jaloux sans doute de cette réputation naissante, usa de son crédit pour la détruire, et fit fermer le cours de botanique du jeune étudiant. Linné, qui croyait avoir assez souffert pour qu'on ne le persécutât point, ne put supporter ce terrible coup. Il s'emporta contre le docteur et menaça de le faire repentir de son injustice. Celui-ci alla se plaindre à l'autorité, et Charles, pour échapper aux poursuites dirigées contre lui, fut obligé de s'expatrier.

Il arriva en Hollande, manquant de tout et ne sachant à qui s'adresser, tant son dénûment lui faisait honte. Il y avait alors à Leyde un savant médecin, dont le nom était tellement connu, qu'un mandarin du Céleste-Empire lui ayant écrit avec cette adresse : « A l'illustre Boerhaave, en Europe, » la lettre lui parvint. Linné avait donc entendu parler de Boerhaave, tant à l'université d'Upsal que chez Rothman et Stobeus, ses premiers bienfaiteurs. Il savait que, comme lui, cet homme célèbre était fils d'un ministre protestant, qui avait voulu le forcer à suivre la même carrière, mais que ses goûts l'avaient entraîné vers l'étude de la médecine, de la chimie, de la botanique ; qu'il enseignait ces sciences à l'université de Leyde, et que toute l'Europe lui envoyait des disciples, qu'il regardait comme ses enfants.

Charles pensa donc que si quelqu'un devait lui tendre la main, ce ne pouvait être que Boerhaave. Il alla le trouver, lui confia ses chagrins et lui demanda sa protection. Boerhaave l'écouta sans l'interrompre ; mais l'expression bienveillante de sa physionomie encourageait Linné à ne lui rien cacher.

— Pourquoi donc avez-vous quitté Upsal ? lui demanda-t-il enfin.

Charles avoua qu'il avait rencontré un ennemi puissant, auquel il n'avait pas su pardonner.

— Vous avez eu tort, jeune homme, dit le sage professeur : on désarme la calomnie et la méchanceté en les méprisant. Leurs traits sont semblables aux étincelles qui s'élancent d'un grand feu et qui s'éteignent aussitôt, quand on ne souffle pas dessus. Mais cette prudence n'est pas de votre âge, et l'on ne peut vous faire un crime de ne l'avoir pas eue. Vous avez bien fait de vous adresser à moi ; je vous regarde dès aujourd'hui comme mon élève, et si vous avez autant de dispositions que je le crois, vous pouvez compter sur mon appui.

Linné se retira enchanté d'un si paternel accueil. Sûr de lui-même, il ne doutait pas que la protection de Boerhaave ne lui fût acquise. En effet, l'illustre maître reconnut bientôt dans le jeune Suédois tant de savoir et de capacité, qu'il résolut de lui être utile. Un riche Hollandais, nommé Cliford, avait un magnifique jardin ; Boerhaave lui conseilla d'en donner la direction à Linné. Nulle place ne pouvait mieux convenir à notre naturaliste : délivré du souci de pourvoir à ses besoins, il se livra plus que jamais à l'étude, et bientôt une part de la considération qui s'attachait au nom de Boerhaave rejaillit sur son protégé.

Linné avait à peine vingt-cinq ans, lorsqu'il entreprit de parcourir la Laponie, pour en étudier les plantes. Il brava, dans l'intérêt de la science, la faim, la soif, le froid, la fatigue, et il revint à Upsal, où il ouvrit un cours de botanique. Mais il y retrouva des haines et des jalousies qui le décidèrent à se retirer à Falhun. De là, il passa en Allemagne, attiré par le désir d'enrichir son herbier ; puis il retourna à Leyde, où il publia plusieurs ouvrages remarquables. Il réforma la méthode de Tournefort, et en imagina une nouvelle pour la division des plantes, qu'il répartit en vingt-quatre classes, différenciées avec tant de justesse et de discernement, dit le *Dictionnaire historique*, qu'elles viennent pour ainsi dire se ranger d'elles-mêmes à la place qui leur convient.

Après s'être fait recevoir médecin en Hollande, il se rendit en Angleterre, puis en France, où il se lia d'amitié avec le célèbre Jussieu. Bernard de Jussieu était un homme d'un savoir éminent et d'une simplicité digne des mœurs antiques. Il occupait la chaire de démonstrateur des plantes au Jardin du Roi, et Louis XV, qui appréciait son mérite et son désintéressement, parlait souvent du plaisir qu'il avait eu à s'entretenir avec lui dans diverses rencontres. Jussieu avait un grand nombre d'élèves qui le chérissaient, parce qu'il était aussi bon qu'instruit. Il reçut Linné avec distinction, et lui fournit l'occasion d'admirer sa modestie ; car il ne craignait pas de répondre à plusieurs questions du naturaliste suédois par ces paroles, que les ignorants ont tant de peine à prononcer : «Je ne sais pas. »

Linné avouait aussi que la nature est pleine de mystères, que toute la vie de l'homme ne suffirait point pour les pénétrer ; et en conversant ensemble du sujet de leurs études favorites, ils cherchaient à s'instruire mutuellement. Le professeur français invita son hôte à assister à ses herborisations, et le présenta à ses élèves en faisant de lui le plus grand éloge.

Quelques-uns de ces jeunes gens, voulant faire briller le talent de leur maître en présence de l'étranger, lui présentèrent des plantes qu'ils avaient mutilées, pour en déguiser les caractères. Jussieu reconnut l'artifice, nomma les plantes, le lieu où elles devaient avoir été cueillies, et désigna les parties qui en avaient été retranchées. Ils voulurent tenter la même épreuve avec Linné, mais le Suédois leur dit :

— Il n'y a que Dieu ou votre maître qui puisse vous répondre.

Linné avait quitté la Suède depuis près de trois ans, lorsqu'il y rentra pour épouser Élisabeth Morena, qui avait deviné ses rares facultés et l'avait engagé à ne pas se laisser abattre par les intrigues de ses ennemis. Il eut à lutter encore contre l'envie et la médiocrité ; mais Élisabeth le soutint, jusqu'à ce que le comte de Tessin, alors premier ministre, ayant reconnu son mérite, le recommanda au roi et à la reine comme un homme dont la Suède devait être fière. Dès lors la fortune et les honneurs furent son partage ; mais il n'oublia jamais les épreuves de sa jeunesse, et il se déclara le protecteur de toutes les capacités auxquelles la misère fermait la route du talent et de la réputation.

D'abord médecin de la flotte, professeur de botanique à Stockholm, puis médecin du roi, il obtint la chaire de botanique à l'université d'Upsal. Il vit alors accourir dans cette ville, où il avait été longtemps pauvre et méconnu, une foule de jeunes gens avides de recevoir ses leçons, puis des savants, des professeurs, des naturalistes, attirés par le désir d'admirer ses belles collections. Jamais on n'en avait vu de plus complètes, et chaque jour elles s'enrichissaient encore, aucun sacrifice ne lui coûtant pour se procurer les animaux, les insectes et surtout les plantes qui lui manquaient.

Le roi de Suède lui donna des lettres de noblesse, le créa chevalier de l'ordre de l'Étoile-Polaire, et doubla le prix de ces distinctions en témoignant à l'illustre maître les égards les plus flatteurs. Le roi d'Espagne et le roi d'Angleterre l'invitèrent à venir les visiter, et Louis XV lui envoya des graines que lui-mêmes avait recueillies. Mais ce succès était venu bien tard : ni le père ni la mère de Linné n'en avaient été les témoins ; Rothman, Stobeus, Boerhaave étaient morts, et le savant professeur n'avait pu leur témoigner sa reconnaissance qu'en donnant leurs noms à ses plantes les plus chères.

Quand il jetait un regard en arrière, son cœur s'emplissait de tristesse ; mais alors sa douce compagne et ses enfants bien-aimés s'efforçaient de dissiper ce que ces souvenirs avaient d'amer.

Linné ne vivait que pour eux et pour l'étude. Il parvint à la vieillesse sans s'être accordé le moindre repos, et sans avoir rien perdu de sa fermeté d'âme, de sa bonté, de sa modestie. Il mourut en 1778, à l'âge de soixante-douze ans, et les larmes de ses élèves firent plus éloquemment son éloge que l'oraison funèbre composée en son honneur par le roi Gustave III.

VAUCANSON.

⟞⟝

Quel beau jour que celui des étrennes, beau pour l'enfant qui les reçoit, plus beau encore pour la mère qui les donne ! Que de fois on en a parlé avant que luise ce bienheureux jour du 1ᵉʳ janvier ! Que d'efforts a fait faire la perspective des baisers, des bonbons et des joujoux dont la distribution commence l'année nouvelle ! Voyez comme cet étourdi est sage, comme cette petite fille hautaine et volontaire se montre docile, comme tous ces gentils démons, si avides de bruit et de jeu, sont devenus calmes et studieux !... C'est qu'ils veulent que leurs parents les reçoivent les mains pleines et la joie au front, quand ils viendront, ce jour-là, leur dire : « Je vous aime !... » Et comment le diraient-ils sans rougir, s'ils ne pouvaient ajouter : « J'ai fait ce que j'ai pu pour vous contenter. »

Le père et la mère ne répondraient-ils pas : « Nous n'a-vons que faire de tes protestations, nous ne croyons pas à ta

tendresse, puisque tu n'es pour nous qu'un sujet d'inquiétude et de chagrin. » Les enfants sentent combien cette réponse serait juste, et comme ils ne veulent pas que l'année
s'ouvre pour eux par des reproches, ils travaillent sérieusement à n'en pas mériter. Puis ils n'ont rien à offrir à ces
parents si bons, qui les comblent de caresses et de présents,
qui s'imposent pour eux les plus grands sacrifices, qui se
préoccupent sans cesse de leurs intérêts et de leurs plaisirs,
ils n'ont rien que leur docilité, c'est bien le moins qu'ils ne
négligent pas cette preuve d'amour, puisque c'est la seule
qu'ils puissent donner. Aussi n'y a-t-il que les enfants sans
cœur ou sans intelligence qui reculent devant ce que pourraient leur coûter ces étrennes si précieuses pour un père
et pour une mère.

Pierre de Vaucanson n'était pas de ces derniers, loin de
là. Il était doux, docile, studieux; et quand sa mère le conduisait chez les pauvres et les malades qu'elle aimait à visiter,
elle surprenait avec bonheur une larme dans ses yeux. Elle
l'avait vu souvent glisser dans la main d'un infirme ou d'un
orphelin mendiant le gâteau qu'elle venait de lui acheter ou
la piécette blanche qu'elle lui avait donnée pour récompense
de son travail. Ces excellentes dispositions faisaient la joie
de la bonne mère; elle s'attachait à les développer par ses
exhortations et par ses exemples; car elle comprenait l'im-
portance des devoirs que Dieu lui avait imposés en lui donnant cet enfant.

Elle ne reprochait qu'une seule chose au petit Pierre;
encore était-ce plutôt, à son avis, une manie qu'un défaut.
Mais il était trop jeune pour qu'on pût lui pardonner d'avoir
des manies; aussi cherchait-elle le moyen de l'en corriger.
Voici de quoi il s'agissait : quand on donnait à Pierre un
pantin, un cheval de carton, un petit chariot, il était enchanté d'avoir ces objets en sa possession, non pour les admirer ou pour s'en amuser, mais pour en examiner en dé-

tail toutes les parties. Après les avoir tournés et retournés longtemps dans ses mains, il estropiait le pantin, éventrait le cheval, démolissait le chariot, puis il contemplait ces débris avec d'autant plus de regret que Mme de Vaucanson se fâchait et le réprimandait sévèrement.

— Comment veux-tu, lui disait-elle, qu'on prenne plaisir à te faire quelque cadeau, puisque tu détruis du jour au lendemain tous tes jouets ? D'où vient donc cette rage de briser ? Il faut que tu n'aimes rien de ce qu'on te donne ; mais quand cela serait, tu devrais encore, ne fût-ce que par égard pour les personnes qui t'offrent ces petits présents, les soigner et les conserver.

— Mais, maman, ce n'est pas parce que ma voiture, mon cheval ou mon pantin me déplaisaient que je les ai cassés, répondait l'enfant, c'est parce que je voulais voir comment ils étaient faits.

Mme de Vaucanson haussait les épaules et menaçait de ne plus rien donner ; mais, comme toutes les mères, elle oubliait bientôt ses menaces ; et quand Pierre, en se promenant avec elle, remarquait quelque jouet à l'étalage d'un marchand, elle ne pouvait s'empêcher de le lui acheter. Pourtant, un jour qu'il était seul dans le salon, sans avoir rien à déchirer, il s'approcha du clavecin resté ouvert, il en fit jouer les touches, et, poussant plus loin ses recherches, il souleva la tablette qui recouvrait les cordes, les interrogea les unes après les autres, si bien que, quand sa mère voulut reprendre l'étude du morceau qu'elle avait interrompu pour aller donner quelques ordres, elle n'en tira plus que des sons discordants.

— Tu as touché à mon clavecin ? dit-elle.

— Oui, maman, répondit Pierre, qui ne savait pas mentir ; mais j'y ai touché si peu, que je ne puis y avoir fait du mal.

— Tu y en as fait beaucoup, au contraire, et me voilà

privée pendant plusieurs jours sans doute de la seule distraction qui me plaise.

— J'en suis bien fâché, maman, je vous l'assure, et je
vous promets de ne plus jamais recommencer.

— Tu m'as déjà tant de fois fait la même promesse,
que je ne puis plus te croire. Aussi je me désole d'avoir un
enfant si désobéissant.

— Ne dites pas cela, maman, je vous en prie, s'écria
Pierre en pleurant. Je voudrais toujours vous obéir, et je
ne sais comment il se fait que j'oublie si souvent vos recommandations.

— C'est parce que tu ne crains pas de me faire de la
peine.

— Oh ! ce n'est pas cela, maman, c'est plutôt parce que
je n'ai pas de mémoire. Pourtant j'étudie facilement mes
leçons ; et quand une fois je les sais bien, c'est pour longtemps.

— Tu vois bien que ce n'est pas la mémoire qui te manque,
mais la volonté de m'être agréable. Tu sais, mon ami, que,
quand tu désobéis à ta mère, tu offenses Dieu, qui voit toutes
tes actions, quand je ne les verrais pas. Aussi je ne veux
pas que tu prennes de si mauvaises habitudes, et je me vois
forcée de te punir.

— Punissez-moi, maman, je l'ai mérité ; mais croyez bien
que j'ai du chagrin de vous avoir fait de la peine.

Il eût fallu être bien sévère pour châtier un enfant si re-
pentant et si soumis ; Mme de Vaucanson prit Pierre sur ses
genoux et lui dit :

— Voici bientôt le nouvel an ; d'ici-là, pour ta punition,
je ne t'achèterai pas le moindre joujou ; mais si le 1er janvier
arrive sans que tu aies rien brisé ou déchiré, je te donnerai
pour tes étrennes une jolie chapelle à laquelle rien ne manque,
ni l'autel avec ses flambeaux, ni la Vierge avec son cher
petit Jésus, ni le prêtre avec ses enfants de chœur. Il y a

même deux beaux anges aux ailes déployées, qui semblent prier avec tant de ferveur, qu'on ne peut s'empêcher de faire comme eux.

— Quel bonheur ! s'écria Pierre. Il y a si longtemps que je désire avoir une chapelle; mais tu m'as dit qu'on n'en vendait pas à Grenoble.

— Je la ferai venir de Paris et je demanderai qu'elle soit très-belle.

— Mais, maman, puisque vous ne l'avez pas vue, objecta l'enfant, comment pouvez-vous savoir si les anges prient de tout leur cœur ?

Mme de Vaucanson sourit, puis elle conduisit Pierre dans sa chambre, ouvrit une grande armoire et lui montra la chapelle.

— Je l'ai achetée d'avance, dit-elle ; mais tu sais à quelles conditions je te la donnerai.

— Oh ! je suis bien sûr de la gagner, répondit le petit garçon, en montant sur une chaise pour l'admirer tout à son aise.

— Nous verrons, reprit la bonne mère; mais je crois que tu ne la tiens pas encore. Huit grands jours sans rien déchirer, c'est bien long.

Mais Mme de Vaucanson eût été bien fâchée d'être obligée de garder la chapelle, car elle s'était fait une véritable fête de la donner à son cher petit Pierre ; elle veilla donc de près sur lui, et le jour du nouvel an, elle put le mettre en possession de l'objet tant convoité. Ce ne fut pas, on le pense bien, sans lui recommander beaucoup d'en avoir soin et de n'y toucher qu'avec les plus grandes précautions.

Pierre promit tout ce qu'on voulut, et pendant que sa mère recevait une foule de visites, il alla s'enfermer dans sa chambre avec ses charmantes étrennes. Il en était réellement émerveillé, et il ne se lassait pas d'en contempler toutes les beautés. Mais il trouva bientôt qu'il y manquait quelque chose.

Le prêtre était richement vêtu ; il avait une figure vénérable et de longs cheveux blancs bien frisés ; par malheur il était tourné vers l'autel, et l'on ne pouvait facilement voir ses traits.

— Quel dommage qu'il ne puisse se retourner et étendre les bras, comme quand monsieur le curé dit : *Dominus vobiscum*, pensa l'enfant. Je donnerais volontiers pour cela les deux anges, quoiqu'ils soient bien beaux.

Quand Pierre descendit pour dîner, il était tout préoccupé de cette pensée.

— Qu'as-tu donc déjà fait ? lui demanda Mme de Vaucanson.

— Rien, maman ; je n'ai fait que regarder la chapelle, puisque tu m'as défendu d'y toucher, répondit-il.

— Pourquoi donc lui avoir fait cette défense ? dit sa grand'mère, qui le gâtait beaucoup. Puisque la chapelle est à lui, laisse-le maître d'en disposer à son gré ; s'il la déchire, il ne l'aura plus, voilà tout ; mais il comprendra cela, n'est-ce pas, Pierre ? et s'il s'en amuse, il prendra garde de la démolir.

— Oui, grand'maman, elle est trop belle pour que je ne tâche pas de la garder longtemps ; mais je voudrais pouvoir y toucher un peu.

— Eh bien ! puisque ma mère le demande, fais ce que tu voudras, dit Mme de Vaucanson.

— A la bonne heure, reprit la grand'maman ; nous verrons bien comment il usera de la permission.

Pierre embrassa les deux dames et remonta dans sa chambrette. Il y était encore quand la nuit vint, et il n'avait rien brisé ; mais il avait placé le curé sur un pivot invisible et trouvé le moyen de le faire tourner à un moment donné. C'était déjà beaucoup ; mais ce n'était pas assez ; au bout de trois jours, il étendit les bras, à la grande surprise de Mme de Vaucanson, qui fut forcée cette fois de rendre justice à l'intelligence de son fils. Huit jours après, la chapelle fut

exposée dans le salon ; il n'y manquait plus rien ; car les
anges battaient des ailes, quand le prêtre saluait l'assistance,
comme s'il eût dit : *Dominus vobiscum.*

La bonne mère comprit dès lors que c'était réellement
pour les étudier, et non pour les détruire, que Pierre mettait
tous ses jouets en pièces ; elle se montra moins sévère, l'enfant n'abusa point de son indulgence. Il étudiait avec plaisir
tout ce qu'on voulait lui enseigner, mais, au lieu de se livrer
aux jeux bruyants qu'on aime tant à son âge, il s'asseyait
dans un coin et s'amusait à faire toutes sortes de petites machines plus ou moins ingénieuses. Il fallait que sa mère l'en
arrachât pour lui faire prendre l'air et l'exercice dont il avait
besoin. Il sortait surtout malgré lui, quand Mme de Vaucanson, qui était très-pieuse et qui se chargeait de beaucoup
d'œuvres de charité, allait en rendre compte au supérieur
d'un des couvents de la ville. Cela arrivait souvent, et
presque chaque fois Pierre attendait sa mère dans une pièce
servant d'antichambre, où il se trouvait toujours seul et où
il s'ennuyait fort, quand la conférence se prolongeait. Aussi
faisait-il bien triste mine, lorsque la promenade se dirigeait
de ce côté. Ce qui redoublait encore sa contrariété, c'est
qu'à deux pas du couvent, il y avait un marchand de bric-à-
brac, devant l'étalage duquel il se fût arrêté volontiers ; car
dans les objets de toutes sortes qui s'étonnaient de s'y voir
rassemblés, plus d'un piquait vivement sa curiosité. Mais il
n'osait demander la permission de rester là pendant que sa
mère entrait au couvent.

Un jour que l'entretien de Mme de Vaucanson avec le bon
père durait depuis plus d'une demi-heure, Pierre, fatigué de
tambouriner sur les vitres et de soupirer à fendre les murailles,
eut la mauvaise pensée de chercher à s'échapper. Il gagna
furtivement la cour ; mais la grande porte du couvent ne s'ouvrait pas sans quelques formalités, et l'enfant, n'osant s'a-
dresser au frère qui était chargé de la garder, revint tristement s'asseoir dans la salle où sa mère l'avait laissé.

— Bien certainement je ne me ferai pas religieux, disait-il, je me déplais trop ici. Pourquoi donc n'y met-on pas du moins quelque beau cahier d'images ou les contes de la Barbe-Bleue et du Petit-Poucet? Tiens! c'est une bonne idée, j'apporterai un livre la première fois que nous reviendrons.

Comme Pierre se félicitait d'avoir songé à ce moyen si simple de se distraire et de prendre patience, une horloge placée au-dessus de sa tête sonna quatre heures. Il fut frappé de la beauté du timbre qu'il n'avait pas encore entendu, et grimpa sur un tabouret pour examiner de plus près cette horloge nouvellement posée. Elle était enfermée dans une boîte de verre, fermée par un simple bouton; mais Pierre ne songea pas à ouvrir cette porte; il se contenta de regarder le mouvement du balancier et celui des aiguilles qu'on pouvait voir marcher, le cadran étant beaucoup plus large que celui des pendules qu'il voyait chez sa mère.

Le temps passe vite lorsqu'on est occupé. Pierre ne s'ennuyait plus; et quand il entendit, dans la pièce voisine, le bruit des chaises annonçant que l'entretien était fini, il ne put s'empêcher de s'écrier : Déjà! Il descendit de son observatoire, car il savait que si sa mère le voyait examiner l'horloge, elle lui défendrait de s'en approcher. Il poussa même la ruse jusqu'à reprendre son air maussade : il y a quelquefois bien de la diplomatie dans une tête de neuf ans. Le prieur lui fit une caresse et lui donna des bonbons, sa mère l'embrassa et lui dit :

— Tu as trouvé le temps long, mon petit Pierre; mais sois tranquille, nous ne reviendrons pas de toute la semaine.

— Nous reviendrons quand vous voudrez, maman, répondit le malin garçon; je prendrai un livre dans ma poche et je serai sûr de ne pas m'ennuyer.

— C'est cela, mon ami, tu étudieras tes leçons encore mieux ici qu'à la maison; car tu y seras plus tranquille.

La semaine s'écoula bien lentement au gré de Pierre ; mais enfin elle s'écoula. Le lundi, après le dîner, Mme de Vaucanson prit avec son fils le chemin du couvent. Il tenait à la main sa grammaire latine ; mais il la posa sur la fenêtre en entrant et se garda bien de l'ouvrir. Il grimpa sans retard sur son tabouret, mais, ne se trouvant pas encore assez grand pour plonger à l'aise un regard curieux à travers l'enveloppe transparente, il tira sans bruit jusque sous l'horloge une petite table placée à quelque distance, puis il mit le tabouret sur la table et se trouva installé le mieux du monde.

Il suivit longtemps de l'œil le mouvement des rouages, en se demandant comment ils s'engrenaient les uns dans les autres, et quel secret les faisait mouvoir. Il fit tourner le bouton de la porte et ne vit pas beaucoup mieux ; mais il toucha du doigt la lentille, et l'horloge s'arrêta.

— Je savais bien, dit-il, que c'était cela qui faisait tout marcher ; mais pourquoi ? Voilà ce que j'ignore encore et ce qu'il faut que je sache.

Là-dessus il se mit à étudier de nouveau l'intérieur de la pendule. De temps en temps il regardait les touches et ne pouvait croire qu'elles allassent leur train ordinaire, tant l'heure fuyait rapidement.

— Si je ne démonte pas tout cela, dit-il enfin, je resterai là jusqu'à demain sans être plus avancé que je ne l'étais hier. Mais maman va bientôt sortir, et que dirait-elle, mon Dieu, si elle me trouvait en train de démolir l'horloge des bons pères ?

Effrayé de cette pensée, l'enfant sauta lestement à terre, il remit la table en place et s'assit près de la fenêtre où son livre était resté. A peine y était-il, que Mme de Vaucanson parut. Pierre rougit jusqu'aux oreilles, il avait bien manqué d'être pris en flagrant délit, et non-seulement sa mère l'eût grondé, mais elle eût refusé désormais de l'amener avec elle.

Il attendit avec impatience le lundi suivant, et, tout en arrivant dans l'antichambre, il prépara son échafaudage, puis, sans perdre une minute, il décrocha le balancier, enleva le cadran et démonta l'horloge tout entière. L'occupation était trop attrayante pour qu'il pût calculer exactement le temps qu'il y mettait; et comme rien ne lui rappelait plus l'heure, il s'oublia tellement à examiner et à manier ces rouages, qu'il n'entendit pas même ouvrir la porte du prieur. Un cri poussé par sa mère le tira de son extase; la bonne dame venait d'apercevoir, étalées sur la table, les différentes pièces de la pendule.

— Qu'as-tu fait, malheureux enfant? lui dit-elle en s'approchant, avec autant de confusion que de colère. N'est-ce donc pas assez de tout briser à la maison? Faut-il que tu ne saches pas même respecter ce qui ne t'appartient pas? Mon père, ajouta-t-elle en s'adressant au religieux, je suis désolée de ce qui arrive, et je vous demande pardon pour cet enfant indocile, que je n'oserai maintenant conduire nulle part. Je vais vous envoyer le meilleur horloger de la ville et j'espère qu'il pourra remettre cette pendule en état.

— C'est inutile, maman, répondit Pierre, qui, d'abord consterné, commençait à reprendre quelque assurance. J'ai démonté l'horloge, je me charge de la remonter; laissez-moi seulement encore l'examiner un peu; car je voudrais essayer d'en faire une pareille.

— Avez-vous jamais vu, mon père, un enfant pris en faute répondre avec un tel aplomb? demanda au religieux M\u1d50\u1d49 de Vaucanson; il parle de réparer le mal qu'il a fait comme si c'était la chose la plus simple du monde.

— Je vous assure, maman, que j'en viendrai à bout, reprit l'enfant, ce n'est pas du tout difficile.

— Laissons-le faire, Madame, dit le prieur, intéressé par l'air intelligent du petit Pierre. S'il ne réussit pas, nous pourrons toujours faire venir l'horloger; mais je crois qu'il réussira.

— Mais, objecta Pierre, je voudrais prendre le modèle de ces rouages, et je ne le pourrai plus quand la pendule sera replacée dans sa boîte.

— Eh bien! répondit le religieux en souriant, qui vous empêchera de la démonter encore?

— Ah! que vous êtes bon, mon père! s'écria l'enfant. Vous me rendez si heureux, que je vous aime de tout mon cœur.

Il se mit aussitôt en devoir de réunir les pièces qu'il avait rangées avec soin sur la table; il les ajusta, serra les vis qui les retenaient, remit le tout en place, raccrocha le balancier, lui donna la première impulsion et jeta un cri de triomphe : l'horloge marchait.

— Mon ami, lui dit le religieux en l'embrassant, vous serez un grand mécanicien, c'est moi qui vous en réponds. Revenez ici quand il vous plaira; notre pendule est à votre disposition.

Pierre ne se fit pas prier. Il pria tant sa mère de le ramener le plus tôt possible, qu'elle revint le lendemain. Il s'était muni de ce qu'il fallait pour dessiner les pièces qu'il avait étudiées la veille, et il s'en retourna tout fier; car il était sûr de parvenir à faire une horloge, pourvu qu'on lui donnât le bois qu'il lui faudrait. Sa mère n'eut garde de le lui refuser, le bon prieur ayant assuré que Pierre n'était pas un enfant ordinaire et que sans doute Dieu le destinait à rendre de précieux services à l'art mécanique.

Pendant plusieurs semaines il consacra tous ses loisirs à son horloge, et sans autre outil qu'un couteau, il vint à bout de cette entreprise. Encouragé par un tel succès et libre désormais de se livrer à des travaux qui avaient pour lui le plus grand charme, il fit diverses machines fort ingénieuses et jouit dans sa ville natale d'une réputation qui ne devait pas tarder à s'accroître. Il étudiait en même temps tous les ouvrages qui traitaient de la mécanique, et il ne négligeait aucune des sciences qui pouvaient l'éclairer et le guider.

Ses rares dispositions continuant à se développer, il conçut le projet de faire un automate capable d'exécuter divers mouvements. Il y travailla longtemps; mais il eut la joie d'y réussir, et il fit un jour, en présence de ses parents et de ses amis, l'exhibition de son joueur de flûte. C'était un bonhomme en bois, qui portait à ses lèvres une vraie flûte, qu'il animait d'un souffle modifié par ses doigts, et pouvait exécuter avec une admirable précision dix airs différents.

On se figure la surprise avec laquelle une machine si compliquée fut accueillie par l'assemblée; il n'y eut qu'une voix pour conseiller à Vaucanson de la conduire à Paris et de la soumettre à l'Académie des sciences. Avant de suivre cet avis, il rédigea un mémoire dans lequel il donnait la description détaillée de l'automate en question. Chacun crut d'abord que cette merveilleuse machine n'était encore qu'à l'état de projet; aussi ne se gêna-t-on point pour la déclarer impossible; mais quand le jeune homme la produisit, il fallut bien se rendre à l'évidence. L'Académie approuva le mémoire avec les plus grands éloges, et le nom de Vaucanson devint célèbre.

Le public se pressait en foule pour voir le joueur de flûte; bientôt il put admirer un canard prenant sa nourriture et accomplissant toutes les fonctions de la digestion, comme l'eût fait un animal vivant; puis vint un joueur de tambourin, habillé en berger danseur et jouant une vingtaine d'airs, tels que menuets, rigodons et contredanses.

Mais Vaucanson, qui s'était laissé emporter par le désir de triompher des plus grandes difficultés de la mécanique, comprit, lorsque sa première jeunesse fut passée, que Dieu ne lui avait pas donné tant de talent pour ne l'employer qu'à des travaux très-remarquables sans doute, mais inutiles. Doué

d'une rare modestie et d'une extrême simplicité de mœurs, il
se lassa promptement du bruit qui se faisait autour de son
nom, et il résolut de tourner ses efforts vers des machines
destinées à rendre moins pénible le labeur des ouvriers.

Il construisit pour les manufactures de soie des moulins qui,
en simplifiant la main-d'œuvre, donnent aux organsins une
préparation plus parfaite et moins dispendieuse. Il perfectionna
aussi les tours à tirer la soie et il inventa un métier à l'aide
duquel un enfant pouvait faire les plus belles étoffes connues.
Il espérait avoir fait quelque chose pour le bien de l'humanité;
mais il comptait sans les vieux préjugés de la routine. Les
ouvriers, dont il avait voulu adoucir le travail, se soulevèrent
contre lui, parce que ses inventions allaient, disaient-ils, rendre
inutiles une foule de bras.

Vaucanson ne s'irrita point de cette injustice ; il savait qu'il
faut obliger les hommes pour eux-mêmes, et non dans l'espoir
d'en obtenir quelque reconnaissance ; il savait aussi que toutes
les inventions avaient eu le sort des siennes et que le temps
seul pourrait en faire apprécier le mérite.

Sur ces entrefaites, le roi de Prusse, appréciateur éclairé
de tous les genres de talents, invita l'habile mécanicien à venir
à sa cour. L'offre était séduisante, mais Vaucanson la refusa,
ne voulant pas doter un royaume étranger des découvertes
qui pourraient aider au développement de l'industrie dans son
propre pays. Ce patriotisme désintéressé reçut peu de temps
après sa récompense. Le cardinal de Fleury, premier ministre de Louis XV, chargea Vaucanson de l'inspection des
manufactures de soie, qui dès lors étaient regardées comme
une des branches les plus importantes du commerce français.

Il s'acquitta de sa tâche avec tout le zèle et l'intelligence
qu'on devait attendre de lui. Son caractère doux et affable,
la bonté de son cœur, sa générosité contribuèrent au succès de
ses découvertes. Il en expliquait lui-même les avantages aux

maîtres et aux ouvriers; il calmait les craintes exagérées de ces derniers et leur prouvait, en aidant de sa bourse ceux qui avaient besoin de secours, qu'il n'était point leur ennemi.

Il s'occupait sans cesse de perfectionner ses machines et d'en créer de nouvelles; mais en même temps il ne négligeait aucun moyen de travailler au soulagement et à la moralisation des nombreux ouvriers employés dans les ateliers qu'il visitait. Il ne croyait jamais avoir fait assez. Arrivé à l'âge de soixante-dix ans et atteint d'une maladie très-douloureuse, il ne voulut point interrompre ses travaux. Il redoubla d'ardeur, au contraire, pour ne pas laisser incomplètes ses utiles inventions. Peu de jours avant sa mort, arrivée trois ans après (1782), il surveillait la construction d'une machine destinée à composer une chaîne sans fin.

— Pressez-vous un peu, mes amis, disait-il à ses ouvriers, j'ai peur de ne pas vivre assez pour vous expliquer mon idée en entier.

Tous les amis des sciences pleurèrent la mort de Vaucanson; leurs regrets furent sincèrement partagés par les nombreux infortunés qu'il avait secourus, comme par tous ceux qui avaient pu apprécier la bonté de son âme et les charmes de sa société.

MOZART.

En 1760, il n'était bruit, dans toute la ville de Saltzbourg,
que du merveilleux talent qu'annonçait pour la musique le
petit Amédée Mozart. Son père, qui était musicien, avait
donné une soirée dans laquelle plusieurs artistes s'étaient
fait entendre, et, pour la terminer, il avait appelé au piano
cet enfant, à peine âgé de quatre ans. Amédée s'était approché
sans embarras ; il avait exécuté une sonate, puis de gracieuses variations avec un goût et un aplomb dont toute
l'assemblée avait été ravie.

C'était plaisir de voir courir ses petits doigts sur les touches
d'ivoire et de lire sur sa jolie figure, brillante de santé, la
bonne humeur et la vive gaîté de son âge. L'étude vieillit
ordinairement les petits prodiges que le monde admire ; mais
Mozart, passionné pour la musique, la préférait à tout autre

passe-temps, et il fallait que sa mère le forçât à quitter son clavecin pour s'occuper de ses jouets. Son père ne lui donnait que de courtes leçons, de peur de le fatiguer ; et pour qu'Amédée prît l'exercice nécessaire au développement de ses forces, il mettait sous clef ses cahiers de musique et les instruments ; puis, quand l'enfant avait passé quelques heures dans le jardin, qu'il rentrait tout rouge et tout essoufflé, on lui rendait, pour le récompenser, son piano et ses partitions.

A six ans, Amédée exécutait les morceaux les plus difficiles, et il déchiffrait sans aucune peine toute la musique qu'on lui présentait. On n'avait jamais vu un talent si précoce. Chacun voulait l'entendre, et son éloge était dans toutes les bouches.

Un soir qu'il avait tenu le piano avec plus d'âme et d'éclat que de coutume, et que les belles dames invitées au concert se disputaient le plaisir de l'embrasser, un vieil ami de la maison dit à Mozart :

— Cet enfant est vraiment appelé à de grandes choses, et ce serait pécher que de le laisser végéter ici. Vous devriez le conduire à Vienne.

Toute l'assemblée appuya ce conseil, et Mozart, espérant que son fils trouverait là des maîtres habiles, et que peut-être l'occasion de se produire lui serait offerte, se décida à faire ce voyage.

Marie-Thérèse régnait alors en Autriche et elle avait fait reconnaître empereur François de Lorraine, son époux. François était le digne fils du bon duc Léopold ; comme lui, il se plaisait à protéger les artistes et les savants. Il entendit parler de cet enfant nouvellement arrivé à Vienne, et que la voix publique acclamait déjà comme un habile musicien ; il voulut le voir et l'invita à montrer son talent devant toute la cour.

Amédée se tira merveilleusement de cette épreuve. D'abord un peu intimidé par la présence de tant de princes et de seigneurs, il préluda en tremblant; mais dès les premiers sons éclos sous ses doigts, il se laissa captiver par l'harmonie, si bien qu'il oublia tout le reste. Son jeu devint ferme, brillant, expressif.

L'empereur applaudit, et des bravos enthousiastes éclatèrent de toutes parts.

François embrassa le jeune virtuose et déclara qu'il le prenait sous sa protection; Marie-Thérèse le combla de caresses, et la petite princesse Marie-Antoinette lui fit tant d'amitiés, que l'empereur consentit à ce qu'Amédée demeurât au palais et partageât les jeux de la charmante enfant. Une douce intimité s'établit entre la future reine de France et le petit musicien; mais l'année suivante, le roi Louis XV, ayant appris, par l'ambassadeur d'Autriche, qu'il y avait à la cour de Vienne un véritable artiste âgé de sept ans, dit qu'il le verrait avec plaisir.

Mozart dit adieu à ses premiers protecteurs et se rendit à Paris. L'ambassadeur se chargea de le présenter au roi. Louis XV, charmé de sa bonne mine et de son air gracieux, lui demanda s'il était vrai qu'il pût toucher l'orgue dans la chapelle de Versailles.

— Si Votre Majesté me le permet, dit Amédée, je ferai de mon mieux pour la satisfaire.

Le lendemain, la chapelle était remplie quand Mozart alla prendre la place de l'organiste du roi. Le séjour qu'il avait fait à la cour de Vienne l'avait enhardi; il attaqua vigoureusement les premiers morceaux qui lui furent présentés; puis, transporté par la majesté du lieu saint, il fit retentir les voûtes de si pures et de si suaves mélodies, que les assistants, vivement émus, crurent entendre un écho des concerts angéliques. Le roi ne cacha point son admiration; les princesses ses filles se firent amener le petit prodige, les dames de la cour se le disputèrent, et ce fut à qui le comblerait de caresses et de présents.

Amédée ne se laissait point éblouir par tant de succès ; plus il savait, plus il désirait apprendre, et la faveur dont on l'entourait lui était souvent à charge, parce qu'elle l'empêchait de se livrer à l'étude. Mais il était tellement à la mode, qu'il ne pouvait se soustraire aux exigences de cette cour brillante et oisive, où son arrivée avait pris les proportions d'un événement. Il aspirait à retourner en Allemagne et à reprendre sa vie paisible et studieuse, quand il reçut du roi Georges III l'invitation de passer en Angleterre. Avant de lui permettre de partir, Louis XV fit faire son portrait, afin, dit-il, de garder le souvenir du plaisir que lui avait causé son admirable talent.

Mozart retrouva à Londres le même accueil qu'à Versailles. Georges III était passionné pour la musique ; il écouta en connaisseur le petit Amédée ; il fit tout ce qu'il put pour le retenir à sa cour, et lui témoigna sa bienveillance par de riches présents. Le jeune virtuose retourna en Allemagne, en passant par les Pays-Bas, et n'y excita pas moins d'enthousiasme qu'en France et en Angleterre.

Il se remit au travail avec une ardeur extrême : il ne se croyait pas digne des éloges qu'il avait reçus partout, mais il tenait à les mériter. Il passa deux ans dans la solitude, étudiant les œuvres des maîtres, cherchant à s'expliquer les règles de l'harmonie et s'exerçant à la composition. Il s'y trouvait si heureux, qu'il ne regrettait et ne désirait rien. Mais la cour de Vienne n'avait pas oublié celui que l'empereur avait surnommé *le petit sorcier*, Marie-Thérèse le rappela. Chacun se demandait si le génie musical de cet enfant s'était développé comme le faisaient espérer ses débuts, et plus d'un esprit chagrin disait tout haut que les talents si précoces meurent souvent étouffés dans leur fleur par l'encens qu'on leur prodigue.

Mozart reparut à la cour et il étonna même ceux qui l'y avaient vu quelques années auparavant. On l'applaudit, on le fêta, et quand il fit paraître son premier opéra, *la Finta semplice*, on le proclama l'égal des maîtres.

Amédée avait visité la plus grande partie de l'Europe ; mais il n'avait pas vu la patrie des beaux-arts. Il annonça donc l'intention de partir pour l'Italie, et Marie-Thérèse le recommanda à son ambassadeur. Le jeune maëstro s'arrêta à Bologne, où sa réputation l'avait précédé. Il sollicita l'honneur d'être reçu membre de l'Académie des Philharmoniques et il se fit présenter par le célèbre Martini, qui passait à juste titre pour un des plus savants compositeurs de toute l'Italie. Martini déclara qu'il avait interrogé Mozart, qu'il avait été ébloui des éclairs de son génie, et que l'Académie devait se faire gloire de lui ouvrir son sein.

Les Philharmoniques consentirent donc à faire subir au jeune Allemand l'épreuve ordinaire. Ils lui donnèrent le thème d'une fugue à quatre voix et le laissèrent seul pour qu'il pût l'écrire sans être troublé. Au bout d'une demi-heure, Mozart leur présentait son morceau, et son admission était unanimement prononcée.

Le grand-duc de Toscane le fit prier de venir à Florence et lui offrit une royale hospitalité. Mais Amédée ne put en profiter que peu de temps ; car la semaine sainte approchait, et il voulait en voir célébrer les fêtes à Rome.

Il désirait surtout entendre le *Miserere* d'Allegri, magnifique composition d'un illustre maître, chant si merveilleux et si sublime, que les papes, le regardant comme un des plus riches joyaux du trésor de Saint-Pierre, se le réservaient exclusivement et n'en avaient jamais voulu donner copie, quelques instances qui leur en eussent été faites.

C'est à Rome que se déploient dans toute leur mystérieuse solennité les lugubres cérémonies de la semaine sainte ; aussi voit-on chaque année, à cette époque, des touristes de tous les pays se presser dans la vaste enceinte de l'incomparable basilique réédifiée par le génie de

Michel-Ange. Alors, comme aujourd'hui, les étrangers semblaient se donner rendez-vous dans cette église, chef-d'œuvre de l'art chrétien, et pendant que la foule se pressait sous les voûtes de l'immense édifice, les privilégiés seuls pouvaient pénétrer dans la chapelle Sixtine, où le pape officiait.

L'ambassadeur d'Autriche y réserva une place à ses côtés pour le protégé de Marie-Thérèse. L'attention du jeune maître fut d'abord partagée entre l'illustre assistance et les immortelles créations dues au pinceau de Michel-Ange; mais dès que les premières mesures du fameux *Miserere* s'élevèrent au ciel comme un gémissement solennel, il ne vit plus ni les princes ni les cardinaux, ni la sombre page du jugement dernier. Toutes les facultés de son être semblaient captivées par ce chant divin, et les dernières notes avaient depuis longtemps cessé de vibrer dans l'enceinte sacrée, qu'il était debout à la même place et paraissait écouter encore.

L'office terminé, il sortit en silence et courut s'enfermer dans sa chambre. Il y resta jusqu'à ce qu'on vint l'appeler pour se mettre à table.

— Eh bien! mon jeune ami, lui demanda l'ambassadeur, que pensez-vous du *Miserere* d'Allegri?

— C'est une œuvre sublime, répondit Mozart; je donnerais dix années de ma vie pour l'avoir faite.

— Comme la jeunesse est prodigue! reprit en souriant le diplomate. Patience! mon enfant. Qui sait si vous ne serez pas un autre Allegri?

— Je le voudrais, dit Amédée. Rien n'est plus beau que la musique sacrée.

— Je suis de votre avis, et j'ai souvent regretté que ce *Miserere* ne se chante qu'à Rome, ajouta l'un des convives. Voici la quatrième année que je viens l'entendre, et je me propose d'y revenir encore, si je le puis.

— Mais si l'on priait bien Sa Sainteté de permettre qu'on

fasse une copie de ce beau morceau, demanda Mozart, pensez-vous donc qu'elle s'y refuse ?

— Ce ne serait pas la première fois qu'on solliciterait
cette faveur, et certainement on ne serait pas plus heureux
aujourd'hui qu'on ne l'a été jusqu'à présent, répondit l'ambassadeur.

Le lendemain, Mozart écouta pour la seconde fois le
chant qui l'avait si vivement frappé ; mais il paraissait moins
recueilli que la veille. Il avait tiré de sa poche un petit cahier, qu'il dissimulait autant que possible dans son livre
d'heures et sur lequel il jetait les yeux à chaque instant.
Cependant les chanteurs s'étaient surpassés, et le soir
on reprit encore dans le salon de l'ambassadeur l'éloge du
sublime *Miserere*.

—Ce serait vraiment une bonne chose, dit l'étranger, que
cette éloquente prière de la douleur et du repentir pût être
écoutée par tous les chrétiens. Peut-être trouverait-elle le
chemin du cœur de plus d'un pécheur endurci.

— Par malheur, répondit l'ambassadeur, c'est un souhait
qui ne sera jamais réalisé.

Mozart n'avait encore rien dit ; il se leva, alla s'asseoir au
piano, préluda un instant et chanta, en s'accompagnant, le
psaume qui avait excité l'admiration générale. Pas une note
n'y manquait, et jamais la musique d'Allegri n'avait été inter-
prétée de manière à en faire ressortir aussi complétement
les beautés. L'assemblée écoutait dans un religieux silence
et sous le poids d'une émotion telle, que, le morceau achevé,
personne ne songeait à applaudir. L'ambassadeur avait les
larmes aux yeux ; il embrassa le jeune maëstro, sans pouvoir dire un mot ; mais les bravos éclatèrent alors, et chacun
se mit à crier au miracle.

Les personnes qui se trouvaient à cette soirée racontèrent
le fait à leurs amis, et plusieurs cardinaux, jaloux d'en vérifier
l'exactitude, se firent annoncer le lendemain chez l'ambassa-

deur. Mozart répéta le *Miserere* avec une perfection telle, que l'enthousiasme de son auditoire ne connut plus de bornes.

La nouvelle alla jusqu'au pape et l'étonna si fort, qu'il voulut voir le jeune artiste. Clément XIV se plaisait à encourager le talent partout où il le rencontrait; il avait fondé à Rome un musée où il avait rassemblé de précieux restes d'antiquités; il recherchait les écrivains et les savants, et il disait qu'on ne pouvait faire de la fortune publique un meilleur usage que de l'employer à récompenser les hommes qui éclairent le monde. Il aimait beaucoup la musique, et dans le couvent où il était entré fort jeune, c'était lui qui touchait l'orgue.

— Toutes les facultés de son âme sont tellement en harmonie, disait un de ses confrères, qu'il ne faut pas s'étonner de ce qu'il soit naturellement musicien.

La précocité de Mozart devait d'ailleurs rappeler au pontife que lui-même s'était distingué de bonne heure, et que, tout jeune encore, il joignait un jugement solide et une vaste érudition à une aimable modestie.

— Tenez grand compte de ce petit frère, disait un jour, en le désignant à son supérieur, le pape Benoît XIV. Je vous le recommande; car je le crois appelé à de grandes choses.

Un autre jour, le jeune frère, allant à Assise, fit route avec un paysan qu'il rencontra. Tous deux lièrent conversation.

— Quel dommage, dit cet homme, en jetant les yeux sur les pauvres vêtements du jeune religieux, que vous ne soyez qu'un frère convers! Si vous aviez étudié, vous pourriez bien devenir pape, comme Sixte-Quint. Nous avons son portrait chez nous, et je trouve que vous lui ressemblez.

Le frère sourit des regrets du paysan, car il passait dès lors pour un très-savant professeur, et la prédiction lui revint en mémoire quand la tiare lui fut conférée. Mais il ne perdit rien alors de ses manières simples et affables; il se montra juste, sage, courageux, bon surtout, et il prit pour devise

cette belle maxime : « Il n'y a pas d'autre grandeur que de
faire du bien. »

Tel était le souverain pontife devant lequel Mozart devait
paraître ; mais les cardinaux, présents à l'audition du *Miserere*, avaient parlé de la colère du pape, lorsqu'il saurait
qu'un étranger était parvenu à copier cette belle musique,
qui n'appartenait qu'à lui. Amédée s'inquiétait donc quelque
peu de la réception que lui ferait Clément XIV ; et comme
l'ambassadeur cherchait à le rassurer, un Anglais qui se
trouvait là dit au jeune musicien :

— Clément XIV est l'homme que j'estime le plus. Je suis
puissamment riche et je n'ai qu'une fille que j'adore. Eh bien !
je la donnerais au pape, s'il pouvait se marier, tant je suis
enchanté de sa personne et de son esprit.

Mozart s'amusa beaucoup de cette idée ; mais elle lui parut
concluante. Il attendit donc avec calme l'heure de l'audience
pontificale et s'y présenta sans crainte, comme sans hardiesse.

Le pape attacha sur lui un regard plein de bienveillance,
et pendant que l'enfant fléchissait les genoux, il le bénit du
fond de son cœur.

— Est-il vrai, mon fils, que vous ayez noté, en l'écoutant,
le célèbre *Miserere* d'Allegri, et que vous ayez pu répéter
sans la moindre erreur ce chant sublime ?

— Il est vrai, très-saint père, que je le sais comme si je
l'avais moi-même composé ; mais ce n'est pas en l'écoutant
que je l'ai noté, c'est seulement après l'office que je l'ai
retrouvé tout entier dans ma mémoire.

— Ainsi, mon enfant, vous n'aviez pas prémédité ce lar-
cin fait au trésor de Saint-Pierre ? reprit Clément XIV, en
donnant à son visage vénérable une expression toute paternelle.

— Non, très-saint père ; car je ne croyais qu'à demi à ce
que j'entendais dire de la beauté de ce chant ; mais il m'a

saisi, transporté, il s'est gravé dans mon âme de telle sorte, que j'ai pu l'écrire ensuite sans le moindre embarras.

— Vous êtes bien jeune, mon cher enfant, et déjà vous êtes un grand maître.

— Que Votre Sainteté me bénisse encore, dit Mozart, en s'agenouillant de nouveau, et le Seigneur permettra que, moi aussi, je compose quelque beau chant à sa louange, quand je serai devenu un véritable artiste.

— Mon fils, Dieu a mis en vous le génie : vous serez plus grand qu'Allegri ! dit le pontife avec une douce émotion.

La joie et l'espérance rayonnaient sur le front de Mozart, lorsqu'il sortit du cabinet du pape. Il croyait au glorieux avenir que venait de lui annoncer le représentant de Dieu sur la terre, l'homme pieux et saint qui l'avait accueilli comme un fils bien-aimé.

De Rome, il se rendit à Naples, où son triomphe fut plus complet encore que dans les autres capitales de l'Europe. Passionnés pour la musique, les Napolitains écoutèrent le jeune maëstro avec un enthousiasme impossible à décrire. L'hôtel de l'ambassade autrichienne, où il était descendu, était sans cesse assiégé par la foule; et lorsqu'il sortait, son cortége était plus bruyant et plus nombreux que celui du roi. On s'écrasait aux portes des églises où il avait consenti à toucher l'orgue, pour contenter cette foule avide de l'entendre, et chacun briguait l'honneur d'être invité aux soirées de l'ambassadeur.

Un si merveilleux talent semblait plus merveilleux encore dans un enfant de quatorze ans. On se demandait comment il avait pu l'acquérir; et la superstition se chargeant d'expliquer ce qui paraissait inexplicable, on murmurait autour de lui les mots de magie, de charme, de sorcellerie. Mozart souriait à cette étrange interprétation de son génie, et il priait gaîment l'ambassadeur de veiller sur lui, de peur qu'on ne le livrât aux flammes.

— Je crois bien que vous n'êtes pas sorcier, lui dit un personnage de distinction; mais je ne voudrais pas affirmer que vous ne possédez pas quelque talisman.

— Vous avez raison, signor, répondit Mozart; j'attribue en effet à un précieux talisman le talent qu'on veut bien me reconnaître; ce talisman, c'est le travail.

Après un séjour de plusieurs mois en Italie, le jeune homme revint en Allemagne. Il aimait par-dessus tout ce pays qui était le sien, et où il retrouvait avec délices un peu de solitude et de liberté. Il se lia avec Gluck et avec Haydn, deux musiciens célèbres, et il goûta dans cette amitié des joies qu'il n'avait pas encore eu le temps de connaître.

Il composa un certain nombre d'opéras qui mirent le sceau à sa réputation. Il écrivit aussi, en souvenir de sa visite au souverain pontife, des chants religieux d'une remarquable beauté. Il travaillait beaucoup; la fortune et la gloire lui avaient souri; mais l'art commandait en maître, Mozart obéissait. Souvent il passait les nuits à son piano, improvisant de magnifiques morceaux qu'il notait ensuite, ou essayant l'effet de ceux qu'il avait écrits. Ses amis le supplièrent de se ménager; mais il était jeune et se croyait robuste. Pourtant il avait toujours été d'une santé délicate, l'activité de l'âme ayant usé chez lui les forces du corps.

Quand on le pressait de prendre un peu de repos avant de commencer quelque nouvel ouvrage, il répondait :

— Encore celui-ci, puis je me reposerai. La bienveillance des princes et celle du public m'ont fait un grand nom; il faut que je le soutienne par de grands travaux.

Ainsi, un chef-d'œuvre succédait à l'autre, et l'heure du repos n'arrivait point. Mais quand, malgré tout son courage, Mozart fut forcé de s'avouer à lui-même que ses forces s'épuisaient, il songea qu'il n'avait encore fait, pour égaler la gloire d'Allegri, que des morceaux de peu d'étendue.

— Il est temps que je me hâte, se dit-il, si je veux tenir

l'engagement que j'ai pris aux pieds du saint-père. J'ai beaucoup fait pour le théâtre et bien peu pour l'Église ; cependant la musique sacrée a d'incomparables beautés. Elle convient d'ailleurs à l'état de mon âme, dont la tristesse s'empare. Je commence à voir le néant des choses de ce monde, à comprendre ce que peuvent pour le bonheur de l'homme la fortune et la gloire. Toutes les illusions dont s'est bercée ma jeunesse se sont évanouies ; rien de ce que les artistes envient ne m'a manqué, et bientôt il ne me restera plus qu'un cercueil. Eh bien ! c'est un chant de mort qu'il faut composer.... un *De profundis...,* un *Dies iræ...,* non, plutôt une messe tout entière. Oui, une messe de *Requiem....* Quel plus beau thème pourrait m'être offert ! Les plaintes et les prières du défunt, les espérances immortelles de la religion ; la terrible colère d'un Dieu tout-puissant, désarmée par le sang du Sauveur. Il y a là tout un poëme, et le plus sublime de tous les poëmes. Ce sera ma dernière et ma plus belle œuvre.

Cette résolution prise, Mozart commença d'étudier les saintes paroles que l'Église chante sur le cercueil de ses enfants, et plus il les médita, plus il en pénétra les admirables beautés. Son génie s'éleva à la hauteur des sentiments, des émotions qu'il voulait peindre ; il se passionna pour la tâche qu'il avait entreprise, et il ne craignit plus que de mourir avant de l'avoir achevée.

Une fièvre continuelle le minait sourdement ; il souffrait peu, mais il dépérissait à vue d'œil, et c'était un spectacle navrant pour ses amis de le trouver, pâle comme un linceul, assis à son clavecin, dont les sons joyeux s'étaient transformés en solennels gémissements. Souvent il quittait sa couche, que le sommeil avait abandonnée, et les strophes de l'hymne des morts retentissaient au milieu du silence de la nuit, comme la trompette de l'ange du jugement dernier.

— Vous vous tuez, lui disaient les savants docteurs appelés auprès de lui par ceux qui l'aimaient. Laissez là ce travail qui ne vous met au cœur que de sombres pensées.

— Vous êtes dans l'erreur, répondait Mozart ; ce chant sacré me soutient et me console. Quoi que vous puissiez faire, vous ne me sauverez pas ; laissez-moi du moins achever ce que j'ai commencé.

En vain les hommes de l'art s'efforçaient-ils de le rassurer, il sentait approcher son heure et ne voulait se faire aucune illusion. Ses amis joignaient leurs instances à celles des médecins pour qu'il abandonnât ce chant funèbre, dont chaque note leur semblait être un adieu du brillant maëstro.

— Si vous voulez absolument vous distraire par le travail, lui disaient-ils, faites des symphonies, des romances, des valses ; faites même des motets, puisque la musique religieuse a pour vous tant de charmes ; mais, de grâce, renoncez à finir cette messe. C'est depuis que vous en avez écrit les premières notes que votre maladie s'est déclarée.

— Le croyez-vous ? répliquait Mozart, en souriant avec mélancolie ; n'est-ce pas plutôt quand je me suis senti mortellement atteint que j'ai songé à composer un chant de mort ? Je ne suis déjà plus que l'ombre de moi-même ; pourquoi donc voulez-vous essayer de me rattacher à cette vie, puisqu'il faut que je l'abandonne ?

Tant qu'il put quitter son lit, il ne passa pas un jour sans travailler à sa messe ; il en voyait arriver la fin avec un mélange de tristesse profonde et d'orgueilleuse joie ; il aspirait à la voir terminée, et il sentait que dès qu'il aurait mis la dernière main à cette œuvre admirable, il n'aurait plus qu'à mourir.

Il voyait arriver la mort avec une résignation toute chrétienne ; mais sans cette résignation, il eût amèrement regretté la vie.

— Je meurs, disait-il, au moment où j'allais jouir de mes travaux, où, après avoir triomphé des difficultés de mon art, j'allais écrire sous la dictée de mon cœur.

Son chef-d'œuvre achevé, Mozart ne se leva plus. Il se fit apporter ses cahiers, les lut à plusieurs reprises, en modifia quelques passages; puis, n'y trouvant plus rien à retoucher, il demanda qu'on le chantât pour lui, et il rendit le dernier soupir. Il n'avait pas encore trente-six ans.

FIN.

TABLE.

—

FIN DE LA TABLE.

Rouen. —Imp. MÉGARD et Cᵉ, rue Saint-Hilaire, 136.